赤橙黄绿青蓝紫，谁持彩练当空舞？语文课堂如何点染出亮色？阅读教学和写作教学怎样能够魅力绽放？

漫漫语文教学路，我在跋涉中奋力前行，上下求索，探究着创意导学、深度解读、思维碰撞，构想着情境设置、生活链接、快乐游戏，向往着诗情画意、海阔天空、鸟语花香……

倾情构建精彩每一课，唤醒和温暖孩子们的心灵，就是一个语文人的使命。

——贺秀红

新时代教育前沿书系

点染
语文课堂的亮色

贺秀红 ◎ 著

中国致公出版社
China Zhigong Press

图书在版编目（CIP）数据

点染语文课堂的亮色 / 贺秀红著. -- 北京：中国
致公出版社, 2019

ISBN 978-7-5145-1545-9

Ⅰ.①点… Ⅱ.①贺… Ⅲ.①中学语文课—课堂教学
—教学研究 Ⅳ.①G633.302

中国版本图书馆CIP数据核字(2019)第236371号

点染语文课堂的亮色 / 贺秀红 著

出　　版	中国致公出版社	
	（北京市朝阳区八里庄西里 100 号住邦 2000 大厦 1 号楼西区 21 层）	
出　　品	北京言之凿文化发展有限公司	
	（北京市昌平区超前路 35 号）	
发　　行	中国致公出版社（010-66121708）	
作品企划	三名书系	
责任编辑	周寅庆	
特约编辑	章　慧	
封面设计	姜　龙	
内文设计	李　娜	
印　　刷	北京虎彩文化传播有限公司	
版　　次	2022年6月第1版	
印　　次	2022年6月第1次印刷	
开　　本	787mm×1092mm　1/16	
印　　张	18.75	
字　　数	338千字	
书　　号	ISBN 978-7-5145-1545-9	
定　　价	45.00元	

教出语文的味道

毕于阳

贺秀红老师将《点染语文课堂的亮色》书稿发我，嘱我作序，我欣然应允，思绪却回到了三十年前。读高中时，秀红学理科，喜欢写作，颇有灵气，后来理转文，考取大学中文系，毕业后成了一名语文教师。身在乡村学校，工作繁忙，信息相对闭塞，但她几十年如一日，自我淬沥，扎实前行。读书，思考，实践，写作，与学生为友，和经典对话，关注教改前沿，丰盈教育智慧。每当获悉她教学成长的佳讯，读到她见诸报刊的文字，由衷地为她高兴。

欣喜地读完她的书稿，感慨于她的执着追求和专业成长，感慨于她用情怀和智慧教出的语文的味道。

一、写作教学：引领学生从无话可说到快乐倾诉

写作教学，是语文教学的难点。为什么要写作？写什么？这个问题长期困扰着学生，秀红的答案朴实而简单：我思故我在，我手写我心。作文课堂上，她引领学生真切感悟生活，咀嚼人生滋味：一张彩纸折出情意，一个名字蕴含期待，一场游戏放飞想象，一个气球引发爱的思考……这是一种幸福而美妙的心灵体验，我们仿佛听到学生言语生命拔节的声音。这样的写作，快乐本真，活力四射，带来的是一股清新的芬芳，涵养的是一份优雅的情怀。读着孩子们一篇篇自然清新、真挚动人的文字，不得不惊叹于他们的奇思妙想和灵动之气，甚至还会想到：这些朝气蓬勃的少年身上，到底还有多少潜能等待着我们去激发和挖掘呢？

二、阅读教学：引领学生紧扣文本，真读细读

（一）现代文教学

以文本为原点，尊重学生的初读感受和个性体验，增强学生的问题意识和思辨能力，引领他们读出文字背后的丰富意蕴，进而形成自己的个性化感悟，这是师生与文本与作者之间的心灵对话，这是一场生命的对话，这是现代文阅读教学的意义所在。秀红总是力求从文本中发现和捕捉有价值的东西，让学生有所思、有所悟、有所得，让生命中的正能量充溢学生的心灵。《孤独之旅》中杜小康在孤独中成长，在困境中磨炼，在命运起伏中品到成长的滋味，最终他长大了、坚强了。这仅仅是小说中的人物和故事吗？在秀红的巧妙引导下，学生们和杜小康一起经受了一场青春的洗礼，学会了流泪成长、笑对人生。她带领一群孩子徜徉在语文世界，为植树的牧羊人点个赞，为朱自清的父亲流一滴真情的泪，向斯科特等悲剧英雄们俯首致敬。两代信客的命运悲欢，孔乙己的"半"字人生，朵朵浪花的心灵吟唱……她的课堂成为放飞思绪的乐园。但她不满足于此，再引领学生为信客写一则颁奖词，为鲁迅写几句小诗，跟茨威格一起为人物画像，跟彭荆风学习如何编织精彩故事……她又为学生们插上了想象与表达的翅膀，让孩子们思接千载，跨越中外，在阅读与写作的广袤天空尽情翱翔。

初中语文阅读教学中，鲁迅作品是一个绕不过去的存在。鲁迅作品的价值和意义不可替代。品读鲁迅先生的文字，总能触动读者的情思：谁的心中没有过一个美丽神奇的百草园？谁的心中没有过一个小英雄闰土？谁的心中没有过一个博爱无私的藤野先生？谁的心中没有过一个淳朴仁爱的长妈妈？还有双喜、阿发、范爱农、杨二嫂……冷峻背后是温暖，字字珠玑悟人生。作为语文老师，秀红引领学生立足文本，引领孩子触摸到一个生动鲜活而有温度的鲁迅。这是人间鲁迅，是一个温暖有趣的鲁迅，亦是有着伟大人格的作家鲁迅。都说语文教师应该有自己的自留地和实验田，我想，鲁迅作品应该可以说是秀红的自留地和实验田了吧？

（二）古诗文教学

教科书中的优秀古典诗文，是我们民族文化的瑰宝，是滋润学生心灵和培育学生文化品格的重要精神资源。但因时代久远，学生理解起来有一定的难度，以致不少学生产生了畏难情绪。该怎样引领学生触摸古诗文的语言并走进作者的

心灵世界呢？秀红突出做到了两点：一是通过"说文解字"增厚底蕴。例如透过《诫子书》中的"静"字，告诫要坚守初心；解读《公输》中的"兼"字，呼吁一种博爱情怀；品味《曹刿论战》中的"孚"字，揭示民心所向的意义。这样引领学生由一字而观全文，努力追求"言""文"合一的境界，使学生加深了对文本的理解，并充分感受到古代语言的魅力。二是精心设计语文学习活动。例如通过"古诗新韵""古语新声"等活动环节，引领学生借助古诗和文言短句记录生活，抒发心声，营造古朴厚重的课堂氛围。教室里古韵声声，其乐融融，师生仿佛置身古代学堂，成为语文教学一道别样的风景。

秀红是个草根型的实践者和追梦人。记得她说过，她的心中有两个梦：教师梦和文学梦。她爱读书，勤实践，善思考，有韧性。她已在教育之路上留下了辛勤耕耘的痕迹。在祝贺她的书稿即将出版之际，也祝愿她的文学梦能早日成真。相信她的勤奋与执着将再次证明一个真理：文章得失不由天。

（作者系北京市语文特级教师，国家课程标准高中语文教科书核心编者，中国鲁迅研究会基础教育分会副会长）

一个有情怀的语文老师

王　浩

　　得知贺老师要出教学专著的消息，这对我而言是一件值得快乐而自豪的事情。作为校长，我深知"名校造就名师，名师成就名校"的重要意义，一直在努力为全校老师搭建成功的平台，鼓励老师们积极教研、著书立说，从而促进教师的专业成长。可喜的是，今天贺秀红老师成为学校著书立说的第一人，而我也颇为自豪地成为贺老师专著《点染语文课堂的亮色》一书的作序人。

　　说起贺秀红老师，几乎所有认识她的人都觉得她沉静内敛、文雅知性，但一走进她的课堂，一个激情洋溢、诗情勃发的语文老师就站在你面前，让大家看到一个不一样的她。自1995年参加工作，她扎根乡村已有25个春秋。她是一名普通的语文教师，同时也是一个快乐的传道者，一个有情怀的语文人。贺老师不仅课上得精彩，同时担任我校语文教研组长多年，引领年轻老师在业务上不断成长，带领老师们致力教研、锐意创新，使语文教研组成为一道亮丽的风景线。

　　语文教师本来是一个平凡的职业。而贺老师把平凡做成了不平凡，每天兢兢业业、快快乐乐地把每一堂课上到极致，浑然忘我，乐以忘忧，尽情展现出语文课程的精彩。在贺老师的语文课上，有对学生精神成长的呵护，有厚重的家国情怀，有仰望星空的美好憧憬，也有诗意和远方。她用自己的思想触及学生的灵魂，那种游刃有余的从容，简直就是肆意挥洒的庖丁。很多人把工作当成是谋生的职业，而贺老师始终坚守初心，将自己的职业与追求、喜好与爱心紧紧融合在一起，把语文挥洒成了一门艺术。她的学生们可以和她一起徜徉在语文世界，享受语文艺术的滋养，何其幸运！

　　一个老师站在课堂上，捕捉到了孩子们心中那渴求知识的灵光，用自己的眼神和智慧传递出信念与爱的时候，教学就成为师生共享生命的快乐旅程。简短的文章里有着睿智的哲理，小小的教室里有着大大的世界。所谓课如其人，看似谦逊平和、浅吟低唱，实则大气磅礴、豪迈奔放。贺老师把每节课都当成了一种创造，她用激情点燃课堂，用文雅熏陶心灵，用厚重沉淀思维，用睿智启迪人生，尽情绽放语文之美，表现了一个语文人的深度与力度。课堂上，她就像一位导游，用一颗慧心设置跳板、搭建心桥，引领孩子们快乐求索，即使行进在戈壁荒滩、茫茫大漠之中，也会发现最美丽的语文风景。她有一种悲天悯人的人文关怀，又有一种包容一切的浑然大气，她用一颗心去唤醒另一颗心，用真情去传递人间之爱，触动了孩子们心底最柔软的地方，让自己和一颗颗青春的心一起灼灼燃烧。

阅读和写作是语文教学的两个基点。从这个角度来说，语文教师的意义，就是带领着一群孩子成为经典文章和作家们的知音，并学会用语言文字进行对话与倾诉。而这一群孩子，他们的禀赋不同，个性不同，基础不同，要让人人都有所收获，有所思考，乃至有所创造，这是一个相当大的难题。可是贺老师做到了！她沉浸在语文的世界里，从一篇篇精美文章里读出了丰盈的意趣，用典雅诗意的语言引导学生入情入境，入耳入心，唤醒了学生心灵中的那位"创造大师"，从而妙笔生花，写出文采飞扬、动人心弦的篇章。阅读和写作一直是教学的两个难题，贺老师巧妙地把二者结合起来，以读促写，读写联手，师生同读、同写、同思、同议，轻松阅读，快乐练笔，使阅读与写作真正成为语文教学的双翼，带领学生在心灵的天空中自由飞翔，让每一个平凡的日子开出了美丽的花朵。

配乐朗诵、设置情境、多元解读、链接生活、我读我悟、快乐练笔，贺老师就像一位魔术师，引领孩子们畅游在语文殿堂，她活力四射，燃烧着蓬勃的生命之火。讲《背影》时，她引领学生从黑、紫、朱红等色彩中感受人世间的父子亲情；讲《孔乙己》时，她启发学生思考，要做一个于国于家有用的读书人；讲《回延安》时，她引领学生走进峥嵘岁月，从世事风云中凝眸延安古城；讲《诫子书》时，她引领学生用告诫、期待、担忧的语气诵读课文，体会一位父亲的拳拳爱子之情……就这样，本来单调无趣的课堂变得底蕴厚重、情致盎然，她把语文教学变成了充满欢声笑语的快乐之旅。

贺老师的这份情怀，又何止是在教学上呢？她倾情打造校园文学社，定期推出《古槐飘香》校刊，培养出一批文学爱好者和一个个"校园新苗"；她和老师们组织中华经典诵读活动，推选"国学小名士"，打造国学经典校园文化，营造出浓郁的文化气息；她在学校的大力支持下，精心购买了一批中外经典图书供孩子们阅读，激发了学生的读书热情，营造出浓浓的书香氛围，使阅览室成为学子们的一方乐园。难得的是，她勇立潮头、目光长远，却又低调务实、接教育地气。一路走来，她结合自己的教学实践与研究，不断反思、成长，用笔墨记录下这些年来的课堂案例、教学感悟、研究成果，并乐于将自己多年从教的这些经验传授他人。有人称呼她为"名师"，她总是谦卑地婉拒一切过誉称号。一个快乐的语文人，这是她对自己永远的定位。

今天，贺老师把自己的教学经验出版成书，相信会有更多的老师可以分享她从教20多年的精彩案例、教学智慧以及她对教育、对人生的所思所悟，必将带动更多的老师爱上教学、爱上阅读、爱上思考，今后也会有更多的老师撰写教育随笔乃至写出专著。正如雅斯贝尔斯所说："教育的本质意味着：一棵树摇动另一棵树，一朵云摇动另一朵云，一个灵魂唤醒另一个灵魂。"这里，教育不仅是对学生而言，而且对每一个教育工作者都同样适用。

作为一校之长，我始终关注每一个教师的专业成长。我深知：教科研是学校发展的第一生产力。今后我校将会继续实施科研兴校方略，为老师们搭建个人发展的更大舞台。这是我第一次给我校老师的专著写序，相信今后会有更多给老师们写序的机会。愿这本书能给语文老师提供教学上的借鉴，愿贺老师能够走得更高更远，愿我校涌现出更多的名师、更多的人才！

2019年1月19日

（作者系山东省武城县第一中学校长）

陌上花开缓缓行

刘艳敏

语文，是一棵会开花的树，只要坚守，就会在最美的时刻呈现最绚丽的景色。

"贺老师要出书了？""贺老师要出书了！""真好！""真厉害！"是啊，真好，她守望的那棵树开花了。当看到专著目录上的60多篇文章时，我不禁感慨，这是那个瘦弱的贺老师沉淀了多少年、熬了多少个夜晚凝成的心血？

在语文教学这条路上，贺老师是我的恩师。虽然我从未当面告诉她心中对她的感激之情，但我深知这些年我在语文上获得的所有快乐和成绩都离不开她的指导。

第一次接触贺老师，是因为她的"快乐随笔"写作指导课。当时我教小学五年级，贺老师和我商量，说要在我的班尝试上一节写作课。正是因为那节课，让我第一次感受到了语文课堂的魅力。贺老师通过一个简单的折纸游戏，把全体学生带入轻松快乐的氛围，一张张纸在孩子们的手中变成了飞机、小船、青蛙、衣服……犹如一把神奇的钥匙，打开了孩子们的思绪，他们回忆起小时候一起折纸的伙伴、朋友，教自己折纸的亲人、老师……在贺老师的引导下，孩子们手中的作品又变成了满载着祝福的鸿雁，帮孩子们传达着真挚的情感。原来作文课还可以这样上！原来我的学生能够写出如此灵动的文字！原来做一名语文老师可以如此诗意！从此，我便经常听贺老师的课。她的课堂像她本人一样充满文气，她的学生像她一般带着本真与诗情。

在贺老师的指导下，我开始慢慢探求语文课堂的魅力。还记得第一次去县里参加优质课比赛的情景，那次我抽取的课题是《曹刿论战》，讲了两遍，还是觉得课堂气氛不够活跃，没有充分把学生调动起来，课堂深度也不够。贺老师给了我两点建议，一是把课堂上的"知识积累"环节变成抢答形式，二是抓住文中"民"与"孚"两个关键字，查《说文解字》追本溯源，从字的本义出发帮学生解读意旨。

那天晚上都到11点了，我和贺老师还在隔着电脑屏幕一起研究《曹刿论战》，直到我们觉得心里有了底才安心休息。第二天的授课比赛，我从容上场，课堂上精彩迭出，尤其是一个"孚"字的解读尽添底蕴，那次我得了第一名。

后来，我和同事陈自峰老师一起参加县里的基本功比赛，贺老师陪我们一起写诗、说课，练习配乐朗诵。我们写出了《心中若有桃花源，何处不是水云间》一文，开发了新的写作课例——《一片落叶撩起思绪》。还记得比赛前一晚我们三个在一间狭小的学生宿舍里研究说课、练习朗诵的情景，也还记得在去参加比赛的二十分钟路程里，我们三人在车上抱着电脑修改课件的情景。那个时候觉得语文真的是诗意盎然，让人心甘情愿地付出。那次基本功比赛我们获得了团体第一名。后来我在县里上了《一片落叶撩起思绪》的写作展示课，当学生举起手中的落叶，本是秋风萧瑟的时候，我却感受到了春天的气息。听着学生当堂写出的动人文字，看着听课席中坐着的贺老师目光中含着赞许，我感受到了人们常说的语文情怀……

再后来，县里推荐我去参加市里的基本功比赛、优质课比赛，每一次贺老师都无私地给予我指导。尤其是那次优质课比赛，一周的时间要写出七个课题的全部教学设计，还要上一遍、磨一遍，如此反复不断磨课。那一周对我来说是一种煎熬，是贺老师鼓励我坚持下来。我写一个教学设计她修改一个，我每上一节课她就要听一节课，我熬了一周她陪着煎熬了整整一周。那次比赛，我再次获得了一等奖。

因为表现突出，我有机会和贺老师一起参加了市教研员徐立人老师主持的教研课题，也有了上展示课的机会。我们一大早出发，匆匆赶往德州。中午我们就在操场上坐着聊天，等着下午上课。时隔五年了，我还清晰地记得我们当时聊了课堂，聊了语文，聊了自己的人生追求。那个中午，坐在树下聊天的我们应该像一幅画吧？在我心里那永远是一幅诗意的画面。

我知道贺老师一直沉在语文里，我们觉得她守得辛苦，但是她在守望中始终意气风发，获得了心灵的丰盈与快乐，体味着作为一个摆渡者的幸福。

语文，是一棵会开花的树，贺老师守护的树开出了花。陌上花开缓缓行……

2019年3月23日

（作者系山东省乡村优秀青年教师培养奖励计划人选）

目 录

探 幽 寻 径

抒写心语

跬步千里

且 学 且 思

试凭高望远

从神坛到人间

你我亦是梦中人

后　记

探幽寻径

曲径通幽处，禅房花木深。
山光悦鸟性，潭影空人心。

——（唐）常建

我为这世界带来过一抹光亮

——《信客》教学实录

（屏幕显示信客形象，钢琴曲《眼泪》自动响起）

师：从前有过这样一些人，他们迈着沉重的步履，穿行在乡村和城市之间。他们为远行者效力，而自己却长途跋涉，满脸风尘，成为最困苦的远行者。他们有一个共同的名字——信客。今天，就让我们走近信客，倾听他们的故事，感悟他们的人生悲欢。（板书）

师：同学们预习时有没有发现难读、难写或是难以理解的字词呢？请提醒其他同学注意。

生1：我想提醒大家注意"焦灼"一词中的"灼"字。

师：请你带领同学们读一读这个词语。（生1领读）

生2："文绉绉"的"绉"字，读zhōu。请同学们跟我读！（领读）

生3：我想提醒同学注意"颠沛流离"的"沛"字，这个字右边部首是一个长竖，而不是"市场"的"市"字。

师：请你工工整整地把这个词语写在黑板上。（生3把该词写到黑板上）

生4："低眉顺眼"这个成语指低着眉头，两眼流露出顺从的神情，形容驯良、顺从的样子。我们在《台阶》一文中学过这个词，请同学们一定记准哦！

师：同学们预习得很用心，老师为大家点个赞！本文的作者是余秋雨，关于这位著名的散文家，请同学们说说你对他的了解。

生1：余秋雨，是我国当代著名散文家。

生2：余秋雨是一位散文大师，他的主要散文作品有《文化苦旅》《山居笔记》《千年一叹》等。

生3：余秋雨曾经用了15年时间，以长途旅行的方式实地考察各地文化，他从国内走到了国外，写下了系列文章，完成了对人类历史文明的考察。

生4：余秋雨的散文，善于从文化和历史的大视角出发，文笔清新自然，风格深邃、悲凉、雄浑、博大，读来胸怀激荡，有一种令人震撼的力量。

师：同学们知道得可真多！希望余秋雨"读万卷书，行万里路"的人生经历对大家有所启发。余秋雨在文学上的成就主要在于他的文化散文系列，有位老师把他的这些散文名作编成了下面的精彩语段，请同学们大声读一读。

（屏幕显示，生齐读）

余秋雨，一个行走中的文化学者。在《掩卷沉思》之中，他说《行者无疆》，于是从书房《出走十五年》，进行了一次漫长的《文化苦旅》。在渡过《霜冷长河》时，他无意捡拾到一些《文明的碎片》，不禁发出了《千年一叹》。后来，他把自己"行万里路"的经历与感触，写进了《山居笔记》，让读者和他一起重温中华五千年的泱泱文化……

师：同学们读得真是津津有味！老师提醒大家：知识积累其实并不枯燥，只要同学们用心，积累过程就会变得生动有趣起来！

师：记得余秋雨有一次在谈到《信客》时，说他自己都被信客这一形象感动得流泪了。那么《信客》一文究竟有什么魅力，使作者本人都被感动得潸然泪下呢？让我们一步步地去感知，去品味。

师：请同学们从整体上把握全文，给每部分设一文学性的小标题。小标题的设置除了要准确简明，还要力求语言生动、新颖别致。（学生设小标题，交流评价）

（屏幕显示）

一、从业缘起　　二、信客生涯
三、信客离职　　四、留下美名

师：全文以时间先后为序，写了两代信客的人生悲欢，令人感叹不已。让我们走近信客，听听信客的故事。年轻信客当信客的缘由是一位老信客的失信。老信客因为什么而失信于人？他为此付出了怎样的代价？

生1：他因剪了一条窄窄的红绸失信。他的代价是失去了信客这个职业，失去了尊严。

生2：他还扎伤了自己的手。

生3：老信客后来去看坟场了，他在一座茅草屋里夜夜失眠。

师：老信客的结局好悲凉啊！一条窄窄的红绸，成为他心头永远的痛。老信客虽然失业，但他牵挂着村民们通信不便，要为大家物色年轻人做信客，并给了年轻人很多指引。这些指引，有生活上的关照，也有精神上的指引。同学们想一想：老信客给了年轻人哪点精神上的指导呢？

生：（齐答）"信客，信客，要的就是一个信字。千万别学我！"

师：是啊，老信客举着那只受伤的手，用自己亲身经历的血的教训提醒年轻人：一定要守信用啊！要读得语重心长，读出警醒之意。下面请对同桌读读这句话。（生读）

师：老师听到了很多令人警醒的声音！就这样，年轻人带着老信客的嘱托上路了。下面，我们跟这位年轻人一起去进行一次信客之旅。

师：请大家推荐四位同学，每人一段，轮流跳读第12、14、15、18段。（朗读，掌声）

师：听到同学精彩的朗读，你一定被余秋雨笔下这些生动流畅的文字打动了，你的眼前是不是浮现出年轻人和老信客一起感叹唏嘘的情景呢？这个场景是多么温馨！但这样的场景注定不能常有，因为信客很忙。请同学们在文中找一找，信客在忙什么呢？

生1：他在忙着接收、分发信件物品。

师：这是他的份内之事，他做得尽职尽责。

生2：他在忙着帮人代读、代写书信。

师：即使在做这些事情，他仍然是尽心尽力。请同学们读一读信客写信、装信时的片段，体会用词的质朴典雅。通过"郑重"一词，你读出了信客的什么神态？

生3："郑重"一词，刻画出信客把信装进信封时的神态，表现出他对工作认真负责。

师：是啊，信客装进去的，不仅仅是几张纸，还有那一颗颗焦灼和期盼的心。

生4：他还忙着代表家属料理后事、收拾遗物。

师：通报死讯、帮死者家属处理后事，这可是苦差事，费心费力不说，还要无辜受到猜疑、质问和憎恨，真是太委屈自己了，他能不能不做这档子事呢？

生5：不能，他要尽一点乡情乡谊。

师：请大家读读文中的这句话。

（屏幕显示）

他能不干这档子事吗？不能。说什么我也是同乡，能不尽一点乡情乡谊？

师：试着把"他"换成"我"，读出信客内心的矛盾和挣扎。"不能"二字，要读出肯定、坚决的语气。哪位同学来读一读？

生6：我能不干这档子事吗？不能。说什么我也是同乡，能不尽一点乡情乡谊？

师：这是一位多么重情重义的信客啊！可是，他为什么不再做信客了呢？

生7：他被自己的同乡诬陷，进了巡捕房。

师：这件事使他做了一个决定——不再做信客。当他做这个决定时，最先想到的那个人是谁？他要征得谁的同意，求得谁的谅解？

生：（齐答）老信客。

师：谁来读一读他跪在老信客坟前说的那句？要读出苍凉之意，读出倾诉之声。

生8：（悲怆地）这条路越来越凶险，我已经撑持不了。

师：他是在向老信客倾诉自己心头的委屈和无奈呢！我想老信客会理解他的。后来，那个曾诬陷他的人被信客的善良感动，他良心发现，出钱开办了一个邮政处，算是为乡人做了一件善事。虽然没有答应帮他代理，但信客也因此能够通过为人写信谋生，生活还算过得去。这让我们看到了人性的光亮，心灵得到一丝安慰。

师：听了信客的故事，你一定被深深打动了，请发自内心地为他叹息一声吧！

（屏幕显示）

唉，信客好_____啊！

生1：唉，信客好苦啊！

生2：唉，信客好难啊！

生3：唉，信客好累啊！

生4：唉，信客好冤啊！

师：一个"苦"字，最能体现做信客的艰难。如果长途跋涉、生活清贫之苦都还可以忍受的话，更苦的是还要无端蒙受怀疑、呵斥、憎恨、欺辱，要有一颗怎样的心灵才能忍受这一切呢？怪不得那个讲故事的人——余秋雨自己也被信客的善良感动得流泪了呢？

师：可是，也正是信客这一职业的苦，造就了年轻信客的不凡品质。在艰难的坚守中，彰显了人性的美丽和高贵。现在，请你怀着敬意为他赞叹一声吧！

（屏幕显示）

啊，信客真是太_____了！

生1：啊，信客真是太善良了！

师：在这赞叹声里，我们读出了一个心地善良的信客。

生2：啊，信客真是太宽容了！

师：在这赞叹声里，我们读出了一个待人宽容的信客。

生3：啊，信客真是太守信了！

师：在这赞叹声里，我们读出了一个诚信无私的信客。

生4：啊，信客真是太无私了！

师：在这赞叹声里，我们读出了一个默默奉献的信客。

生5：啊，信客真是太尽职尽责了！

师：在这赞叹声里，我们读出了一个恪尽职守、任劳任怨的信客。

师：老信客的结局令人唏嘘不已，年轻信客后来的故事与结局如何呢？

生1：信客后来当地理教师，讲课绘声绘色，效果奇佳。

生2：信客成了学校的主心骨，当了校长，做得也很出色。

生3：信客去世时，人们都来吊唁他，他受到人们的尊敬和怀念。

师：看来，那些诚信无私、默默奉献的人，终会被大家所尊敬和怀念。信客，他只是一个普通人，做的也是平凡小事，但一个大大的"信"字，让我们永远记住了他！

师：现在，这位"信客"来到了我们的现场，他和大家面对面。同学们有什么问题，可以向这位信客提问。

（一生作为信客上台，学生纷纷提问，与"信客"进行对话）

生1：您好！您当初并没有答应老信客要做信客，可是后来为什么又踏上信客之旅呢？

信客：我最初没有同意，是因为我知道做信客会很苦。我后来答应了，一是因为老信客的真诚使我不忍心拒绝，二是我们这乡间不能没有信客啊！

生2：请问您因同乡诬陷被抓进巡捕房的时候，为什么不说出真相，让那个同乡受到应有的惩罚呢？难道你心中没有怨恨吗？

信客：无缘无故被捕入狱，确实让我感到屈辱而愤怒。但是，大家在外谋生不易，我不愿让同乡的心灵蒙受阴影，只有让自己的心灵蒙受阴影。

生3： 老信客的名誉已经毁了，请问您最后为什么还要求和他葬在一起呢？

信客： 老信客是我的引路人，是他指引我走上信客的道路，是他告诉我要坚守一个"信"字。我从前太忙，陪伴他的时间太少。以后我们两个都闲下来了，我要经常陪他聊天，让他不再孤独凄凉。

生3： 你的回答让我深受感动。谢谢！

生4： 后来您当地理老师和校长都很出色，您觉得这和您当信客的那段经历有关系吗？

信客： 当然。因为有了那段经历，我教地理才绘声绘色；因为代写了无数书信，我的实际文化程度才在几位教师中显得拔尖；因为当年行走各处眼界开阔，我才能够容纳各种新知识。更不要说，那段苦难的经历，让我深察世故人情，懂得宽容体谅，所以我才能够成为学校的主心骨。后来我当校长，也是保持了当年"诚信""奉献"的本色。我的成功，可谓是"梅花香自苦寒来"！

生4： 我明白了，原来苦难有时是一笔财富。

生5： 您现在得到大家的尊敬和爱戴，是一位成功人士。请问您成功的秘诀是什么？

信客： 一个信客的成功，在于一个"信"字；一个人立身的根本，仍是一个"信"字。

生5： 谢谢！您的人生经历使我深受启发。以后，我也会做个诚信的践行者。

（掌声）

师： 感谢大家精彩的提问，感谢"信客"的精彩回答！刚才"信客"在回答问题的时候，好几次提到了"信"字，下面我们来探寻"信"字之源。

（屏幕显示"信"的古体字及《说文解字》相关文字）

信，诚也。从人，从言。会意。——《说文解字》

师： 这是"信"字的古体字。《说文解字》中是这样解释的：信，是诚信无欺的意思，由"人"和"言"两个部分组成，是会意字。古人讲究诚信，认为一个人开口说话就要一言九鼎、一诺千金。古人崇尚诚信：孔子的"人而无信不知其可"是"信"，曾子的"婴儿非与戏耳"是"信"，《论语》中的"君子一言，驷马难追"也是"信"，诸葛亮的"鞠躬尽瘁，死而后已"还是"信"。在时间的悠悠长河中，一种职业可以永远消失，一个人可以永远离开这个世界，但这人世间的诚信精神却光照千古、永远长存！从这个意义上说，《信客》一文写的是小人物，赞的是大精神，这何尝不是在呼唤诚信精神的回归呢？

师： 信客，作为一种职业已经永远地消失了。新的时代，"信客"又在哪里呢？让我们一起去寻找新时代的信客。

（屏幕显示最美邮递员的图片、颁奖词，分组朗读）

最美邮递员——叶其懂

【颁奖词】"百分百先生"：谁说"小个子"，不能顶起世界？小弄堂里，你"跑"出了妥投率100%的奇迹；谁说大都市，金比情坚？大上海，你有信必行的承诺书写"亲民无价"。

最美邮递员——赵明翠

【颁奖词】"两栖"信使：邮路上的女人，坚强为灯，信念为塔。邮包千斤，女子也能扛。有信必达，承诺照亮前方。高山峡谷里，开出了一朵娇艳、坚强的女人花。

最美邮递员——图尔迪拜克·艾力甫

【颁奖词】恰尔隆信使：邮件，是天，是命；承诺，是根，是本。你的身影、你的力量，有如一缕晨曦，照亮恰尔隆。擦干眼泪，继续向前。是正能量，是真精神。

师： 现在，假如有个政府机构要为信客颁发"诚心奉献"荣誉奖章，请你来为他写几句情真意切的颁奖词吧！要求用词生动典雅，文笔自然畅达，至少能够运用一种修辞手法。

（生沉思、书写，师巡视、指导）

师： 哪位同学能够毛遂自荐，勇敢地上台向同学展示你的风采。

生1： 不畏长途，你用双脚行走万里；诚信无价，你用生命书写传奇。你的尽职尽责，你的善良宽容，你的诚信无私，你的默默奉献，铸就了人世间一座不朽的丰碑！

生2： 走不完的路，翻不尽的山。他像一位顶天立地的巨人，托起了农村的一片天。为了一个承诺，他把青春奉献；为了一个信字，他用一生书写！（掌声）

生3： （动情地）他，辛劳得像一个收割者，穿梭于乡间小道，行走在都市之中。他，美丽得如一个天使，几十年传邮万里，连接了千家万户。他传递的，是信，是美，是情，是义！他，是人间最美信客！

师：老师也为信客写下了颁奖词，一起来读一读。

生：（齐读）一句承诺，你踏上了艰难的信客之旅。诚信是你的名片，宽容是你的代名词，奉献是你的风骨。高山峡谷里，你风尘仆仆、跋山涉水，犹如一棵凌风而立的古松。这就是你，一个平凡而又演绎了人生精彩的信客！

师：记得我们曾经写过一篇作文，题目是《你也是一束阳光》。现在想来，文中的信客，何尝不是一缕温暖的阳光？余秋雨笔下的优美文字，何尝不是照亮我们心房的那束阳光？诗人巴尔蒙特说过："我来到这个世界上，是为了看到太阳。"老师想告诉同学们：我们来到这个世界，不仅要看到太阳，自己也要做一束明媚的阳光，照亮他人，照彻黑暗，给这个世界带来一抹光亮！

（钢琴曲《梦中的鸟》响起。屏显字幕：感谢信客，在这清冷的清秋时节，为我们带来一缕温暖的阳光；感谢余秋雨，在这个呼唤诚信的年代，为我们的心灵带来一束明媚的阳光；感谢大家，和我们一起进行了一次快乐的语文之旅……）

童心犹在，忆起童趣无限

——《从百草园到三味书屋》教学实录

环节一：导入新课，营造氛围

（配乐，屏幕出示小诗《童年的窗口》，学生齐读）

童年的窗口

是一棵绿树

是一晃就一地阳光的幻影

和幻影中撒落下的一地珍珠

童年的窗口

是燕子的家

是牧童一吹就吹醉的田野

和笛孔里那一滴滴浓浓的乡情

师： 读了这样优美灵动的文字，老师不禁赞叹一声：多么美的童年！今天我们要学习的这篇散文，也是回忆童年的佳作，作者是鲁迅先生。谁能说一说你心目中的鲁迅先生是一个怎样的人？

生1： 我心中的鲁迅胡须浓密，显得很严肃。

生2： 我觉得鲁迅先生看起来酷酷的。

生3： 他爱憎分明，横眉冷对千夫指，俯首甘为孺子牛。

师： 老师的感觉和同学们有点不一样。我知道鲁迅先生小时候喜欢恶作剧，被大人们称为"胡羊尾巴"。从这个有趣的称呼看，鲁迅先生是一个有趣的人呢。鲁迅先生的长孙周令飞曾经这样评说自己的祖父鲁迅：

（屏幕显示）

一般人都知道，鲁迅是一天到晚拿着匕首和投枪跟敌人搏斗的，实际上鲁迅的性格很多人不知道，生活当中的鲁迅是幽默爱开玩笑的人。鲁迅也喜欢笑，据他的朋友回忆，他常笑，笑声大得连三间屋子的人都能听到。（周令飞）

师：今天我们一起走进《从百草园到三味书屋》这篇课文，让我们一起从文中去寻找那个有趣好玩的鲁迅先生。

环节二：对话文本，感受童真

（引导学生速读课文，标记重点词语，并记下有疑问的字词）

师：现在我们来交流一下。哪位同学遇到了有疑问的字词？

生1："倜傥"一词，应该怎么读？

生2：tì tǎng。

生3："拗过去"中的"拗"，应该读哪个音呢？

生4：应该是ǎo。

师：你觉得文中哪个词很重要，并想提醒大家注意？

生5：我想提醒同学注意"脑髓"的"髓"，应该读suǐ。

生6："缠络"一词中的"络"字，不要误读成lāo，左面不要误写成"火"字旁。

生7："狗窦大开"，就是狗洞大开。这里是嘲笑人缺少牙齿。

师：你真是个有心人，说出了"狗窦大开"这一词语的有趣含义。谁能说一说，你从题目中读出了什么信息？

生1：题目中"百草园"是一个地方，"三味书屋"是一个地点，这是从一个地点到另一个地方的转换。

生2：从一个自由玩耍的地方，转换到了一个学习求知的地方。

生3：从天真调皮到读书明理，写了一个孩子的成长历程。

师：下面，我们先到百草园一游。读课文中描写百草园的部分，谁能用一个词语形容一下百草园呢？

生1：美丽、神奇。

生2：有趣。

生3：自由快乐。

师：怪不得鲁迅先生说百草园是一个乐园呢。鲁迅笔下的百草园美在哪里、奇在哪里、趣在哪里、乐在哪里呢？请大家根据文中描写，参照示例，具体说说你的感受。

（屏幕显示）

百草园真是太有趣了！你看，有个孩子正悄悄靠近斑蝥，说时迟那时快，他调皮地用手指按住了它的脊梁，只听啪的一声，斑蝥从后窍喷出了一阵烟雾。那小小孩童，则开心地笑出了声。

生1：百草园真是太美丽了！你看，这里有碧绿的菜畦，高大的皂荚树，光滑的石井栏，紫红的桑葚，在树叶里长吟的鸣蝉，趴在菜花上的肥胖的黄蜂。还有云雀呢，它们动作轻捷，忽然就从草间直窜向云霄里去了……

生2：不是"趴"，课文中用的是"伏"。

师：比较一下这两个词，哪个表达效果好呢？

生3：我觉得"伏"字好，这个词语生动典雅，形象地写出了黄蜂在菜花上的情态。"趴"字，读起来就缺乏一点韵味。

师：同学在描述时，把"高大的皂荚树"和"光滑的石井栏"顺序颠倒了，在表达上有没有影响？

生4：我觉得没有影响。

生5：这样一变，顺序显得有点混乱。

师：写景要注意描写顺序，"菜畦""石井栏""皂荚树"和"桑葚"是由低到高的顺序，打乱了这种顺序，就会影响表现效果。

生6：百草园真是太有趣了！我仿佛看到有个孩子扫开一块雪露出地面，用一支短棒支起一面大的竹筛来，他在竹筛下面撒些秕谷，棒上系一条长绳，远远地在一边牵着。等到鸟雀耐不住诱惑终于下来啄食，走到竹筛底下的时候，他将绳子猛地一拉，便罩住了那些鸟儿。哇！孩子心中乐开了花。

师：同学们也都有过捕鸟的经历吧？这个同学抓住了"扫""支""撒""系""牵""拉"等动词，形象生动地描绘出雪天捕鸟的过程，充满了儿童情趣。

生7：我真想到百草园一游，听听油蛉们的轻轻吟唱，摸摸那光滑的石井栏，尝一尝那又酸又甜的覆盆子，然后再从石井栏上跳下去，体验一把那种冒险的好玩和刺激。

师：你说出了我们每一个人的心声！（生笑）

生：百草园真是太神奇了！你听，长妈妈讲起了美女蛇的故事。

师：文中用了较长的篇幅讲了美女蛇的故事，下面我们来模仿一下当时的情景。老师扮演长妈妈的角色，请大家推荐一个聪明可爱的男生扮演迅哥儿。（推荐生8）首先声明，老师，也就是长妈妈，可以根据文中有关描写展开想象进行描绘。而"迅哥儿"呢，可以通过表情、动作、语言来表达自己听故事的感受。好，下面我们来模拟场景——长妈妈给迅哥儿讲美女蛇的故事。

生8：长妈妈，我最喜欢听你讲故事了，你就讲一个呗！

师：（用讲故事的语调，渲染气氛）从前，有一个读书人住在古庙里用功。晚间他在院子里纳凉的时候，突然听到有人在叫他的名字。读书人答应着，四面看时，却见一个美女的脸露在墙头上，向他一笑就隐去了。他很高兴；但竟给那走来夜谈的老和尚识破了机关。说他脸上有些妖气，一定遇见"美女蛇"了；这是人首蛇身的怪物，能唤人名，倘一答应（骇人的语气），夜间便要来吃这人的肉的。

生8：（用手捂眼）哎呀，真是太可怕了！

师：那书生自然吓得要死，而那老和尚却道无妨，给他一个小盒子，说只要放在枕边，便可高枕而卧。他虽然照样办，却总是睡不着，怎么能睡得着呢？到了半夜，那怪物果然来了，沙沙沙！门外像是风雨声。他正抖作一团时，却听得豁的一声，一道金光从枕边飞出，外面便什么声音也没有了，那金光也就飞回来，敛在盒子里。

生8：（舒了一口气）啊！那后来呢？

师：后来，老和尚说，这是飞蜈蚣，它能吸蛇的脑髓，美女蛇就被它治死了。（训诫的口气）迅哥儿，我可告诉你，如果有陌生的声音叫你的名字，你万万不可答应他。还有你也不要到长的草里去，人家都说这园里有一条很大的赤练蛇呢。

生8：（好奇地）长妈妈，赤练蛇是什么样的啊？你见过吗？

师：（吓唬）快睡觉！不然美女蛇该找来了，那妖怪可是专门祸害像你这样的小孩子。

生8：（做晕倒状）哎呀！真是太可怕了！（生笑）

师：听了长妈妈讲美女蛇的故事，你有什么感受？

生9：神奇！刺激！

师：是啊，文中美女蛇的故事让我们感受到一种紧张、神秘的气氛。多么神奇的百草园！

师：我想迅哥儿一定希望自己做个永远也长不大的孩子，好永远守护着他的美妙乐园。可惜，他还是一天天地长大，后来被大人们送到了三味书屋，开始了他的求知之旅。听，他在和百草园里的那些朋友们告别呢！请同学们一起读一读第9段。（学生齐读）

师：老师从大家的语气里，听出了一种依依不舍之情。"我"就这样告别了百草园，来到三味书屋。请同学们说说你对三味书屋的感受。

生1：我感觉有些单调。

生2：枯燥无味。

生3：有点压抑。

师：为什么呢？

生3：先生对学生严厉，拿着戒尺，还要罚跪，令人觉得压抑。

师：看来那时的教育真的有些不合时宜。可是老师的戒尺呀，罚跪啊，不怎么用，这是一位比较开明的先生。

生4：在三味书屋，读的那些书根本就读不懂，实在是乏味。

生5："我"向先生提问"怪哉"这虫的问题，先生不肯回答。

师：先生可能是觉得学生不应该问这类与学业无关的问题吧？这样说来，先生的教育思想有些传统守旧呢。谁能从看似枯燥无味的三味书屋生活中，发现一点趣味呢？

生1：我觉得文中说的"我们便对着那匾和鹿行礼。第一次算是拜孔子，第二次算是拜先生"很有趣，原来那时上学还要行礼呢。

师：拜师仪式庄重，看来那时有着"尊师重教"的风尚。

生2：三味书屋后面有个小园，在那里可以爬上花坛去折蜡梅花，可以从中找到乐趣。

师：在迅哥儿心中，或许这也是一个小小的"百草园"。

生3：先生高声读书的那个场景，我觉得他读得真是太入神、太投入了，别有一番情趣。

生4：文中"大家放开喉咙读一阵书，真是人声鼎沸"一句，还有师生一起读书的场景，读来觉得熟悉而又亲切。

师： 你们能读懂文中描写师生一起读书的那个片段吗？

生：（纷纷摇头）不能！

师： 虽然不能读懂，但是这样的生活、这样的场景，却觉得亲切有趣。谁说读不懂就一定是枯燥无味呢？有时却是乐在其中。

生5： 先生读书入神时，孩子们开始偷偷做小动作，有的是用纸糊的盔甲套在指甲上做戏，"我"是偷偷地画画儿，这些"偷"来的快乐真是令人回味无穷。

师： 在三味书屋中还能找到这么多的情趣和快乐，你们真了不起！老师也找到了一件趣事，同学们知道什么叫"对课"吗？

生6： 旧时私塾中的一种功课，就是对对子。例如：老师说"雨"，学生对"风"；老师说"柳绿"，学生就对"桃红"。

师： 我们再现一下师生上"对课"的情景。老师就是那位先生，大家可以自由对答。老师出上句，大家对下句，因为是第一次尝试，我们把难度降低，不注重讲究平仄，只要字数相等、句式相似、内容相关即可。好，我先出一个字——"雨"。

生8：（抢答）风。

师： 杏花雨。

生9：（沉吟）杨柳风。

师： 点点杏花雨。

生10： 阵阵杨柳风。

师： 檐前点点杏花雨。

生11： 房后阵阵杨柳风。

师： "房后"，措辞不雅。谁能改一改呢？

生12： 窗后阵阵杨柳风。

师： "窗后"一句，读来有诗意。多么有趣的"对课"！谁说三味书屋是一个单调乏味、令人压抑的地方？求知，是一个人成长的必然之旅，单调中有着缤纷的色彩，枯燥中又有着无限的情趣，同样令人回味无穷。

环节三：对话作者，加深理解

师：大家认真思考。你还有感到疑惑的问题吗？你想对作者鲁迅说些什么？现在，"鲁迅先生"来到了我们的课堂，要帮同学们解答疑难。

（屏显鲁迅照片，打出"我和鲁迅面对面"字幕）

师：现在老师就是鲁迅先生的角色，同学们有什么问题，都可以和先生交流对话。

生1：（迫不及待地）您好！尊敬的鲁迅先生，我想知道文中的赤练蛇是什么样的？

师：那只是人们口口相传，我也没有见过。不过，你总该知道"赤橙黄绿青蓝紫"吧？"赤"，是红色；"练"，就是长的丝带。看起来，就是像一条红色彩带的蛇。

生2：请问您是在什么情况下写了这篇文章？您想在文中表达什么思想情感呢？

师：我是在厦门大学的图书馆里写的本文。当时我在工作上遇到挫折，心情苦闷，回忆起百草园里的自由快乐，三味书屋里枯燥中又不乏情趣的读书生活，童年的那些美好记忆就像在晨光里绽开的花朵一样，使我的心灵得到安慰。于是，我用饱含真情的文字记下了儿时的真实情景，就有了现在大家看到的这篇课文。

生3："似乎确凿只有一些野草"一句中，"似乎"和"确凿"连用觉得前后矛盾了呢。

师：其实不矛盾呀。因为是回忆那时情景，记忆不太清晰，所以用了"似乎"一词；追忆儿时的百草园，确实是有一些野草，那是肯定的事情，所以用"确凿"一词。要表达出这种特别的心情，只好把两个看似矛盾的词语连用在一起了。

生4：我读过您上学时在书桌上刻"早"字的故事，很受启发。您能讲一讲当时的具体情形吗？

师：那一年我十三岁，在三味书屋跟随寿镜吾老师学习。那时我的父亲长期患病，我经常到当铺卖掉家里值钱的东西，然后再在药店给父亲买药。有一次，我一大早就急急忙忙地去当铺、药店，可是回来时老师已经开始上课了。老师一看到我，就生气地说："十几岁的学生，还睡懒觉。下次再迟到就不要来了。"我没有为自己做任何辩解，低着头默默回到自己的座位上。第二天，我早早来到书屋，在书桌右上角用刀刻了一个"早"字，并暗暗警示自己：以后一定要早起，不能再迟到。以后的日子里，我依然奔波在当铺、药店和三味书屋之间，可是课桌上那个醒目的"早"字，成为激励我不断向前的动力。从那以后，我再也没有迟到过。

生5：（疑惑地）鲁迅先生，我喜欢读《朝花夕拾》，我知道这是您写的一部散文集。可是您为什么把《旧事重提》改成《朝花夕拾》了呢？

师：（微笑）那些温馨往事就像绽放在晨光里的花朵，将至夕阳西斜时随意拾来自赏，这不就是《朝花夕拾》吗？这是我少年时代生活的一曲恋歌。

（掌声响起）

环节四：采撷童趣，余韵不绝

师：每个人心中都有一个属于自己的"百草园"，那里面盛满了童年的快乐与好奇。童年的故事就像海边那五颜六色的贝壳，散发着迷人的光泽。请你打开记忆之门，去采撷最美丽、最个性的那一枚，并拿起手中的笔，记下那些只属于你的记忆。温馨提示：时间是8分钟。

（学生沉思，动手写作，师巡视）

师：同学们笔下的文字是如此鲜活灵动，下面我们来分享一下。

生1：一座静静的小院，青瓦、土墙、木窗，院里有爬满牵牛花的篱笆，有在屋檐上睡懒觉的小猫。阳光暖洋洋的，风儿轻悄悄的。小小的我，身穿小粉裙，不安分地在院子里飞来飞去，一会儿嗅嗅花的芬芳，一会儿去追一只美丽的蝴蝶，一会儿用小手去逗弄小猫的胡子，一会儿帮姥姥去摘嫩嫩的黄瓜。小小的院落里，不时传来一阵阵笑声……那景，那人，定格成了一幅美丽的画面。

师：语言优美，情真意切，构成了情景交融的意境。精彩！

生2：那天中午，赤日炎炎。蝉们都躲在树上的阴凉处，高声地吟唱着"知了——知了——"，打破了正午的沉寂。我和表哥悄悄地伏在地上，关注着瓜园里那个小窝棚里的动静。确定没有"敌情"后，我们飞快地跑进瓜地，表哥迅速地摘下一个大大的花皮西瓜，抱在怀里。我也不甘落后，飞快地瞄准了"目标"，三下两下就摘下来了。我们抱着西瓜准备往路边跑，不料表哥又收获一个"战果"，哪个也不舍得放弃，他只好怀里抱着一个，脚上踢着一个西瓜，我气喘吁吁地跟在他的后面。突然听到远远地传来一声吼叫："都给我站住！"我一惊，怀里的瓜摔在地上，抬眼一看，瓜主人正冲着我们飞奔而来。再也顾不得瓜了，表哥一把拉住我撒腿就跑……（生笑）

师：形象传神的动作描写，再现了偷瓜时的惊险场景。

生3：门前有条小河，流水潺潺。春意融融的季节，女孩和姐姐在河边捉蚱蜢，捕蜻蜓，逮小蝴蝶，捉小鱼虾，笑得一脸灿烂。这时，姐姐拿出一张彩纸，左折右折，居然变成了一条小船。女孩惊喜地叫了起来，一把抢过纸船，蹦蹦跳跳地跑到河边，轻轻地把小船放入水中。"姐姐，快来看呀！小船出发啦！"她兴奋地跳着嚷着，望着那条小小的船，直到小船再也望不见了，突然有些怅然若失……那个小女孩是谁呢？她就是童年的我。

师：这个同学的童年里，有美丽的春天，有对未来的憧憬，还有令人怀念的手足之情。文章还设置了一个悬念呢，激发了我们继续听下去的兴趣。

生4：村东的小树林里，鸟语花香。我和一群孩子，兴高采烈地在丛林间穿梭奔跑，雀跃着，嬉闹着，做捉迷藏的游戏，把树上正在午休的小鸟惊得飞了起来。玩累了，我们躺在草地上打几个滚，采一大把野花野草，烈日下一群"人马"浩浩荡荡，满载而归。那些飞掠而过的鸟儿，衔走了一路的欢声笑语。其中我笑得最欢，一路上欢呼跳跃着。

师：哪位同学能谈一谈你听了这篇短文的感受？

生5：这个小树林也像一个"百草园"，留下了孩子们的欢声笑语。同时，"鸟语花香""浩浩荡荡"等成语用得形象生动，读起来津津有味。

师：这位同学说出了自己的真切感受，我们为她点个赞！

生6：曾几何时，一个圆形，总是会让我想到那美丽的肥皂泡。那时，我最喜欢的游戏就是"吹泡泡"。看，那又轻又圆的彩色泡泡，闪着五彩缤纷的浮光，慢悠悠地在空中飘浮着，飘浮着。我目送着泡泡们远去，心中充满了快乐与憧憬。长大后，我和小伙伴们一起来到校园。当年让我激动万分的那个圆形，在我眼中，不再是蓝月亮，不再是红气球，不再是美丽的玉盘，不再是喷香的烧饼，它只是那样一个单调的圆圈，一个没有生命的"零"。想到这里，脸颊上有泪珠掠过……

师：从美丽的"肥皂泡"到单调的"圆圈"，见证了这个同学的成长历程。

我们在成长中总是要经历一些迷茫，一些苦痛。让我们为她的精妙构思和独到感悟喝彩！

（配乐，屏幕出示《告别童年》小诗，学生齐读）

当我挥着小手，

摇晃着脑袋，

傻傻地看着微风时，

我已经踏上了童年的列车。

当我奔跑时，童年在悄悄离我而去。

读书时，童年从我的书声中走过，

写字时，童年从我的笔尖里溜走，

欢笑时，童年跟着我的笑声走远……

师：从这美好的诗句中，我们读出了作者对童年的眷恋之情。在那个快乐的"百草园"里，我们无须做事，只是在玩耍，在梦想，在憧憬，但童年那些看似不起眼的故事，那些懵懵懂懂的思绪，却都将成为我们未来的记忆和人生的奠基。童年终会离我们而去，但我们会时时想起童年，珍视和童年有关的那些美好记忆。老师希望同学们能够永远保持一颗美丽的童心，去发现世界的多姿多彩。一个充满童趣的人，才会让自己的生命精彩无限！

请为父亲流一滴泪吧

——《背影》教学实录

一、创设情境——引情

师：当你低吟着"谁言寸草心，报得三春晖"时，是否想过父亲的爱我们今生同样无以为报；当你发现妈妈的额头有了几丝皱纹时，是否留意到父亲那曾经坚实的脊背已不再挺直。父爱——无声。今天，我们一起来认识一位普通的父亲，感受那份朴素的父子亲情。

二、聚焦背影——入情

师：朱自清用朴实的文笔，讲述了自己与父亲之间的那些往事。跳读课文，说说父亲和儿子之间发生了哪些故事？

生1：儿子流泪，父亲安慰儿子。

生2：父亲委托茶房照料儿子。

师：可最终父亲还是觉得让别人去送儿子不妥帖，决定亲自去送儿子。

生3：父亲去车站送儿子，穿过铁道给儿子买橘子。

生4：父亲惦记着"我"，给"我"写信。

师：在这些事件中，哪一件事写得最为详细呢？

生5：父亲送"我"，为"我"买橘子。

师：文中第六段具体生动地写了父亲为"我"送行的情景，细致刻画了父亲买橘子时的背影。下面我们就把目光定格在那个动人的场景：

（屏幕显示，齐读）

我看见他戴着黑布小帽，穿着黑布大马褂，深青布棉袍，蹒跚地走到铁道边，慢慢探身下去，尚不大难。可是他穿过铁道，要爬上那边月台，就不容易了。他用两手攀着上面，两脚再向上缩；他肥胖的身子向左微倾，显出努力的样子，这时我看见他的背影，我的泪很快地流下来了。

师：你读出了一个怎样的背影？

（屏幕显示）

这是_____的背影。

生6：这是蹒跚的背影。

生7："蹒跚"的蹒，应该读pán。

师：请你领大家把这个词读两遍。（生领读）

师："蹒跚"是说父亲腿脚不方便，走路缓慢摇摆的样子，可见父亲的不容易。文中还有几个词语同样能表现父亲的不容易，同学们找到了吗？

生8："他用两手攀着上面，两脚再向上缩"一句中，一"攀"一"缩"，写出了动作的不容易。

师：父亲身体肥胖，年老力衰，平地走路尚且不易，穿过铁道更是步履困难。现在是爬月台，仅仅是不容易吗？

生9：（恍然大悟）父亲爬月台很艰难，很努力，这是艰难努力的背影。从"他肥胖的身子向左微倾，显出努力的样子"一句中的"微倾"可以看出来。

师：大家把这几个词语标注一下。父亲因为肥胖行动不便，要爬上又高又陡的月台，需要手"攀"、脚"缩"，还要借助身体向左倾斜的力量，艰难的动作中包含着父亲无言的爱。文段中还写了父亲的外貌衣着，哪位同学能从这个角度解读父亲的背影？

生10："我看见他戴着黑布小帽，穿着黑布大马褂，深青布棉袍……"这一句写父亲衣着，这是黑色的背影。

师：父亲衣着简朴，"我"呢？

生11："我"穿的是父亲给做的紫毛大衣。

师：多么鲜明的对比！父亲自己衣着朴素，甚至有些寒酸，给儿子买的是紫毛大衣，让儿子穿得时尚体面，黑色的背影中凝聚着一个父亲的爱。想一想：父亲为什么不让自己也穿得体面一些呢？

生12：父亲的差使交卸了，赋闲在家。

生13："我"的祖母去世，办丧事借了钱。家里光景不好，父亲没法穿得体面。

师：家境惨淡，父亲自己衣着朴素，但要让年轻的儿子穿得光鲜体面。失业在家，作为顶梁柱的父亲担负着养家的沉重责任；老母亲去世，作为儿子的父亲心中该有多么难过无奈。可是，即便如此，他也没有对着任何人流泪，他的泪只往心里流。他还安慰儿子"不要难过"，他对儿子的爱也没有减少一分。这是怎样的一个背影？

生14：这是爱的背影。

生15：这是终生难忘的背影。

（屏显，齐读）

这是蹒跚的背影；

这是黑色的背影；

这是落寞惨淡的背影；

这是步履维艰的背影；

这是艰难努力的背影；

这是令人潸然泪下的背影；

……

这是爱的背影！

三、解读父爱——悟情

师：父亲默默地用自己的行动爱护儿子，却没有动人的话语。送儿子上学时，仅有的几句话十分朴素，朴实的话语里，蕴含着父亲怎样的情感呢？试着找出一句，和大家一起交流。

生1："我买几个橘子去。你就在此地，不要走动。"儿子都二十岁了，父亲还亲自为儿子去买橘子，嘱咐儿子不要走动，表现父亲对儿子的爱。

师：二十岁，已经是成年人了。可是在一个父亲眼中，儿子永远是孩子，所以父亲像对待孩子一样呵护着儿子。

生2："进去吧，里边没人。"父亲要走了，恐怕儿子难过，也担心儿子的行李没人照看，就让儿子"进去"。

生3："我走了，到那边来信！"父亲让儿子到了以后写信报平安。

师：二十岁的儿子去北京上学，而且北京已经去过好几次，有什么好担心的呢？用朱自清自己的话说：我这样大年纪的人，难道还不能料理自己么？但父亲显然不这样认为，他不顾自己事多，亲自送儿子坐上了车。儿子认为自己已经长大了，父亲却总觉得自己的儿子还是需要照料的孩子。作为儿子的朱自清，当年有没有体会到父亲的这份爱心呢？

生1：没有。父亲嘱托茶房好好照应"我"时，"我"在心里暗笑父亲，觉得父亲不如自己聪明。

师：文中哪句话写出"我"的这一心理？

生2：我心里暗笑他的迂；他们只认得钱，托他们只是白托！而且我这样大年纪的人，难道还不能料理自己么？

师：父亲忙着和脚夫讲价钱时，"我"觉得他说话不大漂亮，非自己插嘴不可。父亲嘱托茶房好好照应"我"时，"我"心里暗笑他的"迂"，认为父亲是多此一举。那时的"我"太年轻了，不曾理解一个父亲的爱，反而觉得父亲说话做事不如自己。

生3：应该是懂了，因为"我"看到父亲的背影流泪了。

师：想一想"我"为什么流泪？

生4："这时我看见他的背影，我的泪很快地流下来了。"看到父亲的背影如此努力艰难，"我"流下了感动的泪水。

师：当时"我"被感动了，但却未必真正读懂了一个父亲的心。后来呢？儿子是否明白了父亲的不易？是否读懂了父亲的爱子之情？

生5：后来懂了。作者说"我那时真是聪明过分"，可见他觉得自己当年真是太笨了。

师：作者明明说自己"聪明"，怎么变成了"笨"呢？

生6：这里的"聪明"有一种嘲讽的意思。

师："聪明"一词，在这里是作为反语使用，其实是说自己当年太"愚蠢"了，带有一种自嘲的意味。同学们在此处做个批注。文中还有一句话同样运用了反语，哪位同学能用懊悔的语气读一读？

生7：唉，我现在想想，那时真是太聪明了！

师：你读懂了朱自清此时的心情，他恨自己当年没有体会父亲的爱子深情。其实，一个父亲并不需要儿子感恩，他甚至不需要儿子理解自己的这份爱。而朱自清呢？父亲的柔情他曾经不懂。一个爱子切切的父亲，一个自认为长大的儿子，在矛盾中、在误解中、在分别中延续着父子亲情。后来，父亲老了，儿子也成了孩子的父亲，他终于读懂了父亲的牵挂和爱，他再一次潸然泪下。

（屏幕显示）

父子情

【A】近几年来，父亲和我都是东奔西走，家中光景是一日不如一日。他少年出外谋生，独立支持，做了许多大事。哪知老境却如此颓唐！他触目伤怀，自然情不能自已。情郁于中，自然要发之于外；家庭琐屑便往往触他之怒。他待我渐渐不同往日。但最近两年的不见，他终于忘却我的不好，只是惦记着我，惦记着我的儿子。我北来后，他写了一信给我，信中说道：

【B】"我身体平安，惟膀子疼痛厉害，举箸提笔，诸多不便，大约大去之期不远矣。"

【C】我读到此处，在晶莹的泪光中，又看见那肥胖的、青布棉袍黑布马褂的背影。唉！我不知何时再能与他相见！

（配乐朗读，生8动情诵读【A】片段，师诵读【B】处的一封家书片段，生9动情诵读【C】片段，掌声响起）

师： 因为父亲的信，朱自清流泪了。有一种爱最初他曾经不懂，后来他终于懂了，幸运的是他懂的时候父亲还在人世。再后来呀，他为自己的老父亲流下了真挚的泪水，倾吐出上面的文字。他写下此文，表达了儿子对父亲的爱和牵挂。

四、教师寄语——留情

师： 父亲艰难的背影，"我"真挚的泪水，共同谱写出父子情深的旋律，定格在每一个读者的心中。父爱如山，他用有力的臂膀撑起了一个家。父爱无言，他默默地为自己的孩子遮风挡雨。今天，让我们走近父亲，关注父亲，并为他流一滴真挚的泪吧！

（屏幕显示，齐读）

请为你的父亲，流一滴泪吧！让这泪化作一把雨伞，为父亲遮住外面的风雨。为你的父亲，流一滴泪吧！让这泪化作一阵清风，为父亲吹干额上的汗滴。为你的父亲，流一滴泪吧！让这泪化作天边那道彩虹，为父亲绽放出瞬间的美丽……

爱的使者　美的化身

——《浪之歌》教学实录

一、导入新课

（屏幕显示）

　　她不是焦渴的唇，也不是伸出的空空的手，而是一颗燃烧的心，一个充满喜悦的灵魂。

——纪伯伦《先知·美》

　　师： 在纪伯伦的心中，"美"是什么呢？

　　齐声： 一颗燃烧的心，一个充满喜悦的灵魂。

　　师： 今天，我们一起走进纪伯伦的《浪之歌》，去走近那颗燃烧的心，去感受那个充满喜悦的灵魂。（板书题目、作者）

二、走近作者

　　师： 本文的作者是纪伯伦。哪位同学能向大家介绍一下纪伯伦的有关资料呢？

（屏幕显示）

　　纪伯伦，黎巴嫩诗人、画家，著有散文诗集《泪与笑》《先知》《沙与沫》等。《组歌》除了文中所选的两首散文诗，还有《花之歌》《美之歌》《幸福之歌》等。

三、朗读感知

　　师： 在纪伯伦的作品中，爱与美是两个主旋律。下面我们听一听本文的朗读录音，初步感受文章之美。

（播放视频，配乐朗读）

师：你觉得哪个词读音容易出错？请工整地写在黑板上，提醒同学注意。

（生1、生2写词语并讲解）

师：读《浪之歌》这样一首优美的散文诗，应该读出舒缓优美的语调。下面请同学们自由朗读！

（学生朗读，师巡回指导、倾听）

师：请每组推荐一个朗读实力最强的同学，从一组的同学开始，按照顺序，每人一个片段轮流朗读课文。

（学生展示，师生评价）

四、感知形象

师：同学们读得有情有味，我们感受到了文中那优美动人的意境。听到同学精彩的朗读，你眼前是不是浮现出海浪的形象？请用下面的句式，说说你的解读。

（屏幕显示）

海浪是多么（　　　）呀！你看，她……

师：海浪是多么浪漫啊！你看，她随着碧海丹霞来到这里，她要将自己银白的浪花与金沙铺就的海岸永远融为一体。

生1：海浪是多么多情啊！你看，清晨她在海岸的耳边发出海誓山盟；傍晚，她把爱恋的祷词向海岸歌吟。

生2：海浪是多么忠贞啊！你看，潮水涨来时，她拥抱着海岸；潮水退去时，她扑倒在海岸的脚下。

师：无论潮起潮落，海浪对海岸的爱情不会改变。

生3：海浪是多么富有爱心啊！你看，她曾从海中托起过多少人的躯体，使他们死里逃生；她从海底偷出过多少珍珠，作为向美女丽人的馈赠。

生4：海浪是多么忧伤啊！你看，她守护着这世间一切美好的事物，她奉献出了自己的爱，因而形容憔悴。真是"为伊消得人憔悴"！

师：这是浪漫多情的海浪，这是活泼任性的海浪，这是善解人意的海浪，这是无比忠诚的海浪，这是富有爱心的海浪，这是忧伤失眠的海浪……

（板书）

浪漫多情、善解人意、无比忠诚、富有爱心

师：这是一曲爱的恋歌，海浪对海岸爱得炽热，爱得深沉。其实，海浪不但爱海岸，也爱这世上所有美好的事物。下面，我们一起来读一读第五段。请大家想象一下：美人鱼、有情人、落水者、美女丽人、礁石等，会对海浪说什么呢？

（分组活动，每组推选一个同学充当海浪的角色，其他同学分别是美人鱼、有情人等，和海浪进行一次心灵的对话）

师：现在我们的海浪上场了。（海浪上台）同学们可以自由地和海浪进行对话。

美人鱼（生1）：海浪，你围绕我们跳舞的翩翩舞姿太美妙了，我的心灵像小鸟一样飞翔，真是快乐无比。

海浪：小美人鱼，你的快乐就是我的快乐。

有情人（生2）：我是你曾经帮助过的有情人，谢谢你陪伴我长吁短叹，谢谢你帮助我吐露真情。

海浪：不用谢！你长吁短叹的心情我感同身受，我愿意为你分担忧愁。祝愿你和你所爱的人永远在一起！

落水者（生3）：海浪，是你不怕危险，从海中把我托起；是你给了我第二次生命，让我获得新生。让我怎样来感谢你呢？

海浪：珍惜生命，心怀爱心，就是这世间最好的感谢。

美女丽人（生4）：你真是善解人意，懂得我爱美的心思。你用璀璨夺目的珍珠，把我打扮得如此美丽，我要为你唱一曲赞歌！

海浪：不要赞美我，美女！能够让这个世界变得更加美丽，是我生命中莫大的幸福和快乐。

师：现在，礁石也发出了自己的声音……

礁石（生5）：你想和海岸永远在一起？哼！别忘了中间还隔着我——礁石。除非你能插翅从我身上飞过去，否则，我劝你还是趁早打消这个念头。

礁石（生6、生7）：海浪，别靠近我，也不要在我面前嘻嘻哈哈！我讨厌你！请你离我远一些！

海浪：虽然你不喜欢我，但我爱着海岸，爱着和海岸有关的一切，爱着这世间种种美好的事物，我也爱着你，礁石。即使你无情地把我和海岸隔开，也阻挡不了我的爱，阻挡不住我对爱的坚定信念。

（热烈掌声）

师：多么痴情、多么富有爱心的海浪！她如此炽热地爱着海岸，爱着这个世界，那么，文中的海浪和海岸，有什么深刻含义呢？老师让大家查阅本文的背景资料，哪位同学能给大家介绍一下呢？

（生1介绍背景资料）

师：海浪与海岸之间，隔着无情的礁石。纪伯伦和祖国之间，隔着汪洋大海的距离。静夜里，有海浪轻轻拍打海岸，那是纪伯伦在低低吟唱。情到深处自成诗。海浪，已然幻化成了纪伯伦自己的身影。海岸，就是他心心念念的祖国。纪伯伦对祖国始终怀着一颗赤子之心，他曾经写下了动人的诗篇《朦胧中的祖国》，里面有这样感人至深的语句：祖国，您在我们的灵魂中——是火，是光；您在我的胸膛里——是我悸动的心脏。

（生2动情朗读）

师：多么感人的爱的宣言！纪伯伦不仅深爱着祖国，他还爱着整个世界。他曾经说过：整个地球都是我的祖国，全部人类都是我的乡亲。这是何等博大的情怀！他活着，心怀世界，关注着全人类。当感到死神将要来临，他决心让自己的生命之火燃烧得更加绚烂，不顾病痛终日伏案写作，直到48岁时英年早逝。他像一颗流星划过夜空，虽然生命短暂，却把爱和美留给人间。他，是爱的使者；他，是美的化身。（板书）

五、赏析语言

师：细细品味，本文的一词一句，都富有一种诗意之美，构成了美的意境。请同学们运用下面的句式，品味文章的语言之美。

（屏幕显示）

《浪之歌》的语言真美，美在（　　　）。例如_____一句，写出了_____……

生1：《浪之歌》的语言真美，美在用词生动传神。例如"万物都在梦乡里沉睡，唯有我彻夜不寐"一句，"彻夜不寐"一词言简义丰，形象地写出了海浪因为守护万物而不能休息的情态，引发了读者丰富的联想和想象。

生2：《浪之歌》的语言真美，美在巧妙运用修辞。例如"时而歌唱，时而叹息"一句，运用反复，写出了海浪为爱或歌或叹的样子，一咏三叹，读来琅琅上口，富有音乐的美感。

师：多么美的语言！多么美的意境！一个大大的美字，让我们感受到纪伯伦其人其文的魅力。（板书：美）

师：我们通过赏析语言，再度感受到了文章的诗意之美。不过，老师发现了一个问题，最后一段中有个词语明显缺乏诗的韵味，哪位同学能够找出来呢？

生3："工作"这个词缺少诗意。

师：请用一个富有诗意的词语来替换"工作"一词。

生4：理想。

生5：追求。

生6：使命。

师：用这些词语替换"工作"一词，试着读一读，看看哪个词最有表现力。

师："工作"改为"使命"，文章更加富有诗意，海浪的形象也更加神圣庄严。在此老师提醒大家：一定不要盲目相信书上的知识，学会质疑，有时会收获意想不到的精彩。

六、小诗朵朵

师：何止是纪伯伦笔下的浪花？世间万物都在唱着自己的生命之歌……

（屏幕显示，配乐播放花朵、小草、白云、蒲公英等画面）

大千世界，一株草、一棵树、一片云、一条溪流、一只雄鹰、一角蓝天，都在宣示着自己的生命和存在，吟唱着心中的歌。请同学们任选其中一个美的意象，写一首小诗，抒发你对生命的真切感悟。

（学生写作，交流欣赏）

师：同学们都成了小诗人呢！大家不仅有一双慧眼，还有一颗慧心，老师为你们点个赞！我们的寻美之旅就要结束了，但《浪之歌》的优美旋律还久久回荡在心灵深处。感谢那奔腾的朵朵浪花，在这鸟语花香的季节，带给我们生命的启迪；感谢纪伯伦，他笔下那些优美灵动的文字，幻化成了一种永恒的美丽。最后，老师送给大家几句格言，以启迪我们的人生。

（屏幕显示）

除了历经黑暗之路，人不可能到达黎明。（纪伯伦）

信仰是心中的绿洲，思想的骆驼队是永远走不到的。（纪伯伦）

一个人有两个我，一个在黑暗中醒着，一个在光明中睡着。（纪伯伦）

因为有痛，所以叫成长

——《孤独之旅》教学实录

一、谈话导入

师：同学们，当你们坐在宽敞明净的教室里学习时，有一个年仅十一岁的孩子，他正在茫茫的芦苇荡里和父亲一起放鸭。这个孩子是谁呢？离开了校园和同学，他将怎样度过那段孤独无聊的时光？今天，我们一起走进《孤独之旅》一文，走进杜小康的成长世界。

二、长文短读

师：同学们已经预习了这篇小说，哪位同学能概括一下全文的故事情节？

生1：因为家境一落千丈，杜小康的爸爸就带着他去放鸭。

师：文章主人公是杜小康，再就是放鸭的地点应该交代一下。你能否再重新概括一下呢？

生1：因为家境一落千丈，杜小康跟着爸爸去芦苇荡里放鸭。

师：杜小康放鸭的经历如何？结果如何？继续补充。

生2：因为家境一落千丈，杜小康跟着爸爸去芦苇荡里放鸭，在经历了一个孤单害怕的过程后，他长大了。

师：杜小康的成长确实是经历了一个过程，但他的迅速成长主要是通过一件事，同学们知道是哪件事吗？

生3：他在一个夜晚找回鸭子。

师：是一个宁静安详的夜晚吗？

生4：是一个可怕的暴风雨之夜。

师：联系题目"孤独之旅"，哪位同学能说得更到位一些？

生5：因家境一落千丈，杜小康跟着爸爸去远离家乡的芦苇荡里放鸭，他经历了一段孤独的历程，在一个暴风雨之夜，他勇敢地找回走失的鸭子，他长大了，坚强了。

师：同学们知道杜小康家"一落千丈"的原因吗？

生6：杜小康的父亲做生意赔了本。

师：杜家曾是油麻地家底最厚实的人家，而杜小康曾经是班上最有优越感的孩子。可是现在，这个曾经被大家羡慕的"王子"却失学了，变成一个孤独的放鸭娃。刚才同学所说"孤独的过程"，其实就是杜小康在孤独中的心路历程。看起来，有时候我们不仅要感谢幸运，也要感谢苦难。因为苦难会让一个人变得坚强起来！

三、对话人物

师：题目中"旅"的含义值得品味，不仅是指远离家乡的放鸭生活、成长中的苦难经历，更指杜小康从幼稚到成熟、从胆怯到坚强的心灵之旅。请大家标出文中描写杜小康的语段，看一看杜小康的心理是如何随着时间的推移、地点的改变而变化的呢？

生1：刚出发时，杜小康感到茫然、害怕。

生2：到达芦苇荡时，他胆怯、恐慌。

师：即便如此，杜小康作为孩子的天真好奇还在呀。哪位同学能给大家读一读有关片段？

生3：这里的气味，倒是很好闻的。万顷芦苇，且又是在夏季青森森一片时，空气里满是清香。芦苇丛中还有一种不知名的香草，一缕一缕地掺杂在芦叶的清香里，使杜小康不时地去用劲嗅着。

师：苦难并没有泯灭一个孩子对生活的热爱和强烈的好奇心。但是他毕竟是一个孩子，一时的喜悦过后，当他真的在这茫茫芦苇荡里安顿下来之后，他真真切切地感受到了——

学生：（齐声）孤独。

师：谁能读一读文中能体现这种孤独的语段？

生4：日子一天一天地过去了，父子俩也一天一天地感觉到，他们最大的敌人，也正在一步一步地向他们逼近：它就是孤独。

师：运用比喻和拟人的手法，写出了孤独的可怕。

生5：与这种孤独相比，杜小康退学后将自己关在红门里面产生的那点儿孤独，简直就算不得什么了。

师：这里是通过什么手法来描写孤独的呢？

生6：对比，更能突出这种孤独的浓重压抑。

师：孤独是如此浓重、如此可怕，怎么办？父子二人说说话是不是就可以驱散这种孤独呢？

生7：不能。（朗读）他们一连十多天遇不到一个人。杜小康只能与父亲说说话。奇怪的是，他和父亲之间的对话，变得越来越单调，越来越干巴巴的了。除了必要的对话，他们几乎不知道再说些什么，而且，原先看来是必要的对话，现在也可以通过眼神或者干脆连眼神都不必给予，双方就能明白一切。言语被大量地省略了。这种省略，只能进一步强化似乎满世界都注满了的孤独。

师："注满"二字，突出孤独的无处不在。少年杜小康的世界，除了孤独，还是孤独，这是一片最彻底的黑暗，最无望的孤独。但是，时间终会慢慢地化解一切。这一点在文中有何体现？

生8：时间久了，杜小康不再忽然地恐慌。

生9：雨后天晴，他坚强了。

师：就这样，杜小康从一个茫然、胆怯、恋家的孩子成长为一个勇敢坚强、心灵成熟的男子汉。成长的岁月，美好的青春，因为有了困难和挫折，便有了别样的美丽。

四、景物描写

师：相信同学们都记得文中所写的那个可怕的暴风雨之夜，请全体男生都来读一读这个片段。

（屏幕显示）

那天，是他们离家以来所遇到的一个最恶劣的天气。一早上，天就阴沉下来。天黑，河水也黑，芦苇成了一片黑海。杜小康甚至觉得风也是黑的。临近中午时，雷声已如万辆战车从天边滚动过来，过不一会儿，暴风雨就歇斯底里地开始了，顿时，天昏地暗，仿佛世界已到了末日。四下里，一片呼呼的风声和千万支芦苇被风撅断的咔嚓声。

师：男生读得很有气势，让我们感受到了那种可怕的气氛。现在拿出笔来批注一下，赏析这个描写片段的妙处。

（老师巡视，学生进行批注）

生1："天黑，河水也黑，芦苇成了一片黑海"，连用三个"黑"字，点染出可怕的氛围。

师：这三个"黑"是实写，后面还有一句"杜小康觉得风也是黑的"，这里的"黑"是指杜小康的内心感受，是虚写。虚实结合，营造出了暴风雨来临时的恐怖气氛。

生2："雷声已如万辆战车从天边滚动过来"这句运用比喻，形象地写出雷声的恐怖。

生3："四下里，一片呼呼的风声和千万支芦苇被风撅断的咔嚓声。"这里的"呼呼"和"咔嚓"都是拟声词，写出了风的气势与威力。

师："黑"是写颜色，这里又写了声音，可谓有声有色。

生4："歇斯底里"本来是指人情绪激动、举止失常的样子，这里形容暴风雨，把暴风雨人格化了，我仿佛感受到了狂风肆虐、暴雨倾盆的情景。简直太可怕了！怪不得鸭栏忽然被风吹开，胆小的鸭们都跑散了呢。

生5：这是为下文写杜小康找鸭子做铺垫。

师：环境描写，推动着下面故事情节的发展。杜小康身处这样恶劣的环境有何感受？

生4：杜小康觉得风也是黑的。

生5：他觉得仿佛世界已到了末日。

师：杜小康虽然恐惧，但他还是战胜自己的软弱冒着暴风雨找回了跑散的鸭群。天气的恶劣，烘托了杜小康坚强勇敢的形象。

师：我们一起来品味这篇小说中景物描写的作用。请全体女生读一读下面这段景物描写。

（屏幕显示）

水边的芦叶里，飞着无数萤火虫。有时，它们几十只几百只地聚集在一起，居然能把水面照亮，使杜小康能看见一只水鸟正浮在水面上。

师：读这样的文字什么感觉？

生6：有诗意。

师：此处景物描写的特点是清新优美，读来富有诗情画意，增添了文章的抒情韵味。

（屏幕显示）

景物描写的作用：

渲染气氛；推动故事情节的发展；烘托人物；增强文章的抒情韵味。

师：曹文轩说过："风景在参与小说的精神构建的过程中，始终举足轻重。"我们读小说时，不要忘了关注景物描写的作用。

五、创新阅读

师：这篇小说是以第三人称写的，今天我们换个视角，用杜小康自己的语气来读一读这个故事，允许适当的想象与改动。现在老师先示范一下，同学读原文，老师换视角来读。

生1：杜小康已不可能再去想他的油麻地。现在，占据他心灵的全部是前方：还要走多远？前方是什么样子？前方是未知的。未知的东西，似乎更能撩逗一个少年的心思。他盘腿坐在船头上，望着一片茫茫的水。

师：我已不可能再去想我的油麻地、想我的同学们了。现在，占据我心灵的全部是前方：还要走多远？前方是什么样子？我的理想在何方？未来在何方？前方是个未知数。而未知的东西，似乎更能撩起我的思绪。我坐在船头上，凝望着一片茫茫的水，心头一片茫然。

师：请大家选取文中的一个片段来读。温馨提示：换作第一人称来读。在意思不变的情况下，为了使表达更加有力，词句可以稍有变化。（学生朗读，师巡视指导）

师：两位同学，一个读原文，另一个变换人称来读。谁来展示一下？

生2：杜小康忘记了父亲，朝一股鸭子追去。这股鸭子大概有六七十只。它们在轰隆隆的雷声中，仓皇逃窜着。他紧紧地跟随着它们。他不停地用手拨着眼前的芦苇。即使这样，脸还是一次又一次地被芦苇叶割破了。他感到脚钻心地疼痛。他顾不得去察看一下。他知道，这是头年的芦苇旧茬儿戳破了他的脚。他一边追，一边呼唤着他的鸭子。然而这群平时很温顺的小东西，今天却都疯了一样，只顾没头没脑地乱窜。

生3：雷声隆隆，电光闪闪，夜空是如此狰狞可怖。我忘记了父亲，忘记了恐惧，朝一股鸭子追去。这股鸭子大概有六七十只。它们在轰隆隆的雷声中，仓皇逃窜着。我紧紧地跟随着它们，忘记了一切，也忘记了心头的恐惧。我不停地用手拨着眼前的芦苇。即使这样，脸还是一次又一次地被芦苇叶割破了。我感到脚钻心地疼痛，仿佛还在一滴一滴地流血，但我顾不得去察看一下。我知道，这是头年的芦苇旧茬儿戳破了我的脚。我一边追，一边呼唤着我的鸭子……

师： 同学们读得如此动情，老师都被深深打动了。换个角度来读，你就走进了杜小康的内心世界。因为有泪，所以叫青春；因为有痛，所以叫成长。而文中的杜小康，仿佛成了我们自己的化身。

六、教师寄语

师： 当暴风雨冲垮了鸭栏、惊散了鸭群时，杜小康表现出像大人一般的勇气与坚强。暴风雨，成为他成长的机会和舞台。面对生活的暴风雨，我们又该怎么去做呢？在此，老师送给同学们几句话，希望对大家有所启迪。

（屏幕显示，齐读结束）

快乐固然兴奋，苦痛又何尝不美丽？（冰心）

少年时，就有一种对痛苦的风度，长大时才可能成为强者。（曹文轩）

人的生命似洪水奔流，不遇到岛屿和暗礁，难以激起美丽的浪花。（奥斯特洛夫斯基）

精神追求的错位之悲

——《孔乙己》教学实录

一、导入新课，激发兴趣

（屏幕显示，学生齐读）

只有孔乙己到店，才可以笑几声，所以至今还记得。

在这时候，众人也都哄笑起来：店内外充满了快活的空气。

此时已经聚集了几个人，便和掌柜都笑了。

师：不知大家注意到没有，文中的孔乙己总是给周围的人带来阵阵笑声。奇怪！孔乙己是谁？他这个人究竟有什么可笑的呢？今天，我们就走进鲁迅先生的这篇小说，解开这一悬念。（板书课题）

二、跳读文本，初读感知

师：在文中找一找孔乙己被人们嘲笑的片段，看看那群人在笑话他什么呢？

生1：孔乙己穿的长衫又脏又破，说话让人半懂不懂。

生2：笑话他偷东西被人打，脸上又添了新伤疤。

生3：第6段中嘲笑他连半个秀才也捞不到。

师：你能具体读一读有关语句吗？

生3："孔乙己，你当真认识字么？"孔乙己看着问他的人，显出不屑置辩的神气。他们便接着说道，"你怎的连半个秀才也捞不到呢？"孔乙己立刻显出颓唐不安模样……

师：作为一个读书人，这是孔乙己心底最深的痛，但有人偏要揭开这个伤疤，让孔乙己痛苦。孔乙己的痛苦，成了人们的消遣与快乐。

生4：老师，可能是人们笑话他活得不像样吧？

师：有道理。同学们有没有找到孔乙己活得最不像样的那个场景呢？

生5：我认为是他被打折了腿最后一次出现在咸亨酒店的情景。

师：被谁打折了腿？为什么？

生5：被丁举人打折了腿，文中说是孔乙己偷了丁举人家的书。

师：偷书这一过错与被打断腿的惩罚显然是不对等的！丁举人和孔乙己同是读书人，只不过前者幸运地爬到了上层社会，他对孔乙己毫无怜悯之心，下此狠手，可见那些上层人物的冷酷无情、无法无天。那么，身处社会底层的短衣帮们是否会同情孔乙己的不幸遭遇呢？

生5：没有，他们还是一如既往拿孔乙己取笑。

师：孔乙己已经沦落到这种地步，咸亨酒店里传出来的仍是阵阵哄笑之声，多么冷漠的社会！唉，孔乙己真可怜呀！

（屏幕显示）

唉，孔乙己真_____呀！

师：在横线上补充一个能够表达情感的词语。

生6：唉，孔乙己真苦呀！

生7：唉，孔乙己真迂呀！

生8：唉，孔乙己真不幸呀！

生9：唉，孔乙己真悲剧呀！

三、师生对话，解读人物

师：孔乙己这个名字，是他本来的名字吗？

生1：不是，"上大人孔乙己"中有，是随便叫的。

师：文章一开头便交代咸亨酒店里的客人等级分明：一类是穿长衫坐着喝酒的富人们，一类是站着喝酒的下层短衣帮们。孔乙己属于哪一类呢？

生2：都不属于，文中介绍"孔乙己是站着喝酒而穿长衫的唯一的人"，他穿长衫但不像富人一样有钱有身份，虽是站着喝酒但又不甘心与短衣帮为伍。

师：这就尴尬了，孔乙己对自己的定位不够完整，一半属于穿长衫的，一半属于短衣帮的，他弄丢了自己的社会位置。老师反复读这篇文章，觉得孔乙己的性格有着多样性和复杂性。仔细品读，你读出了一个怎样的孔乙己呢？

生3：孔乙己这样落魄还不肯脱下长衫，他以读书人自居，有虚荣心。

生4： 他热衷科举，屡试不中，精神颓唐，自欺欺人。

生5： 不会营生，好喝懒做，有时候还偷人家的东西。

师： 穷愁潦倒的孔乙己，却时不时出现在咸亨酒店，联系他因"没有进学"而"颓唐不安"的神情，你觉得他为什么这样爱喝酒呢？

生6： 我认为有借酒消愁的意味。

师： 想一想，作为读书人的孔乙己，和周围人有哪些不同的地方？

生7： 自命清高，他说一些"君子固穷""者乎"之类难懂的话，教给小伙计"茴"字的五种写法，借此显示他的学问，有些迂腐。

生8： 他是个死读书、读死书的旧时代读书人，被科举制度害得没了人样，没了尊严，但他至死没有觉醒，是个悲剧人物。

师： 一个饱读诗书的人，却连最起码的生活都维持不住。可见他所读的书除了对考科举有点儿用处，在生活中都是一些没用的东西。孔乙己给人们带来笑声，他的存在却可有可无；他一生倍受摧残，活着的价值甚至不值那十九个钱。这都是当时的科举制度把他害惨啦！不知大家注意了吗？孔乙己身上固然有着弱点与不足，但也有着人性的光亮。我们一起来找找好不好？（引导）是哪个地方？谁能读一下呢？

生9： 第5段中，"但他在我们店里，品行却比别人都好，就是从不拖欠；虽然间或没有现钱，暂时记在粉板上，但不出一月，定然还清，从粉板上拭去了孔乙己的名字"，从这里看出，孔乙己是个讲诚信的人。

生10： 他分给孩子们茴香豆吃，热心教给小伙计写字，可以看出他心地善良。

师： 孔乙己对人真诚善良，如果可以，他希望能维护自己作为一个读书人的尊严。可惜有时候，尊严会被外力和自己的弱点撕得粉碎。可怜又可悲的孔乙己，他的最终命运如何呢？

四、推想结局，聚焦悲剧

师： 在小说的结尾，作者鲁迅并没有明确交代主人公的结局，只是说"大约孔乙己的确死了"。孔乙己是生是死？他最终的命运如何？联系课文，说说你的看法与理由。

生1： 他只会死读书，却没有谋生的能力，又被丁举人打成了残疾，我认为必死无疑。

生2：掌柜和短衣帮们，他们对孔乙己只会嘲笑讥讽，没有人肯帮助他。孔乙己身体残了，估计心也死了，只有死路一条。

师：咸亨酒店是当时社会的一个缩影，那个荒漠社会足以毁灭孔乙己这个弱者的精神。

生3：孔乙己最后一次出现，季节是"将近初冬"，他身上穿的那件破夹袄不能挡风御寒。衣食无着，哪里会有活路呢？

生4：第11段中的"秋风是一天凉比一天……"是景物描写，渲染凄凉气氛，暗示了孔乙己最终悲惨死去的悲剧命运。

师：孔乙己，是那个社会的"多余人"，最终走向了毁灭的道路。这里面固然有着环境的因素，但他自己好喝懒做、麻木不仁，甘当心灵的"囚徒"，也是其中的重要原因。

五、你说我说，谈谈启迪

师：通过小说中孔乙己这一悲剧形象，我们仿佛听到了来自鲁迅先生心灵深处的呐喊。学习本课，你受到了怎样的人生启发？你想对文中的哪个人物说句话呢？

生1：我想对孔乙己说：要做一个于国于家于己有用的读书人。

生2：我想对短衣帮们说：不要嘲笑他人，请帮助和关爱社会上的弱者。

生3：我想对孔乙己说：有时候过于执着是一种错误，应及时调整自己人生的方向。

生4：我想对丁举人说：本是同根生，相煎何太急？做人，怎能如此冷酷无情、无法无天？人，不能忘本。

师：老师也想对孔乙己说：困境，是弱者的借口，强者的契机。不要哀叹怀才不遇，不要抱怨人心冷漠，坚守初心，强大自我，才能维护自己做人的尊严，活出生命的精彩！

六、我读我悟，课后延伸

阅读下面的文字资料，并写出300字以上的心灵感悟。

脱下长衫，拥抱世界

孔乙己，一个莫名其妙的称谓；长衫，一个穷酸迂腐的代名词。一个心地善良的读书人，他的生命伴随着那件破旧的长衫一同逝去。那永远脱不掉的长衫上，寄托着孔乙己对科举的唯一希望，让人想起《狂人日记》中，那横看竖看却仅有的"吃人"二字。这是一件"吃人"的长衫！上面写着冷漠，画着贫穷，刻着无奈，印着颓废与悲凉，可是他却不想逃脱，他已经没有力量去脱掉长衫，没有勇气去扒开罪恶走向新生。长衫，成了他心底的骄傲与疼痛，成为他生命悲剧的见证。

在现实生活中，何曾不见这"长衫"如影相随地制约和束缚着人们的心灵？那些着"长衫者"思想僵化，因循守旧，对瞬息万变一日千里的形势无动于衷，依旧我行我素，沉浸于往日的陈规陋习之中，甚至连承认那件长衫存在的勇气都没有。于是，他们把解放思想和崇尚个性当作装点门面的饰物，坐井观天故步自封，看不见外面的广阔天地，不愿接触和拥抱一个全新的世界。这又何苦呢？孔乙己的时代早已消失，往昔已渐去渐远，思想应常虑常新。我们毕竟生活在这个日新月异的时代，必须迅即脱下那件陈旧的"长衫"，迎头赶上，做一个健步如飞、敢为天下先的弄潮儿。

朋友，还犹豫什么呢？谨记：彻底脱下"长衫"之日，便是时代进步之时！

因为我对那片土地爱得深沉

——《回延安》教学实录

一、设境，歌曲导入

（播放歌曲《我要去延安》视频）

师： 一曲《我要去延安》，震撼了读者的心灵。延安，当年革命圣地，今日文化古城。那里风轻、天蓝，有滔滔的延河，巍峨的宝塔山，红艳艳的山丹丹……一切都那么令人向往。今天，让我们跟随贺敬之的脚步，到延安去看一看。

二、初读，整体感知

（学生自由朗读，正音，初步感知）

师： 在朗读的过程中，你遇到"拦路虎"了吗？可以请同学帮助解决。

生1： "糜子"的"糜"怎么读？

生2： "糜"的读音是méi。

师： 你想提醒同学注意哪些字的读音呢？请领着大家读一读。

（生2领读词语糜子、脑畔、油馍等）

师： 这首诗以题目为线索，紧扣一个"回"字，叙写了诗人贺敬之回延安的经过。全诗一共5节，请大家参考第一部分示例，给每一节诗拟定一个标题。

（屏幕显示）

第一部分：回延安——重逢喜悦。

生2： 第二部分：忆延安——成长历程。

生3： 第三部分：在延安——亲人相见。

生4： 第四部分：游延安——面貌一新。

生5：我觉得"游延安"不如"望延安"。

师："望"一般是向远处看，不如改为"看延安"。

生6：第五部分：祝延安——回顾往昔。

生7：我认为第五部分是赞美延安，向往未来。

师：哪位同学能说说你的看法？

生8：赞延安——展望未来。

生9：颂延安——展望前景。

师：大家经过探讨，思维碰撞出了火花。现在我们总结一下全诗的主要内容：

第一部分：回延安——重逢喜悦。

第二部分：忆延安——成长历程。

第三部分：在延安——会面场景。

第四部分：看延安——崭新风貌。

第五部分：颂延安——展望前程。

三、诵读，体会情感

师：这首诗音韵和谐、情真意切，特别适合诵读，让我们一起用声音传达内心的情感。（师指导配乐朗读第一节）

男一号：心口呀莫要莫要这么厉害地跳，

灰尘呀莫把莫把我眼睛挡住了……

女一号：手抓黄土我不放，

紧紧儿贴在心窝上。

男一号：几回回梦里回延安，

全体女生：回延安啊回延安……

男一号：双手搂定宝塔山。

全体女生：宝塔山啊宝塔山……

女一号：千声万声呼唤你

——母亲延安就在这里！

男一号：杜甫川唱来柳林铺笑，

红旗飘飘把手招。

女一号：白羊肚手巾红腰带，

亲人们迎过延河来。

齐：满心话登时说不出来，

一头扑进亲人怀。

师：同学们读得真是声情并茂。大家有没有注意到刚才的朗读和原文有哪些不同之处呢？

生1："莫要""莫把"都重复使用。

生2："回延安"和"宝塔山"也是重复。

师：对呀，改句运用反复，一咏三叹，更有力地表达出诗人回延安时的激动与喜悦。下面请各组自主安排朗读，可以有创意地适当改动原诗。

（学生分成8个小组。1、2组朗读第二节；3、4组朗读第三节；5、6组朗读第四节；7、8组朗读第五节。师巡视、指导）

师：请各组同学给大家展示一下。（第1、2组展示）

男一号：二十里铺送过柳林铺迎，

分别十年又回家中。

女一号：树梢树枝树根根，

亲山亲水有亲人。

全体女生：树梢树枝树根根，

亲山亲水有亲人。

男一号：羊羔羔吃奶眼望着妈，

小米饭养活我长大。

全体男生：东山的糜子西山的谷，

肩膀上的红旗手中的书。

女一号：手把手儿教会了我，

母亲打发我们过黄河。

男一号：革命的道路千万里，

天南海北想着你……

齐：革命的道路千万里，

天南海北想着你……

师：谁能评价一下1、2组同学的朗读呢？

生3：读得十分投入，表达出对延安那片热土的依恋与深情。

生4："东山的糜子西山的谷，肩膀上的红旗手中的书"一句读得抑扬顿挫，震撼人心，我好像看到了当年延安热火朝天的生活。

师：诗歌具有琅琅上口的特点，读起来应该注意节奏。例如"革命的道路/千万里，天南海北/想着你……"这两句，请同学大声读一读。（生5朗读）

师：刚才的男一号呢？再读一遍。（生6朗读）

师：自我评价一下，和刚才相比，这次读得如何？

生6：比刚才有节奏感，有豪情。

（各小组展示，师生品评，体会诗人的情感）

师：贺敬之回延安为何如此激动、喜悦？他和革命圣地延安，曾经有着怎样的渊源？来看一下背景资料。

（屏幕显示）

延安哺育了千千万万个革命战士，贺敬之就是其中一位。他1940年来到延安，1946年离开，在这里生活了六年。1956年，诗人回到阔别已久的延安，那是他曾生活多年的革命摇篮，是魂牵梦绕的第二故乡，如今再一次重逢，不禁心潮澎湃，于是写下了这首激情洋溢、脍炙人口的政治抒情诗。诗人以一颗赤子之心来歌颂养育了一代革命者的延安精神，从中我们可以感受到诗人跳动着的脉搏——对"母亲"延安的那份永不泯灭的真情。

师：原来，延安是诗人的第二故乡，怪不得贺敬之一直念念不忘、魂牵梦绕呢。诗人心底那浓浓的思念与炽烈的情感，化成了今天我们读到的动人诗行。

四、品读，艺术赏析

师：《回延安》一诗抒发了真挚热烈的情感，请大家标出一处能够打动人心的语句，从语言、修辞、写作技法等任一角度试着做个批注，一起交流共享。

（学生开始圈点勾画，动情朗读，师巡视指导）

生1：我选的是"手抓黄土我不放，紧紧儿贴在心窝上"一句，一"抓"一"贴"两个动作，表现了诗人踏上延安这片土地时的激动心情。

生2：诗中"千万条腿来千万只眼，也不够我走来也不够我看"一句运用夸张手法，突出作者看延安时的兴致勃勃与喜悦之情，写出延安的崭新面貌。

生3："十年来革命大发展，说不尽这三千六百天……"一句，用的是省略号，余音袅袅，似有不尽之意，激发了读者无限遐思。

生4："身长翅膀吧脚生云，再回延安看母亲"一句，照应开头和题目中的"回"字，首尾呼应。这样富有真情的结尾，感人至深。

生5："树梢树枝树根根，亲山亲水有亲人"一句，语言通俗易懂，形象地写出诗人与延安紧密相连的情义。

师：这样的诗句还有一些，哪位同学能给大家读一读？

生6：东山的糜子西山的谷，肩膀上的红旗手中的书。

生7：白生生的窗纸红窗花，娃娃们争抢来把手拉。

师：这几句都用了比兴，"比"就是比喻，"兴"就是"先言他物，以引起所咏之辞"，是我国诗歌中一种传统表现手法，在民歌信天游中经常采用。

生8：老师，《回延安》是信天游吗？

师：信天游有何特点？大家一起来寻找答案。

屏幕显示：

"信天游"，也叫"顺天游"，是流行于陕北一带的民歌。两行一节上下句押韵，一节一韵，诗行错落有致，读来高亢悠远，有的一节表达一个简单独立的意思，有的几节构成一组，表达比较复杂的意思。信天游形式自由，常用来抒情，也可以叙事；运用比兴手法，贴切自然，增强了诗的音乐性；联想丰富，情深意切。

师：信天游是流传在中国西北广大地区的一种民歌形式，是黄坡黄水之间的一朵民间艺术奇葩。诗人贺敬之运用这种艺术形式，表达出对延安的挚爱深情，也让我们感受到了信天游的神奇魅力。

师：几十年过去了，延安精神是否过时了呢？其实，一个人、一个民族都是需要一种精神的，延安精神永远也不会过时。今天，老师送给大家一首诗，是诗人李磊的《延安·诗词新调》。这首诗创作于2015年8月。诗人因要事前往延安，游览了巍峨的宝塔山和闻名遐迩的杨家岭，路过了延河和枣园，雅兴大发，赋这首诗以抒怀。让我们用洪亮的声音，满怀激情地一起读一读这首诗。

（屏幕显示，齐读）

延安·诗词新调
李 磊

巍峨宝塔山，柱起青天。延河滔滔不变迁，杨家岭上卷西风，换个人间。
英雄肯登攀，众志弥坚。摘星揽月只等闲，抽得宝剑截昆仑，唯我延安！

读懂那一份忧伤而浪漫的情怀

——《水调歌头》教学实录

（学生在古筝曲《春江花月夜》的优美旋律中齐诵咏月的古诗词）

师：在大自然的美景中，月亮是多么富有浪漫色彩。一轮皓月当空，总是引发人们无尽的遐想。古往今来，多少人描绘过美丽的月色，寄托了美好的情思。今天，就让我们和苏轼一起走进《水调歌头》，体会那明月清风的无穷魅力。

（板书课题）

师：心中有了目标，学习才会更有效率，请大家看看这节课的主要目标。

（屏幕显示）

理解词的内容；体会作者感情；赏析好词好句；再现文中意境。

师：这首词的作者苏轼，是一位文学大师。哪位同学能为我们介绍一下呢？

生1：苏轼，字子瞻，号东坡居士。他在散文、诗词、书画等方面均有很高的成就。

生2：词开创豪放一派，对后世有很大影响。与其父苏洵、其弟苏辙并称"三苏"，都是唐宋八大家之一。

师：一门三父子，都是大文豪。

生3：我知道他的哲理诗《题西林壁》，还有词《念奴娇·赤壁怀古》，都非常有名。

生4：我查了资料，苏轼当时调任密州，与弟弟子由也六七年没见了，心情很忧伤。

师：你真是个有心人。苏轼是一代文豪，他的这首词可以说是千古绝唱。我们来看看，词论家是怎么评价这首词的呢？

（媒体显示）

中秋词自东坡《水调歌头》一出，余词尽废。

——词论家胡仔

师：打个形象的比方，《水调歌头》就像一朵奇葩开放，使百花黯然失色。那么这首词究竟具有怎样的魅力，使众多写中秋的词顿失光彩呢？就让我们一步步地去解读，去品味。

师：请同学们听范读录音，要注意朗读时的停顿、重音和语调，并做好标记。

（播放课文范读flash课件，学生一边听，一边点点画画）

师：下面自由朗读，注意用声音传达情感，再加上适当的表情。（自由朗读）

师：刚才老师也和同学们一起练习了，先让老师毛遂自荐来读这首词。

（配乐古筝曲《渔舟唱晚》，师范读）

师：哪位同学能够读一读这首词呢？

（学生纷纷举手，师指名一生配乐朗诵全词）

师：请大家评价一下，这位同学读得怎么样？

生1：她的普通话很标准，注意到了重音和停顿。

生2：我觉得感情还不够充分，语速快了一点儿，跟音乐配合不够和谐。

师：哪位同学有信心向她挑战？

（一生站起朗诵，师生热烈鼓掌）

师：请同学们再来评价一下。

生1：他读得抑扬顿挫，令人很受感染。

生2：他的面部表情很丰富。当读到"不应有恨，何事长向别时圆"一句时，表现出了忧伤怨恨的样子。

师：同学们评价很到位。老师设计了一种朗读方式：题目、小序和上下阕的最后一句由大家一起读，其他语句由大家推荐我们班读得最好的男生和女生，每人一句轮流来读，怎么样？

生：（齐）好！

（推举一男生和一女生领读，学生动情朗读）

师：同学们读得真是声情并茂！下面请大家参考文中注释和相关资料，同桌合作，把这首词解读成现代汉语。

（学生合作，解读全词）

师：同学们在译读中遇到什么问题了吗？说出来大家一起解决。

生1："高处不胜寒"中的"胜"是什么意思？

生2：是"承受、禁受"之意。

生3："阴晴圆缺"可以直接放到译文里吗？

生4：可以。古诗文中有些词语古今意义相同，是可以直接放到译文里的，词中"悲欢离合"也是这样。

生5："但愿人长久，千里共婵娟"一句应该怎么解释？

生6：只愿我们都健康平安，远隔千里，也能共享这美好的月色。

师：同学们真是有心人，下面看看老师对这首词的理解。

（多媒体出示词意，女生朗读上阕，男生朗读下阕）

师：现在请同学们带着问题，再读全词。首先，你由这首词的小序得到了什么信息？

生1：我知道了这首词的时间和写作缘由。

生2：我知道了一件事：作者"欢饮达旦，大醉，作此篇"。

师：看来序言的含义还是很丰富的。哪位同学找到了词中所写到的景物？

生3：明月、酒、青天、宫阙、风、琼楼玉宇、清影。

生4：还有一个"我"。

师：大家不要忘了，人也是其中的一景啊。同学们能用词语形容一下这些景物的特点吗？

生5：凄清。

生6：寒冷。

生7：冷清、寂寞。

师：是啊，这样的夜晚，这样的月色，当然令人感到凄清、寒冷。当年的苏轼也怀着同样的感觉吧？更何况他当时政治上失意，又与亲人分别。他把自己的感触寄托在景物上，寄托在这首词中。哪位同学能告诉我们苏轼在下阕中主要表达的是怎样的情怀呢？

生8：对亲人的思念。

生9：旷达、乐观的胸怀。

生10：对天下分离的人的美好祝愿。

师：看来这首词不是为了写景而写景，而是借景抒情，抒发了作者对亲人的怀念和旷达乐观的情怀。

师：下面请同学们分组合作，也来发现一个有价值的问题。

（屏幕显示）

你能发现一个有语文价值的问题吗？

（学生分组讨论，师巡回指导，并记下有代表性的题目）

师：请各小组展示你们需要探究的问题，由发言人来发问，其他小组的同学进行解答。

生1：我们小组的问题是："我欲乘风归去，又恐琼楼玉宇，高处不胜寒"一句写出了作者怎样的心理活动？

生2：他想回到天宫去，又恐怕受不了那里的寒冷，表达了矛盾、彷徨的心情。

生3：这里的"天宫"，应该指"朝廷"。那么"寒"也就是官场中的黑暗和人生的世态炎凉了吧？

生4：这首词中哪一句最富有哲理？给了你怎样的人生启示？

生5：（抢答）"人有悲欢离合，月有阴晴圆缺，此事古难全。"我觉得我们应该有旷达的胸怀，能够积极乐观地面对生活中的挫折。

生6："起舞弄清影，何似在人间"中的"弄"字有什么表达效果？

生7："弄"字在这里是"做出"的意思，生动地写出了词人翩然起舞的样子。

生6：这个"弄"字，还令人联想到舞姿的美妙，有一种浪漫、飘逸的色彩。

师：（赞许）"浪漫"这个词用得经典！

生8：这首词上阕问的是什么？下阕问的是什么？从全词来看问的又是什么？

生9：上阕问天，下阕问月。从全词来看，其实问的是人生。

生10：这首词在写作上有何特点？

生11：善于运用反问、拟人，增强了抒情韵味。

生12：想象丰富，意境开阔。

师：我也来补充一点：借景抒情、情景交融。（归结）这首词上阕是写望月之景，下阕抒怀人之情。从全词看，借景抒情，形成了情景交融的意境。尤其是词的最后一句，把对亲人的怀念，化成了对千千万万分离的人们的美好祝愿，使词的意境开阔，千百年来，激起了人们深深的共鸣。

师：通过自主学习和探究，我们深刻理解了这首词的意思。可是要想真正懂得词中意味，还需要细细品味。

（屏幕显示）

品味"＿＿＿＿＿＿＿"一句，我好像看到苏轼＿＿＿＿＿＿＿＿＿，我读出了他＿＿＿＿。

（优美的音乐声起，学生沉思、想象）

师：都说文如其人，今天我们读这首词，其实就是读苏轼，读他那丰富的内心世界，读他那一份忧伤而浪漫的情怀。下面，请同学向大家描述你的阅读感悟。

生1：品味"明月几时有，把酒问青天"一句，我好像看到苏轼正在举杯问月的情形，我读出了他惆怅、苦闷的心情。

生2：品味"我欲乘风归去，又恐琼楼玉宇，高处不胜寒"一句，我好像看到苏轼想要回去又担心受不了那里的寒冷，我读出了他内心的矛盾彷徨。

生3：品味"起舞弄清影，何似在人间"一句，我好像看到苏轼在月下翩翩起舞的样子，我读出了他浪漫的情怀，也读出了他对美好生活的追求和向往。

师：翩翩起舞，多么富有诗意的一个词语！

生4：品味"转朱阁，低绮户，照无眠"一句，我好像看到月亮在不停游移，苏轼辗转难眠，我读出了他对亲人的深深思念。

生5：品味"人有悲欢离合，月有阴晴圆缺，此事古难全"一句，我好像看到苏轼经过自我排解，由忧伤怨恨转为旷达乐观，我读出了他积极乐观的人生态度。

生6：品味"但愿人长久，千里共婵娟"一句，我好像看到苏轼终于露出了微笑，我读出了他对天下分离的人们的美好祝愿。

师：我们好像跨越了时空，和苏轼用心灵进行对话，和他一起思念一起忧伤，一起旷达乐观地面对生活中的不如意，一起对天下的人们发出美好的祝愿，真是一种精神上的享受啊。

师：下面，老师向大家介绍一种新的读词方式。大家听说过古人唱词吗？

生：（齐）听说过。

师：古人唱词的情形，我们只有通过想象。如果把词谱上曲子由今人来唱，应该别有一番韵味了。听，是谁唱起了缠绵悱恻的《水调歌头·明月几时有》？

（屏幕显示flash《但愿人长久》，学生凝听、跟唱、欣赏）

师：王菲的一曲《但愿人长久》真是荡气回肠，这一唱，词的境界全出。

师：刚才我们通过多种方式来朗诵这首词，又听了这样动人的歌曲，想必大家能够当堂成诵了吧？请和同桌用你们都喜欢的方式来背诵这首词。

（学生同桌合作，自由背诵）

师：下面我们展示一下背诵成果。

（生1、生2齐诵，师生鼓掌）

师：两个同学配合非常默契。下面再找两个同学来试一试！

（生3、生4站起）

师：请问你们想用什么方式来背诵这首词？

生：（齐声）一人表演，一人背诵。

（生3背诵入情入境，生4表演生动形象，师生鼓掌）

师：这节课同学们读得精彩，品得用心，并且能够积极发言，说出了自己对这首词的独特感受，老师被深深感动了。我相信，在展示作业和今后的学习过程中，大家一定会有更出色的表现。老师期待着！最后，让我们在苏轼的美好祝愿中结束本课吧！

（优美的旋律响起，师生齐诵"但愿人长久，千里共婵娟"结束）

身居斗室，依然有灵魂的芬芳

——《陋室铭》教学实录

一、导入新课

师：老师给大家讲个故事。大唐历史上有一位诗人，因参加王叔文的政治革新，失败后被贬至安徽和州县当一名小小的通判。和州知县故意刁难，安排他在城南面江而居，此人毫无怨言，随手写下一副对联贴在门上："面对大江观白帆，身在和州思争辩。"和州知县知道后很生气，把他的住处从县城南门迁到县城北门，面积由原来的三间减少到一间半。他仍不计较，新居位于河边，附近垂柳依依，他见景生情，又在门上写了两句意气飞扬的话："垂柳青青江水边，人在历阳心在京。"那位知县见他仍然悠闲自乐，又再次派人把他调到县城中部，而且只给一间仅仅能容下一床、一桌、一椅的斗室，还叫人抬了块巨石放在他家门口。没想到诗人见到那块石头，竟如获至宝，把它洗得干干净净，还特地对着石头说："好石，好石，我要写篇文章刻在上面。"于是他奋笔疾书，一篇超凡脱俗、情趣高雅的文章就这样诞生了。猜一猜，这位诗人是谁？这篇超凡脱俗的文章题目是什么？

生：这位诗人是刘禹锡，这篇文章是《陋室铭》。

师：刘禹锡是唐代诗人、文学家，有"诗豪"之称。他志趣高雅，心有馨香，具有君子之风。也正是他，使这名不见经传的陋室名闻天下。今天，让我们一起走进这篇千古名文，走进刘禹锡的精神世界。

二、初读感知

师：题目中的"铭"是什么意思？

生1：是古代刻在器物上用来警诫自己或称述功德的文字，后来成为一种文体。这种文体一般都是用韵的。

师：用韵，可以使文章音韵和谐，读来琅琅上口。下面我们听一听《陋室铭》的朗读录音，标出押韵的字。（学生听录音，标韵脚）

生2：我标的是：名、灵、青、丁、经、形、亭。

生3："馨"也是韵脚。

生4："馨"字，貌似不同韵呀。

师：这个字的音韵和别的押韵字有些不同，你确定吗？

生3：确定。我查了资料，押īng韵。"馨"字的古音为xīng，现在因为语音有了变化，和别的韵母一起读好像有点不和谐。

师：这个同学告诉我们，要善于利用手头的资料来解决问题。

师：用韵的字朗读时语气要加重，声音要拖长。老师示范一下："苔痕上阶绿，草色入帘青。谈笑有鸿儒，往来无白丁。"下面大家自由朗读，看效果如何。

（自由朗读，展示评价）

师：朗读要句读分明，正是因为有了节奏，古诗文才有了美的韵味。节奏就是我们平时所说的停顿，老师已经把这篇铭文的节奏给同学们标出来了，大家快速在书上做好标记。同桌是你学习上的朋友，现在用你们喜欢的方式合作朗读。

（出示朗读节奏，生合作朗读，师巡回指导）

陋室铭

山/不在高，有仙/则名。水/不在深，有龙/则灵。斯/是陋室，惟吾/德馨。苔痕/上阶绿，草色/入帘青。谈笑/有鸿儒，往来/无白丁。可以/调素琴，阅金经。无/丝竹之乱耳，无/案牍之劳形。南阳/诸葛庐，西蜀/子云亭。孔子云：何陋/之有？

三、读出情怀

师：刘禹锡在文中表达出怎样的情怀？他是如何在这篇文章里自述心志的呢？题目是《陋室铭》，文中哪些地方能体现诗人的居室之"陋"？

生1：苔痕都长到台阶上去了，单看环境就很简陋。

生2："调素琴，阅金经"，看起来很单调，不繁华，不热闹。

生3：老师刚才讲故事说只给了刘禹锡一间仅仅能容下一床、一桌、一椅的斗室。

生4：作者自己都说了"斯是陋室"，这是简陋的屋子。

师：这位同学，作者在原文中是怎么说的呢？

生4：山不在高，有仙则名。水不在深，有龙则灵。斯是陋室，惟吾德馨。

师：开头好繁琐呀！直接写陋室就行了，为什么要先写山水呢？

生5：运用比兴，以山水引出陋室。

师："比"就是比喻，"兴"就是起兴，即借助其他事物作为诗歌发端，以引起所要歌咏的内容。作者的目的是写陋室，却用山水作比，引出对陋室的描写。"比"与"兴"常常连用，这种比兴的修辞，构思新颖，文意通达，使行文波澜起伏、耐人寻味。

师：看来这陋室确实简陋呀！不知哪位同学能从这斗室之中，品出"不陋"的地方来呢？

生6：苔痕长到阶上，台阶绿了；草色映入竹帘，清新怡人。环境清幽，怎能说简陋呢？

生7：室主人与博学的人谈笑风生，可见他的高雅。

师：不与浅薄粗俗的人来往，谈笑往来的都是文化渊博的人。他们高谈阔论，阵阵会心的笑声透过陋室传向远方。想一想：作者和朋友们在这间小陋室中会做些什么样的事呢？

生8：闲时可以弹奏没有装饰的琴，浏览一下佛经。主人悠然自得，并不觉得居室简陋。

师：不在意那些热闹与喧嚣，心灵闲适，安贫乐道，小小的居室里住着一个大写的"人"。

生9：刘禹锡的居室，可以和诸葛亮居住的草庐、扬子云住过的亭子相媲美。虽是斗室，却因主人的淡泊自守、名扬天下而熠熠生辉。

师：是啊！君子居之，何陋之有？一个人居室可以简陋，物质可以匮乏，精神却如此丰盈而富足！难怪刘禹锡最后会借孔子的话来向人们宣示"何陋之有"呢。

四、知人论世

师：刚才同学引用刘禹锡的"斯是陋室"一句，来印证居室的简陋。其实这话后面还有一句更关键的话——"惟吾德馨"。"惟吾德馨"一句可以看作是刘禹锡的人生宣言：因为德馨，我浑然忘却自己身居陋室；因为德馨，我可以为一间陋室增光添彩。关于刘禹锡其人，你了解多少？

生1：他参与政治革新，失败后被贬官。

生2：刘禹锡和白居易是朋友，合称"刘白"。他的《酬乐天扬州初逢席上见赠》一诗，就是写给白居易的。

生3：他和柳宗元也是知己，是个具有家国情怀的人。

生4：他心怀国家，想为国效力却不能如愿。

师：可惜刘禹锡壮志难酬，一再被贬，但他无论身在哪里，从来不曾放弃过为国效力的理想。在被贬二十三年中，他曾有过机会回到长安，但这位正直倔强的诗人，返回长安时依然用他的诗词做武器来对付那些奸佞小人。也正因为他这样倔强，不肯妥协，后来他又再次被贬。但刘禹锡就是刘禹锡，他在人生的困境中辗转全国各地，但每到一地，都留下了脍炙人口的诗词。

（屏幕显示，生5读）

朗州：晴空一鹤排云上，便引诗情到碧霄。

夔州：天地英雄气，千秋尚凛然。

连州：瘴云四面起，腊雪半空消。

扬州：沉舟侧畔千帆过，病树前头万木春。

师：这就是刘禹锡。凄清秋季里，他高唱出"自古逢秋悲寂寥，我言秋日胜春朝"的满腔豪情；岁月流转中，他沉吟着"沉舟侧畔千帆过，病树前头万木春"的生命哲理。他，在秋风飒飒里挥洒诗意，在屡遭贬谪中坚守信念，在小小居室间发出"斯是陋室，惟吾德馨"的人生宣言……如果说诸葛亮在历史上名垂千古，扬子云在文学上名扬天下，那这间陋室的主人刘禹锡，同样有着古代圣贤的志气与抱负啊！体会到了刘禹锡的这种情怀，我们需要用声音传达出来。请大家动情朗读，熟读成诵。（朗读，背诵展示）

师："斯是陋室，惟吾德馨"，这是刘禹锡的人生宣言。朗诵时要求语气坚定，声音洪亮。哪位同学能背诵这两句？

（生6动情背诵，学生齐背全文结束）

孩子，我愿你宁静淡泊、坚守初心

——《诫子书》教学实录

一、谈话导入，激发兴趣

师：一提到诸葛亮，我们就会想起他的超人才智。诸葛亮的智慧，不仅体现在他运筹帷幄、指点江山的政治才能上，也体现在他的家庭教育上。今天，我们通过诸葛亮的一封家书，再次领略他的不凡智慧与名家风采。（板书课题）

二、朗读课文，初步感知

（屏显一则竖排且无标点的《诫子书》，学生齐读）

师：同学们能够根据语感读出这篇没有标点的书信，难得！纠正一下，文中"夫君子之行""夫学须静也"中的"夫"，在这里的读音是fú。要想读出古文的韵味，首先要做到发音准确、声音洪亮、有节奏感，请大家根据屏幕上的停顿节奏朗读课文。

（屏幕显示）

诫子书

夫/君子之行，静/以修身，俭/以养德。非淡泊/无以明志，非宁静/无以致远。夫/学须静也，才/须学也，非学/无以广才，非志/无以成学。淫慢/则不能/励精，险躁/则不能/治性。年/与时驰，意/与日去，遂/成枯落，多/不接世。悲守/穷庐，将/复何及！

（自由朗读，学生进行朗读展示，师生评价）

三、再读文本，读出情感

师：这封信的写作年代距离我们十分遥远，很多汉字的用法也发生了改变。

下面大家根据注释，试着把这篇短文解读成现代汉语。

（学生质疑解答，同桌对译）

师： 译读要坚守"信、达、雅"三个原则。下面请女同学读原文，男同学读译文，读一读老师对这封书信的解读。

（屏幕显示）

君子的行为操守，以宁静专一来修养身心，以俭朴来培养品德。不能淡泊自守就无法明确志向，不能宁静专一就无法达到远大目标。学习必须静心专一，增长才干必须刻苦学习。不学习就无法增长才干，不明确志向就无法学有所成。放纵懈怠就无法振奋精神，轻薄浮躁就不能陶冶性情。年纪随同时光而疾速逝去，意志随同岁月而消失，最终凋落衰残，大多对社会没有什么贡献。只能悲哀地坐守着那穷困的居舍，那时再悔恨又怎么来得及！

师： 诸葛亮在这封家书中对儿子有哪些期待？你是从信中哪句话读出来的？

生1： 从"静以修身"看，他希望儿子宁静专一、修身养德。

生2： 要节俭，从"俭以养德"一句可以看出。

师： 诸葛亮希望儿子能够宁静淡泊，修养性情。哪位同学能用期待的语气读一读这句话？

生3： 静——以修身，俭——以养德。

师： 读出了一位老父亲的期待之情。

生4： 从"非志无以成学"一句，可以读出诸葛亮希望儿子树立远大志向，明确自己的人生目标。

师： 志存高远。

生5： 他还希望儿子要珍惜时间，因为"年与时驰，意与日去"，不然就来不及了。

生6： 读"多不接世"一句，我觉得诸葛亮希望自己的儿子将来要"接世"，有所建树，做个对社会有用的人。

师： 当时蜀汉倾颓，急需人才，诸葛亮对儿子提出了殷切期望，希望诸葛瞻静心学习，提升修养，长大后能够成为国之栋梁。而在提出希望的同时，诸葛亮还对儿子提出几点告诫，哪位同学能给大家说一说？

生7： 告诫儿子不要放纵懈怠，不要轻薄浮躁。

师： 你是从哪句话看出来的？请用告诫的语气读一读原句。

生7：淫慢则不能励精，险躁则不能治性。

师：你读出了告诫的语气，真是语重心长，我想诸葛瞻会听懂的。

（屏幕显示）

建兴十二年，亮出武功（地名），与兄瑾书曰："瞻今已八岁，聪慧可爱，嫌其早成，恐不为重器耳。"（嫌其大器早成，难以担当重任。重器，比喻能任大事的人）

师：从这则资料来看，诸葛瞻八岁就表现出了聪慧的一面，作为父亲，诸葛亮欣慰之余，也担心儿子会因此懈怠浮躁，所以告诫他不要轻薄放纵，而要振奋精神、陶冶性情。

生8：告诫儿子不要虚度年华，一事无成。

师：请你用告诫的语气读一读最后一句。

生8：年——与时驰，意——与日去，遂——成枯落，多——不接世，悲守——穷庐，将——复何及！

师：除了告诫，恐怕还有一丝担忧吧？哪位同学再读一遍？

生9：（声情并茂）年——与时驰——意——与日去——遂——成枯落——多——不接世——悲守——穷庐——将——复何及——

师：莫等闲——白了——少年头——空——悲切——似水年华，更要惜时勤学，否则虚度了时光，蹉跎了岁月，又怎么来得及？（掌声响起）

师：当年诸葛亮写这封信时是54岁，他为了蜀汉江山日夜操劳，处处奔波，顾不上亲自教育儿子。或许他已经感到自己时日无多，他遗憾自己不能陪伴儿子成长，于是怀着期待写下了这封信，来告诫儿子诸葛瞻。而写下这封书信不久，诸葛亮因病在五丈原去世。这封信中，有告诫，有期待，更有一位父亲对年幼儿子的牵挂与担忧。

师：诸葛瞻长大后能否成为父亲希望他成为的国之栋梁呢？下面的资料会告诉你答案。

（屏幕显示）

诸葛瞻长大后多才多艺，文武双全，成为国之栋梁。公元263年冬天，绵竹之战中，他率兵迎战魏军时，身中敌箭，壮烈死于沙场，终年37岁。和诸葛瞻一起战死的，还有他的儿子诸葛尚。诸葛瞻为蜀汉壮烈而死，称得上忠孝两全，值得后人钦佩。

师：同样是死，有人死得重于泰山，有人死得轻于鸿毛，而诸葛瞻为国牺牲，可谓重于泰山，彰显出生命的永恒价值。我们不得不说，这是诸葛亮言传身教的结果。

四、说文解字，深化升华

师：这封家书围绕一个"静"字来写，我们来看"静"的古字写法，大家有何发现？

𩖋

生1：左面像个"青"字，右面看起来像两个"手"的形状。

师：聪明！"静"字，由"青"与"争"构成。"青"，初生物之颜色；争，上下两手双向持引。"静"的意思，是说不受外在滋扰而坚守初生本色。诸葛亮在家书中强调一个"静"字，就是期望儿子能不受外在干扰而坚守本色、秉持初心。诸葛亮自己，虽有经天纬地之才，却隐居南阳草庐，"苟全性命于乱世，不求闻达于诸侯"。后来他辅佐刘备打下蜀汉江山，也是宁静淡泊、清廉自守，至今为人们所敬佩。这位睿智的父亲，在儿子心中埋下了一颗淡泊宁静的种子。古今中外，你知道的"坚守初心"的人还有谁呢？

生2：隐士黔娄，他"不戚戚于贫贱，不汲汲于富贵"。

生3：陶渊明，他"娴静少言，不慕荣利"。

生4：周敦颐，他像莲花一样"出淤泥而不染，濯清涟而不妖"。

师：古代的这些文人名士，无论外界环境多么浮躁喧嚣，他们的内心世界始终保持宁静淡泊的本色。一个"静"字，告诉我们"坚守初心，方得始终"的道理。孩子们，老师希望你们牢记诸葛亮的教诲，牢记今天我们这一课，坚守一颗宁静之心，静心学习，静心做事，静心等待生命那一树花开！

愿做凡尘浊世中的一股清流

——《五柳先生传》教学实录

一、导入新课

师：提起陶渊明，就不能不提起他那些清新淡雅、脍炙人口的诗文：有"万族各有托，孤云独无依"的孤独寂寞，有"采菊东篱下，悠然见南山"的怡然自得，有"晨兴理荒秽，戴月荷锄归"的闲适愉悦，更有《桃花源记》《桃花源诗》的美好向往。今天，让我们走近陶渊明，走进他的一篇经典传记——《五柳先生传》。

二、朗读感知

（自由朗读，师巡回指导）

师：哪位同学能够展示一下？（生1展示，师引导学生评价）

生2："兹若人之俦乎"中的"兹"应该读zī，不读cí。

生3：她读得太快，缺乏古典气息。

师：请你再读一遍课文。（生3配乐朗读）

师：大家觉得他有没有读出文章的韵味呢？

生4：他读得声情并茂，有一种自我解嘲的意味。

生5：他读得有穿透力，能够打动人心。

师：他把"不"字读出重音，读出了五柳先生的个性和风骨。听了同学的朗读，对于文中的五柳先生，你有了哪些了解？

生6：他性格安静，不爱说话。

生7：他喜欢读书，达到了废寝忘食的程度。

生8：他安于贫困，不追求荣华富贵。

师：老师还没讲，同学们已经懂得了这么多，真是有心人，看来大家的自学能力不可小看。不过，对一篇文章的解读欣赏，我们不能仅仅停留在初步感觉上，应该立足文本，进一步去探究，去品味。

三、答记者问

（引导学生参照注释，译读全文）

师：同学们懂得了文章的意思，现在让我们来现场演示一下。老师作为一名记者进行现场采访，同学们现在都是五柳先生，可以回答记者的提问。大家准备好了吗？采访开始！

师：你好！这位先生，请问你是哪里人？姓甚名谁？

生1：我不知道。

师：好怪的人啊。那"五柳先生"这个名号是怎么得来的呢？

生1：因为我的住宅边有五棵柳树，就用这当了自己的名字。

师：原来是这样。先生真是太有才了！隐姓埋名的您，看起来是一位隐士啊！先生，您看起来特别安静，听说您平时很少说话，能告诉我原因吗？

生2：因为我"不慕荣利"。

师：我看周围很多人整日喋喋不休，追名逐利，你为什么这样安静寡言呢？看起来您和周围的人格格不入啊。

生2：我从不羡慕那些功名利禄，荣华富贵在我眼中不过是过眼云烟，所以我不会为了世俗名利去说个不休。

师：先生真是一位高洁之士，出淤泥而不染。佩服！佩服！（生热烈鼓掌）

师：通过这一轮采访，我们知道了五柳先生的得名和性格（板书：得名、性格）。现在继续采访，哪位同学能够代表五柳先生答记者问？（生3自告奋勇）

师：先生，请问您都有哪些爱好呢？

生3：我有三大爱好：读书、饮酒、写文章。

师：您能向我们介绍一下关于您读书方面的情况吗？

生3：我读书不刻意在一字一句的理解上下功夫，每当能领会到文章的意旨，就高兴得忘记了吃饭。

师：可以说是废寝忘食啊，这种精神我要学一学。我还跟您学会了一种读书方法——会意法，真诚感谢！您刚才说您喜欢喝酒，是在自己家喝呢还是到外面去喝？是独酌呢还是和朋友相知共醉？

生3：家里穷，买不起酒，如果有人请，就到亲戚朋友家喝。喝醉了就回来，从来不会留恋着不肯离去。

师：我明白了，您饮酒是说来就来，说走咱就走，真是率真可爱啊！对了，您写了文章是给谁看呢？

生3：写给自己看。我在文中显露自己的志趣，自娱自乐。

师：多少读书人把读书、写文章当成飞黄腾达的敲门砖，所谓的十年寒窗，也不过是追求荣华富贵的一种过程。而您，读书作文不为仕途，只为自得其乐，让自己的心灵得到快乐，可见您的卓尔不群。可敬可敬！

师：通过这一轮采访，我们了解到五柳先生的爱好志趣。（板书：志趣）现在，哪位同学愿意做五柳先生的代言人？哪位同学能够当记者进行提问呢？（生5当记者，生4作答）

生5：先生，您的志趣如此高雅，生活上一定很富足吧？

生4：恰恰相反。我的居室空寂冷清，不能遮蔽烈日和寒风。尤其是夏天，外面下雨，屋里也下雨。外面雨停了，里面还下雨。

生5：那您至少也应当是衣食无忧吧？

生4：此言差矣！我的家中，盛饭盛水的器具经常是空的，吃了上顿没下顿的。至于穿的，有钱人穿的是绫罗绸缎，而我穿的粗布短衣上补丁摞补丁。

生5：那您不为自己的生活境况感到悲哀吗？

生4：虽然我生活贫穷，但我心中有足以值得快乐的事情，因而对这一切我安然自若。

生5：先生真是一身傲骨啊！为你点赞！

师：通过这轮采访，我知道了五柳先生的生活境况，更体会到他的高风亮节。

（板书：生活）

师：现在，老师也想当当五柳先生，哪位同学愿意和老师换位？（生6举手）

生6：先生，您在这个世界上有没有知音呢？

师：唉，知音稀少。如果说有的话，那就应该是战国时代的黔娄了吧？

生6：如果可以选择，您愿意做什么时代的百姓呢？

师：无怀氏，葛天氏，他们统治的时候民风淳朴、人心仁厚。那是我向往的理想社会。

生6：先生，您能用一句话进行自我评价吗？

师：不戚戚于贫贱，不汲汲于富贵。战国时期有一位隐士叫黔娄，他的妻子说过这样一句很经典的话，这是我一生的格言。

生6：黔娄的妻子都能说出如此有气节的话，黔娄的高风亮节，自然可以想象得到了。您和黔娄真是知己啊！

师：唉，微斯人，吾谁与归？

生6：这轮采访，我们走进了五柳先生的内心世界。我想，用"不戚戚于贫贱，不汲汲于富贵"来形容他的高风亮节是最恰当的了。我的采访结束，谢谢大家！（掌声）

师：这一轮采访，我们读出了一个安贫乐道、淡泊名利的五柳先生。

（板书）

安贫乐道，淡泊名利。

四、思维碰撞

师：你欣赏五柳先生的哪一点？请你为他点个赞。

生1：我欣赏他的率真性格，他到别人家去喝酒，人家一请就去，去了就喝得尽兴，喝醉了就回来，觉得有点像"老顽童"。自己活得轻松快乐，也让别人快乐。

生2：我欣赏他的读书精神，他读书废寝忘食，还自创了"会意读书法"。

生3：我欣赏他的个性，他写文章有真情实感，而且文章是写给自己看，很有个性！

生4：他生活贫困，住处冷清，衣着寒酸，缺吃少喝，但还能安然自若，我要为他点赞！

生5：他勇于向那个世俗社会说一声"不"，我要为他的勇气点赞！

生6：他安于贫困，视荣华富贵如浮云，我要为他点赞。

师：如果你不赞同五柳先生的处世态度，请找出一点谈谈你的理由，并向他提出建议。

生7：借酒消愁不可取，读书、写文章都可以解忧。

生8：消极避世不可取，一个人应该对国家、对社会有所贡献。尤其是像五柳先生这样有才能的人，更应该有所作为。

生9：为什么要自得其乐？与大家同乐不是更好吗？

师：稍后我们结合时代背景一起解读文中的这一形象，解答这一疑问。

五、解读形象

师：有人说，这则传记中的五柳先生就是陶渊明本人。你是否赞同这种说法？结合原文，说说你的理由。

生1：赞同。陶渊明自号五柳先生，是一位隐士，文中的五柳先生应该是他本人。

生2：五柳先生"性嗜酒"，而陶渊明也喜欢喝酒。

生3：五柳先生的生活清贫、自得其乐，陶渊明也是"不戚戚于贫贱，不汲汲于富贵"，隐居田园，乐在其中。

生4：五柳先生喜欢读书、写文章，陶渊明也是如此。

师：同学们学过陶渊明写的哪些作品呢？

生5：《归园田居》。

生6：《桃花源记》。

师：五柳先生"常著文章自娱"，陶渊明也是在文中"颇示己志"：《归园田居》写出了他隐居田园的独到乐趣，《桃花源记》表达了他对美好社会的向往与追求。这是一个与世俗格格不入的五柳先生，这是一个志趣高雅、淡泊名利的陶渊明。都说"文如其人"，细细品读，文中的语言简约传神，宁静自得，颇有陶氏风骨。通过本文的字里行间，我们可以看到陶渊明的身影，体味到他高洁淡雅的志趣。可见，这篇短文是自传，是作者的自画像，也是他对那个世俗社会的宣言书。刚才有同学质疑：为什么陶渊明这样一个有才能的人甘愿做一名隐士，而不希望对国家、为社会有所贡献呢？下面这则资料会告诉你答案。

（屏幕显示）

不为五斗米折腰

公元405年，陶渊明在离家乡不远的彭泽当县令。这年冬天，郡太守派出一名督邮，到彭泽县来督察。这次派来的督邮，是个粗俗而又傲慢的人，他一到彭泽的旅舍，就差县吏去叫县令来见他。陶渊明平时蔑视功名富贵，不肯趋炎附势，对这种假借上司名义发号施令的人很瞧不起，但也不得不去见一见，于是他马上动身。不料县吏拦住陶渊明说："大人，参见督邮要穿官服，并且束上大带，不然有失体统，督邮要趁机大做文章，会对大人不利的！"这一下，陶渊明再也忍受不下去了。他长叹一声，道："我不能为五斗米，向乡里小人折腰！"说罢，索性取出官印，把它封好，并且马上写了一封辞职信，随即离开只当了八十多天县令的彭泽。可见，陶渊明为人清高，不趋炎附势，是一个有骨气的文人。

生7： 陶渊明有骨气，不肯委屈自己奉承那些权贵。

生8： 陶渊明太清高，和当时的社会格格不入。

师： "云山苍苍，江水泱泱，先生之风，山高水长……"，范仲淹《严先生祠堂记》中的这句话，足以形容陶渊明的高风亮节。不是陶渊明不想对国家对社会有所贡献，而是那个黑暗动乱、趋炎附势的社会容不下一个志向高远、德才兼备的人才。《孟子》中说："穷则独善其身，达则兼济天下。"他不能"兼济天下"，只能选择了"独善其身"。在看似轻松诙谐的文字背后，又隐含着陶渊明内心的多少无奈呢？

六、余韵缭绕

师： 周敦颐《爱莲说》中说"晋陶渊明独爱菊"，文中的五柳先生，安贫乐道，淡泊名利，正像一朵清新淡雅的田园之花。

（屏幕显示）

菊，花之隐逸者也。（周敦颐《爱莲说》）

师： 花开千年，至今还静静地绽放在我们的心头。他生活在一个黑暗动乱的社会，胸怀大志却无从施展，怀才不遇才去当了隐士。我们幸运地生活在21世纪的今天，当今社会有我们每个人施展才能的大舞台。我们没有理由去消极避世，那就投身到社会的潮流中去吧！让我们尽可能地努力，尽可能地创造，尽可能地闪耀生命的光辉！

神魔皆有人情 精魅亦通世故

——《西游记》教学实录

一、导入新课

（播放《一个师父三徒弟》歌曲视频）

师：同学们一定熟悉《西游记》中的师徒四人吧？读一读下面的语句，括号内要求各填《西游记》中的一个人名。

（屏幕显示）

我很尴尬，长了一张（　　　）的脸。但我像（　　　）一样善良坚定，像（　　　）一样机智勇敢，像（　　　）一样忠厚老实，同样受到了大家欢迎。可见，外表并不那么重要呀。

生：我很尴尬，长了一张像猪八戒一样丑陋的脸。但我像唐僧一样善良坚定，像孙悟空一样机智勇敢，像沙僧一样忠厚老实，同样受到了大家的欢迎。可见，外表并不那么重要呀。

师：提起《西游记》这部神魔小说，可以说是家喻户晓。老师布置了同学们阅读这部名著的任务，今天我们就来聊一聊《西游记》这部经典作品。

二、评说人物

师：《西游记》一书主要讲述了唐僧师徒四人历经九九八十一难终于从西天取回真经的故事，刻画了一个个鲜明丰满的个性形象。同学们最喜欢的是哪个人物呢？好！首先请我们的第一男主角出场！

（屏幕显示文字、画面）

他，号称"美猴王""齐天大圣"，由仙石化成，手持重达一万三千五百斤、能任意伸缩的金箍棒，会七十二变，一个筋斗十万八千里。他被投入太上老君的炼丹炉炼了49天，炼出一双火眼金睛，能识破一切妖魔鬼怪。他嫉恶如仇，不怕困难，坚忍不拔，英勇无畏，取经成功后被封为"斗战胜佛"。

生：（齐声）孙悟空。

师：孙悟空这个名字是他当初拜师学艺时，由菩提祖师所取。后来唐僧在五行山下解救了悟空，赐予他"孙行者"这个法号。《西游记》中有许多关于孙悟空的故事，哪位同学能给大家讲一个精彩片段？

生1：孙悟空去向东海龙王借宝，借来了定海神针，又叫"如意金箍棒"。悟空很高兴，就舞弄起来了。

师：老师建议你的声音响亮一些，讲故事的效果会更好。用"话说"一词开头，会更有讲故事的韵味。当然啦！如果讲故事时能用上一些生动形象的词语，那就更有味道了。你能再试一试吗？

生1：话说孙悟空去向东海龙王借宝时，发现那"定海神针"原来是一根有斗那么粗的铁柱子。悟空说："这铁棍太粗，如果细一些就好了。"话音未落，那铁棍居然细了一圈。悟空又说道："再细些更好！"那铁棍真的又细了一圈。悟空欢喜地拿在手里，把如意金箍棒尽兴挥舞了一番，直搅得龙宫里翻江倒海，吓得老龙王和虾兵蟹将们魂飞魄散。

师：你能用上"翻江倒海""魂飞魄散"这样传神的词语，一定读过《西游记》原著吧？真是有心人！

（引导把握形象：机智勇敢、勇于反抗、爱憎分明，具有叛逆精神）

师：在偷吃人参果、盗饮御酒等故事中，孙悟空也有急躁、任性的缺点。人无完人，这些缺点并不能掩饰孙悟空的光辉，反而使这一形象显得更加真实、富有个性。在孙悟空身上，猴的灵性、人的正义、妖的叛逆、神的传奇，如此完美和谐地融为一体，因而他一直深受人们的喜爱。

师：在《西游记》中，有个人长得憨憨的，说话暖暖的，让人又爱又气。说说看，被猴哥称为"呆子"的那个人是谁？

（屏显出示猪八戒图像，小组合作完成"猪八戒小档案"，交流展示）

猪八戒小档案

曾用名：猪悟能、猪刚鬣

所用武器：九齿钉耙

有何本领：变身术、腾云驾雾、倒打一耙。

相关故事：高老庄招亲、大战流沙河

优点：有着吃苦耐劳、善解人意、憨厚可爱的一面。

缺点：自私懒惰、贪财好色。

获得荣誉称号：净坛使者。

所在团队：梦之队（这是一个有梦想的团队）

就业趋向：美食家、保镖等。

师： 在你的印象中，猪八戒是怎样的一个形象？

生2： 贪吃贪睡不干活，一遇困难就退缩。（众笑）

师： 有人说，八戒贪吃贪睡，自私懒惰，遇到点困难就嚷嚷着要散伙，有时还喜欢打个小报告，简直就是无能之辈。其实，八戒虽然有缺点，但这个当年的天蓬元帅，一路上挑着担子不怕辛苦，打起妖怪来也很勇敢，憨憨的样子亲切可爱，还是挺接地气的。穿插个小问题，这个西天取经团队的领导是谁？

生：（齐声）唐僧。

师： 这就奇怪了，要论本领，不说孙悟空神通广大，就连八戒、沙僧也都有些本领，为什么没有任何本领的唐僧却成为这个团队的领导呢？

（屏幕显示）

不管是艰难险阻，风尘苦旅，还是荣华富贵，似水柔情，都改变不了我一路西行的信念。

师： 请同学读一读唐僧的心声。你觉得唐僧是一个怎样的人？

生3： 他心地仁慈善良，有坚定的信念、顽强的意志，有梦想、有恒心。

师： 唐僧西天取经——九死一生。他心怀梦想，一心向佛，历经道道生死关口，仍然不改初心，率领自己的徒弟们一步一步走在奔向西天的路上。有这样一个坚定执着、不怕艰险的人当领导，这个团队想不成功都难啊！

（屏幕显示）

猜猜他是谁

一头红焰发蓬松，两只圆睛亮似灯。

不黑不清蓝靛脸，如雷如鼓老龙声。

身披一翎黄鹅撒，腰束双攒露白藤。

项下骷髅悬九个，手持宝杖甚峥嵘。

生4： 沙和尚，他的武器就是宝杖。

师：《西游记》一书中，最忠厚老实、最本分的人就是沙僧。他原来是卷帘大将，因失手打碎玻璃盏而获罪，曾经在流沙河作怪，后来加入取经队伍，最终也完成了在精神上的救赎。《西游记》第100回的回目是"径回东土，五圣成真"，明明是师徒四人，为什么说是"五圣"呢？原来呀，在取经团队中还有一个最容易被大家忽视的形象。同学们说他是谁呢？你知道关于他的故事吗？

生5：白龙马。他是西海龙王之子，在鹰愁涧被唐僧收服。

师：小白龙因误烧夜明珠，被父亲告了忤逆之罪，后经菩萨解救点化，加入了取经团队。一路上，这个龙太子化身为唐僧的坐骑，与几个立志取经的同伴们一起走在通往西天的迢迢长途上。他一路上默默无语，任劳任怨，并没有太强的存在感。可是在唐僧遇到危难、取经团队面临解体时，小白龙挺身而出力挽狂澜。最后他功德圆满，被封为八部天龙广力菩萨。当你的目光关注那些光彩夺目的主角时，请不要忽视白龙马，也不要忽视生活中那些像他一样默默奉献的人们。

（屏幕显示，齐读）

神通广大是悟空，意志坚定属唐僧，

懒惰自私是八戒，老实忠厚是沙僧。

君莫忘，小白龙，默默奉献真可敬。

师：通观《西游记》一书，塑造了众多的个性形象，就连那些妖魔鬼怪们也个个形象逼真，跃然纸上，生动再现了当时的世态人情。从这一点来说，作者吴承恩真是一个塑造人物形象的高手呢。

三、精读细品

师：葛红兵说过："小说这东西，人人都能读，但是，要真的读出点儿韵味，却又是非常之难，作家真要说的话，是从字缝里渗出来的。"今天我们就从字缝里品一品《西游记》这一经典的味道。

（屏幕显示）

峰岩重叠，涧壑（hè）湾环。虎狼成群走，麂（jǐ）鹿作群行。无数獐（zhāng）豝（bā）钻簇簇，满山狐兔聚丛丛。千尺大蟒，万丈长蛇。大蟒喷愁雾，长蛇吐怪风。道旁荆棘牵漫，岭上松楠秀丽。薜（bì）萝满目，芳草连天……万古常含元气老，千峰巍列日光寒。

师：这里的环境描写有什么作用？

生1： 渲染气氛，衬托取经路上的艰险。

生2： 暗示下文妖怪要出现了。

师： 说得好！《西游记》原著中，这样险恶的环境下通常都会出现妖怪。

（出示）

却说常言有云："山高必有怪，岭峻却生精。"果然这山上有一妖精……

师： 猜一猜：这一次会是个什么妖怪呢？

生3： 白骨精。

师： 这个片段出自《西游记》第二十七回，回目是：尸魔三戏唐三藏，圣僧恨逐美猴王。你知道这一回的主要故事情节吗？

生4： 三打白骨精。

生5： 唐僧把孙悟空赶回了花果山。

师： 我们一起读一读其中的精彩片段，解读孙悟空和白骨精的个性形象。

（屏显，分角色朗读，探讨人物，师生交流）

【甲】却说那妖精，脱命升空。原来行者那一棒不曾打杀妖精，妖精出神去了。他在那云端里，咬牙切齿，暗恨行者道："几年只闻得讲他手段，今日果然话不虚传。那唐僧已此不认得我，将要吃饭。若低头闻一闻儿，我就一把捞住，却不是我的人了？不期被他走来，弄破我这勾当，又几乎被他打了一棒。若饶了这个和尚，诚然是劳而无功也，我还下去戏他一戏。"好妖精，按落阴云，在那前山坡下，摇身一变，变作个老妇人，年满八旬，手拄着一根弯头竹杖，一步一声的哭着走来。

【乙】大圣跳起来，把身一抖，收上毫毛，却又吩咐沙僧道："贤弟，你是个好人，却只要留心防着八戒言语，途中更要仔细。倘一时有妖精拿住师父，你就说老孙是他大徒弟。西方毛怪，闻我的手段，不敢伤我师父。"唐僧道："我是个好和尚，不题你这歹人的名字，你回去罢。"那大圣见长老三番两复，不肯转意回心，没奈何才去。你看他：噙泪叩头辞长老，含悲留意嘱沙僧。一头拭进坡前草，两脚蹬翻地上藤。上天下地如轮转，跨海飞山第一能。顷刻之间不见影，霎时疾返旧途程。

师： 你读出了一个怎样的孙悟空？

生6： 他能识破白骨精的伎俩，并打死妖精，机智勇敢，为民除害。

生7： 他对唐僧重情重义，对白骨精毫不留情，疾恶如仇，爱憎分明。

生8："一日为师终身为父"，他对师父依依不舍，像告别父亲一般。

师：选文中的白骨精是一个怎样的形象？

生1：白骨夫人给我留下了深刻印象，她善于变化，智慧过人。

生2：她想方设法要做坏事，能说是"智慧"吗？

师：白骨夫人到底能不能说是"智慧过人"呢？

生3：不能，她阴险狡诈，一心想做坏事。"智慧"是个褒义词，不能形容坏人。

师：白骨精下场可悲，你想对她说什么呢？

生4：不要把本领用于作恶，否则会落得个身死灭亡的下场。

生5：只有把聪明才智用到正义事业，才能取得成功。

生6：害人就是害己，害人之心不可有。

师：唐僧明显犯了错误，你认为他错在哪里？

生：他错在不辨是非善恶赶走悟空，其实是帮助了白骨精。

师：因为唐僧昏庸无能，执迷不悟，最终伤害了除妖扫恶的孙悟空。有时候对善的打击，就是对恶的纵容，我们要引以为戒。

四、品悟人生

师：我们今天阅读经典，不仅是为了得到知识，更重要的是从名著中读出自我，启迪智慧，指引人生。

（屏幕显示）

团结的力量让平凡的四个人做出不平凡的成绩。——六小龄童

师：大家思考，"不平凡的成绩"指什么？你认为这四个人取得"不平凡的成绩"的秘诀是什么呢？说出一点即可。

生1："不平凡的成绩"指取经成功。

生2：我认为成功的秘诀是信念坚定。西天取经，很大程度上考验的是团队的信念和力量。这师徒四人，一路向西，百折回，向着统一的目标前进。如果心头没有坚定的信念，肯定不会成功。

生3：我认为成功的秘诀是勇往直前。取经路上，九九八十一难，无论前方有多少艰难险阻，他们认准了方向，便只顾一路前行。如果知难而退，又怎么会成功呢？

生4： 我认为成功的秘诀是团结协作。师徒四人，唐僧制定取经蓝图，白龙马当坐骑，沙僧牵马，八戒挑担，悟空化斋、探路、降妖除魔，没有这种协作互助的精神，成功就成了一句空话。

生5： 我认为成功的秘诀是符合民意。这个团队的使命是取经，但他们取经不是为了个人利益，而是为了这世间的芸芸众生。事实证明，任何为了众生的组织和个人，必将被众生托起。

生6： 我认为成功的秘诀是外援帮助。取经团队遇到困境时，能够得到佛祖指点，受到众仙相助。这项事业，因得到众人的帮助而最终成功。如果孤立无援，恐怕就会导致失败。所以我们要想做成一件大事，就要学会互助共赢。

师： 老师也从中得到一点启示：行者无疆！一个大大的"行"字，道出了师徒四人取经成功的真谛。（板书"行"字）取经，重要的不是结果，而是践行一种踏实苦行、百折不回的精神。其实我们的求学之旅也是一场取经，所有渴望成功的同学，老师希望你首先要学会做一个行者。千里之行，始于足下。还等什么呢？让我们一起上路吧！美，就在路上！路，就在脚下！

（屏幕显示歌曲《敢问路在何方》视频，结束本课）

抒写心语

我手写我口，古岂能拘牵！

——（清）黄遵宪

向风景更深处漫溯

——《说名道姓》教学实录

【课前准备】

1. 通过询问家长、搜集资料、查字典等多种渠道，探究名字的由来及其意义。

2. 课外阅读《百家姓》《中华姓氏文化》等资料，了解我国姓氏的起源、始祖、图腾文化、古今名人等相关知识。

【教学实录】

环节一：晒晒名字

（课前学生在黑板上随意签名，营造氛围）

师： 看起来平平常常的名字，其实不仅是一个称谓。那么名字的背后隐藏着怎样的故事呢？下面我们请同学晒晒自己名字的由来。

生1： 大家好！我的名字叫梦颖，"梦"是梦想，"颖"是才能出众。爸爸说执着追梦才能脱颖而出，我会牢记家人对我的殷切期望。

生2： 若楠——名字中既蕴含着男孩的勇敢，也不失女孩的婉约，希望以后的我能像一个男子汉一样，保护着爱我的人和我爱的人。

生3： 我是绍华，"绍"是辈分，"华"是"美丽而有光彩"的意思。我觉得这个"华"字十分大气，富有气势，我要勤奋努力，长大后为祖国增添光彩。

生4： 据说我五行缺水，所以用名字中的"泽"字弥补。而"亭"呢？谐音是"停"，妈妈说不想让我太过劳累，要时常停下来观赏人生路上的风景。

生5： 嗨！我是国晶！"国"，即指"国家"，分开就是"口"和"玉"，

"口"代表口才,"玉"古时寓意是"君子",象征一个人品格温润如玉。而"晶"呢?由三个"日"字组成,"日"即太阳,有"蒸蒸日上"之意。家人是希望我的学业、人生蒸蒸日上,希望我们的祖国蒸蒸日上。

师: "国晶"这一名字,蕴含着浓郁的家国情怀。

生6: 我原来的名字叫"铭宸"。这个说起来就有故事了:最初舅舅为我起名叫铭宸,但是听说我们村已有一个叫铭宸的孩子。于是我家就派代表去"谈判",后来谈判失败,原因是人家那个孩子足足比我早出生了三个月。哎,苦也!那几天我家笼罩着一层愁云。爷爷苦思冥想,忽然想起了孙中山先生,他一拍脑门说:"嘿!不如就叫孙文吧!"于是,我的名字就成了孙文,家人希望我将来做个文化人,像孙中山一样成就一番轰轰烈烈的事业。

师: 简简单单的名字中,融入了家长们的殷切期盼和美好愿望。其实名字只是一个代号,一个称呼,不是名字本身能赋予一个人多少价值,而是拥有这个称呼的人赋予名字本身多少含义。我们应努力用自己的一言一行去丰富名字的内涵,使它变得更有光彩、更有意蕴。

环节二:姓氏溯源

师: "姓"即姓氏,历经演变,源远流长,后来成为一种博大精深的文化。据老师统计,我们班共有52个同学,26个姓氏。今天我们来了解一下姓氏知识,有请"吴"姓同学介绍吴氏家族。

生1: 口天吴,源于姬姓,肇端于吴国,形成于战国初期,始祖是太伯与仲雍。吴姓名人,古有学者吴学谦,今有明星吴亦凡。

生2: 张姓,始祖是张挥,人称"挥公"。"弓""长"为张,据说是他老人家发明了弓,后来才有了弩,又有了枪,这也算是为军事做了贡献。张氏一族,人才济济,精英辈出,在上下五千年的中华文明史上留下浓墨重彩的一笔。

生3: (自豪地)我们朱姓曾出过许多世家大族,也出现过无数风云人物。自先秦以来,称帝者就有25人,在历史的长河中表现得轰轰烈烈。后来人们所熟悉的作家朱自清和开国元帅朱德,也是备受尊重。看来,朱姓家族真是人才济济。

生4: 王姓可是我国最为显赫的姓氏之一,三横一竖的"王"字,将天、地、人"一以贯之",能将"天人合一"者方能为"王"。王姓可是大姓,就拿我们班来说，王姓同学多达12人，当之无愧排名第一。

生5：我叫国康，我们"国"姓极其少见，在《百家姓》中居然排到第354位。说起国姓名人，我几乎遍观群书，查尽史料，才查到国渊、国胜、国懿仲、国佐这几个人，我期待着自己以后也能为这一姓氏带来荣光。

生6：木子李，皋陶是我们李姓始祖。看，这是李姓图腾，由虎、木、子三部分组成。虎代表皋陶的祖先少昊，木代表皋陶玄鸟族的图腾，子象征后代子孙。这个图腾告诉李氏子孙：我们都是白虎少昊的后代。

师：老师也来晒晒"贺"这一姓氏。当年北魏孝文帝迁都洛阳后实行汉化，将鲜卑族复姓贺兰改为汉姓贺氏，这是鲜卑贺氏的起源。鲜卑贺氏后来与汉族融为一体，称为河南贺氏。据村里长辈说，我们属于河南贺氏这一分支。鲜卑、贺兰这样的字眼，总是引发我的无限遐思。

生7：老师，听说我们刘姓也曾是复姓独孤。

师：是的。如果你生活在孝文帝之前，名字就不叫刘子毅了。

生7：那我应该叫独孤子毅？

师：好刚气的名字！其实，复姓改单姓的还有很多，例如长孙、端木、西门、慕容等，分别化成了单姓殷、林、西、吴等姓氏。刚才我们所说的都是两个字的复姓，同学们还知道别的复姓吗？

生8：爱新觉罗、叶赫那拉。

师：也有三个字的复姓，像南宫万、颜莫已等。据说还有长达17字的复姓呢，是来自云南彝族的一个姓氏。泱泱大国，姓氏文化就是如此神奇！

环节三：字号雅趣

师：一提到东坡居士，我们就会想到苏轼。同样，一说聊斋先生，人们知道这是蒲松龄。作家老舍，原名是舒庆春，字舍予，老舍是他的笔名。可见，除了姓名，很多名士们还有字号呢。这些字号或是情趣盎然，或是含义隽永，或是显示情志，颇有意趣。

（屏幕显示）

名人字号撷趣

陶渊明，名渊明，字元亮，号五柳先生。

李商隐，姓李名商隐，字义山，号玉溪生。

诸葛亮，复姓诸葛，名亮，字孔明，号卧龙。

李清照，名清照，字易安，号易安居士。

欧阳修，复姓欧阳，名修，字永叔，号醉翁。

梁启超，名启超，字卓如，号饮冰室主人。

师：读这些姓名字号，自有一种古朴典雅的风格，有的自然恬淡，有的狂放不拘。同学们是不是心生羡慕呢？请大家马上行动起来，给自己起个满意的字号。

（生思考、查阅，师巡视）

师：请写下你的姓名字号，现在各组推荐几个同学像古人一样自报家门。

生1：本人姓王，名婧，字文珊，号韵寒。

生2：本人姓齐，名云瑛，字玉琼，号紫墨。

师：典雅清新，读来颇有韵味。

生3：本人姓孙，名国旭，字启轩，号凌霄子。

生4：本人姓韩，名兆霞，字沐秋，号柒月雪。

生5：本人姓吴，名安然，字依林，号北陌南笙。

生6：本人姓尹，名桂泰，字梓安，号志成先生。

师：这是借名言志呀。有志者事竟成，祝你成功！

环节四：快乐随笔

师：看到大家在课堂上绽开笑颜，老师心头也洋溢着满满的幸福感。这是怎样的一课？请形容一下你此时的感受。

生1：神奇，惊叹。

生2：嘿！太给力了！

生3：如坐春风。

生4：与众不同，令我回味无穷。

师：刚才"说名道姓"时，气氛那是相当热烈。其中哪一个场景打动了你的心灵？说出来与大家分享。

生1：大家晒名字的场景打动了我，热烈气氛一浪高过一浪，传出阵阵欢声笑语。

生2："自报家门"那个场景，仿佛身处古代，我还以为自己穿越了呢。

生3：介绍姓氏起源时，同学们一个个神采飞扬，大有《水浒传》中梁山好汉排座次的势头呢。

生4：窗外的雪花一直飞舞，泼泼洒洒，似与我们同乐。

师：在这些场景中，哪位同学给你留下的印象最个性、最独特呢？

生1：孙明亭。他告诉我人生不要脚步匆匆，慢慢走，欣赏呵！

生2：柴月雪。想来必有冤情！

生3：刘宝熠。我想起一句格言：天空黑暗到一定程度，星辰就会熠熠生辉。

生4：张玉珂。温润如玉的品格与人生，让我心生向往。

师：现在，就让我们把这开心一课记录下来，留下一段开心的回忆吧。

（屏幕显示）

请以这一课的亲身经历作为写作素材，可以叙述事件的具体经过，可以选取一个动人瞬间，可以写写同学的精彩表现，可以抒发自己的真切感受……打开心灵之窗，抒发胸中真意，尽情倾诉自己的真情感悟。温馨提示：不要忘了起一个别具一格的作文题目。

（优美的旋律响起，在教室里久久回荡。学生沉思着，纷纷拿起了笔）

师：先在组内交流，并推举出你们小组最个性的作品来向大家展示。提示一下：不要忘了用心写几句推荐语。

（生交流，品评。全班展示，师生评价）

师：能够随时、随地、随意、随情地记下自己的心声，这就是"我手写我心"，丢掉的是"为赋新词强说愁"的烦恼，体会的是抒发真情的快乐。孩子们，其实写作就是这样简单。让我们从现在开始，怀着快乐之心，抒写诗意人生。下课！

【佳作展台】

向风景更深处漫溯

孙　旭

这是2017年冬季的第一场雪。窗外，雪花轻扬；室内，暖意洋溢。笑容灿烂的一群学子们，正在轻轻荡起求知的双桨……

镜头一

身着淡绿上衣的她，亭亭玉立，宛如一株春天的小草。此刻，她正面带微笑，向人们娓娓讲述着名字的故事：

时间回到14年前的一个夏天，有位辛苦而伟大的母亲，她要把一个小生命带到这个美丽的世界。小生命呱呱落地，在场的人们顿时绽开笑颜。此时，外面小草青青，绿意勃发。外公顿时有了灵感，脱口而出："就叫'夏青'吧！这个娃娃将来会像小草一样青翠顽强……"

名字，可以这样诗意吗？那位辛苦而伟大的母亲，让我们向你致敬！教室里的喧闹停止了，世界出奇的寂静。就连上课总是昏昏欲睡的小凯同学，也睁开了好奇的眼睛，脸上笑容灿烂。

镜头二

李氏家族怎么派这样一个文弱书生上场？大家的目光一齐投向了他。谁料他气定神闲，一开口就威震众人：

"李氏图腾从远古走来，传递着遥远的信息。说起李姓名人，那可真是举不胜举：老子本名李耳，秦朝丞相李斯。文人李白、李清照，皇帝李煜、李世民，科学家李时珍、李四光，明星李小龙、李连杰，商业巨子李嘉诚、李兆基……千古风流，当属我李氏子孙！"

哇！还能更霸气一些吗？同学们不禁笑了起来，折服于李姓同学的强大气场。笑声惊动窗外的一片雪花，它悄悄地飞了进来，想看个究竟。刚一探头，顷刻间被这热烈的气氛悄悄融化。

镜头三

当她提笔泼墨写下龙飞凤舞的"北陌南笙"四字时，众人赞叹不已。平时文雅婉约的女子，为何如此狂放豪气？且听她说道：

"诸位壮士请了！鄙人生于和平年代，却有一股与生俱来的英雄侠气。又因饱读诗书，更有'了却君王天下事，赢得生前身后名'的壮志豪情。行走江湖，就要有个响当当的名号。我是北陌南笙，想我有朝一日既能江湖驰骋，又能报效国家，岂不快哉！"

这是在上演穿越剧吗？原来安然同学还有如此豪爽的一面。人们惊叹着，恍若置身险恶江湖。眼前仿佛刀光剑影、铁马萧萧，武侠之梦悄悄萌生。笑傲之间，不知穿越到了哪朝哪代。

难道有一只可爱的手正在轻轻拨动着不知疲倦的时针？时光，倏忽消逝在时空的悠悠长河之中。那思绪的小舟，仍在悠悠前行，向风景更深处漫溯……

【我教我悟】

这堂课环节流畅，层层递进，深入浅出，一改作文课堂死气沉沉的局面，使写作课焕发了勃勃生机。从整节课来说，值得借鉴的地方主要有如下几点：

我的课堂我做主。在课前准备活动中，学生积极查字典、搜集资料，能够自主发掘身边的学习资源。在课堂交流中，学生积极踊跃，落落大方，能够生动讲述名字的故事，介绍自己名字的由来。可见，只有把课堂还给学生，让孩子们都能真正动起来，才能让课堂充满生机与活力，本课就是极好的证明。

以情感为触发点。在课前准备活动中，让学生询问家长自己名字的由来，这其实是与家人进行心灵的沟通，学生不仅知道名字的来历，了解到名字含义，更体会到了家人对自己的殷切希望。而追溯姓氏起源这一环节，学生了解到中华姓氏源远流长的历史和厚重的文化内涵，对于我国的姓氏文化，无疑会产生一种民族自豪感和精神归属感。课堂上就有同学表示以后会奋发努力，要将自己的姓氏发扬光大。这些都拨动了学生的心灵之弦，为下面的写作环节做了铺垫。

让快乐激活心灵。讲名字故事，溯姓氏起源，起文雅字号，这几个环节都很有趣。学生沉浸在姓氏文化的氛围中，在写作活动中有了灵感，能够我手写我心，抒发自己的真切感悟。很多孩子洋洋洒洒，写出了个性与精彩。在这堂课上，作文不再是"作难"，而是一吐为快，成为自我心灵的倾诉和诗意写作的快乐。

当然这堂课也有遗憾之处。引导学生给自己起个文雅字号这一环节，有些字号明显流于肤浅，文化底蕴不够厚重，这是值得反思的地方，以后会力求改进。

听，这是写作生命拔节的声音

——《一张彩纸折出神奇》教学实录

【教学实录】

一、开心游戏，激发动机

（上课伊始，《铃儿响叮当》的欢快旋律响起，屏幕显示叠纸画面）

师：今天，老师领着大家做一个有趣的游戏。看看你手中的这张纸，你想叠成什么呢？

生1：我会叠小狗狗。

生2：我会叠纸飞机。

生3：我会叠美丽的千纸鹤。

生4：我会叠五彩缤纷的小衣服。

生5：我会叠宝塔。

师：你叠的塔有多高？

生：（齐声）要多高有多高。（师生笑）

师：同学们说得真是精彩极了，老师真想看一看那些可爱的小制作。心动不如行动，大家赶快动手吧！

（学生欢天喜地，纷纷忙碌起来）

师：大家叠得真用心！第一个完成的同学请起立，好吗？

（一生站起，手中拿着一只纸船）

师：沙英哲同学，你真棒！告诉大家你为什么叠得这样快呢？

生：我想可能是因为我经常叠的原因，已经很熟悉了。

师：谢谢你告诉我们"熟能生巧"的道理。请坐！

师：如果现在你已经叠好了，请看看周围的同学在做什么？他们是和你一样轻轻松松完成了，还是因为一时不会叠了正在一个人发愁呢？徐鹏同学遇到困难了，乐于助人的你愿意帮帮他吗？（一个男生过去帮助徐鹏）

师：大家互相欣赏一下同学的叠纸作品。如果你觉得谁做得最漂亮、最有创意，请向大家推荐一下吧。当然，如果你认为自己做得精致，也可以毛遂自荐噢。

生1：老师，我推荐季梁雨。

师：季梁雨，有同学推荐你了，你能描绘一下自己此时的心情吗？

生2：非常开心。瞧，我叠的是一只可爱的青蛙，胖胖的，多可爱啊。如果你用手指按一下它的后面，它还会跳起来呢。

生3：我推荐徐兵同学。

生4：我叠的是一件小衣服，大家可别小看它。它很漂亮，还能变形呢。（用手折了两下）看，现在我的小衣服变成了照相机。（模仿照相动作）咔嚓！（师生笑）

生5：老师，我毛遂自荐。

师：让我们用热烈的掌声欢迎徐妍同学为自己的作品做形象代言，看看她带给我们的是什么惊喜呢？

生5：我做的是一颗心。看，漂亮吧？如果多做几个，涂上鲜亮的颜色，再用红色的丝线穿起来，挂在房间里可以当装饰品，把我们的生活点缀得更加美好。（师生鼓掌）

师：老师也找了几个非常漂亮的叠纸作品，一起来欣赏一下。（出示千纸鹤）

师：瞧，这是什么？

生：（齐声）千纸鹤。

师：对啊。一只千纸鹤代表一个祝愿，一千只千纸鹤呢？那该是多么真挚美好的祝愿啊。

师：（出示菠萝）如果老师不说，你一定会觉得难以置信吧？这个菠萝是用纸叠的，怎么样？是不是栩栩如生？

（屏幕显示一颗纸心的画面，生惊叹）

师：这是一颗美丽的心，多漂亮啊！

（屏幕显示闪光纸做的星星）

生： 哇！幸运星！

师： 是啊。据说得到这种礼物的人，他的幸运会和天上的星星一样多。

（屏显：茫茫的水面，上面漂浮着一只小船）

生：（小声）纸船！纸船！

师： 这小小的纸船，它来自哪里？又去向何方？它承载着一段怎样的故事？又带走了谁的思念呢？

师： 大家在进行小制作的时候，老师的思绪飞到很远很远的地方，仿佛回到了美好的童年。那时候家门前有一条小河，我和姐姐坐在绿茵茵的草地上，捉蝴蝶，叠纸飞机，采野花……清清小河水，流淌的是我童年的记忆。现在回想起来，有着淡淡的思念和忧伤。

二、你说我说——谈谈心声

师： 老师发现有好几个同学露出了沉思的神情，你是否也想起了一些人和事呢？看看你手中精美的小礼物，请你在上面题字，你准备把它送给谁？你想对他说什么？

（学生沉思）

生1： 我拿的是一张洁白的纸，我什么也没有叠，我要保持纸的洁白。我想把它送给世界上那些纯洁善良的人们，希望大家都有一颗美丽的心灵，让这世界变得更加美好。我还想把它送给那些正在服刑的犯人们，希望他们能够好好改过，重新拥有一颗洁白无瑕的心灵。

师： 你的设计可真有创意。小小的你，心中竟装着大大的世界，太了不起啦，我们为你喝彩！

生2： 老师，我想把这只纸船送给您。谢谢老师给我们的爱，祝老师长风破浪，实现远大理想！

师： 谢谢！你是第一个祝老师长风破浪、实现理想的人，老师会努力的。我也希望我们大家都要为自己的理想而奋斗，直挂云帆济沧海！（生鼓掌）

生3： 我叠的是一只企鹅，它看起来憨厚可爱，你拿你的小手去动一动就知道了。它全身五彩缤纷，充满了活力和激情，我要送给王恩浩同学，希望他学习进步、天天开心！

生4：我把我叠的长筒靴送给耿国根同学，祝他越长越帅！（师生笑）

生5：我的纸飞机要送给宇航员叔叔，感谢他们带着梦想飞向了太空，使人类的幻想成为现实。

生6：我的小狗狗上写的是"志"，我觉得我们要树立远大的志向，激励自己不断进步。我想送给王洪驹同学，希望他努力进取，天天向上……

生7：我这里是一个小花篮，我在上面写了"爱心"这两个字，我要把它送给灾区的孩子们，让那些渴求知识的心灵自由飞翔，去寻找永远的梦想。

生8：我叠的是一只美丽的千纸鹤，并且我还题了一首小诗：

哦，朋友——

一辈子说不完的话题

一路上有你相伴

我的人生才光明璀璨

我想大家都已经猜出我要送给谁了吧？是的，我要送给我的好朋友——王杰。因为有了她，我的生活才变得五彩缤纷。她是我孤独中的伙伴，逆境中的知己。我将永远感谢她，因为她给了我世界上最珍贵的礼物—友谊！

师：真是太感人了！王杰同学，张琪送你礼物了，她还对你说了祝愿的话，你能告诉我们你此时的感受吗？

生7：我心中也有很多话要对张琪说，却不知道怎么表达。张琪，谢谢！我们永远是朋友！（热烈的掌声）

三、有感而发，言语成文

师：多么感人的一幕啊！如果我是一个画家，我会把这美好的瞬间定格成动人的画面；如果我是一名摄影师，我要把这感人的场景拍摄成精彩的照片。可是，现在我们只有一支笔，一张纸，还有一颗急于要倾诉的心，我们用什么办法把这动人的场景记录下来，成为永远的回忆呢？

生：（大声）写下来。

师：这真是一个好主意。老师发给每个同学一张纸，就以这节课的经历作为材料，题目自拟，字数可多可少，限时15分钟，可以写课堂的具体经过，可以选取一个精彩瞬间，可以写自己真切的心理感受，也可以写一写老师和同学的表现……请同学们打开心灵之窗，尽情倾诉自己的心声。

（优美的旋律响起，学生沉思着，纷纷拿起了笔）

四、交流评价，欣赏佳作

（生完成，师巡视）

师： 先在小组内交流，并推举出你们小组最优秀的作品来向大家展示。

（生互相交流，品评）

组长1： 我们组推荐的是王明霞的《特别课堂》，因为她把活动的场景描绘得太形象了，简直是活灵活现。

特别课堂

"丁零零……"随着一阵清脆的铃声，我们的快乐课堂开始了。

"我会叠小狗！""我会叠纸船！""我会叠一颗漂亮的心！""我会叠小老鼠！"课堂上，大家纷纷对老师说。我也抢着说了一句："老师，我会叠宝塔！""那么你的宝塔有多高？""要多高有多高！"同学们都抢着回答，老师乐得笑开了花。

咦，怎么课堂上突然变得静悄悄的？原来大家都在忙碌着。同学们个个神采飞扬，只听到刷刷刷的折纸声。我也在小心翼翼地制作着一座塔，像捧着什么宝贝似的。不一会儿，一件件"杰作"便展现在我们面前，好像在对我们招手微笑呢。

同学们脸上洋溢着笑容，感受着成功的喜悦。看！刘林叠的上衣多么精美啊，他的解说词也那么棒；杨秀金做的胖胖的企鹅多可爱啊，让人看了眼前放光；赵明明制作的蝉更是与众不同了，那么漂亮，像一个人见人爱的小姑娘……大家欣赏着，品味着，一阵阵欢快的笑声飞出教室，在校园里久久回荡着。

组长2： 我们小组推荐的是沙英雪的《回来吧，舅舅》，这篇短文感情真挚，传达出她的心声。

回来吧，舅舅！

舅舅，你知道吗？今天老师和我们一同上了一节叠纸活动课，我叠的是一只可爱的小兔子，它的两只耳朵长长的。记得那是我五岁的时候你教我叠的，我不知怎么总也学不会，你还羞我是"笨小孩"呢。那时候我几乎天天缠着你带我去村东的小林子里去玩，叽叽喳喳总有说不完的话。每当不高兴时我就哭鼻子，为此外婆没少批评你，她还说不准你惹我哭。舅舅，那时候有你在身边，我是多么快乐啊。可是，去年你就去外地打工了，听说是在广州。舅舅，广州很远很远吗？为什么春节你都没有回家呢？我牢牢记住了你去的地方，我常常在地图上仔细寻找着广州的位置，心中有一个念头：我也要去广州，因为那里有我亲爱的舅舅。舅舅，你什么时候回家？你快回来吧，雪儿想你！

师：孩子，不要难过。我想今年春节，舅舅一定会回家的。舅舅回到家看见你又长高了，一定会很开心的，对吗？

（生含泪点头）

组长3：我们小组推荐刘林同学的《心灵的震撼》，这篇文章选材典型，用词生动，令人受益匪浅。

心灵的震撼

今天，我第一次知道那一双双小巧玲珑的手竟隐藏着高明的折功。这节课，是充满诗意和芳香的时刻。

上课时，语文老师神采奕奕地走进来，神秘地问大家都会叠什么，同学们纷纷起来回答，等老师一声令下，大家就迅速行动起来。时间一分一秒地过去，我们手中的纸慢慢变成了一个个生动活泼的手工艺品，简直是出神入化。

沙英哲第一个折完，他说他想把自己叠的漂亮的纸船送给老师，祝老师长风破浪，直挂云帆济沧海。我们被深深地打动了，一起为他鼓掌。

这时，张琪站起来说：“我叠了一只千纸鹤，我想把千纸鹤送给我最好的朋友王杰，谢谢她给了我世界上最珍贵的友谊……”她的话音未落，啪啪啪，教室里又响起了一片掌声。

后来，梁兴超对大家说：“老师，我什么也没有叠，因为我要保持这张纸的纯洁，我要把它送给那些纯洁善良的人们。”我们都被他感动了，教室里再次响起了热烈的掌声……

下课了，同学们恋恋不舍地离开了教室。这节课，让我加深了对老师的爱、对朋友的爱、对天下人的爱，使我受到了心灵的震撼。

师：刘林同学在结尾揭示了课堂的意义，画龙点睛，深化了文章的主题，这种写法值得大家在写作时借鉴。

组长4：我们小组推荐郭振星的《我的精彩我来记》，他的文笔优美，感情真挚，给读者以美的感受。

我的精彩我来记

今天，风和日丽，下午的阳光暖洋洋的，我们的作文课上洋溢着一种欢快的气氛。

老师让我们拿出一张彩纸，说说自己会折什么东西，同学们都把手举得高高的。老师说了一声"赶快动手吧"，同学们个个兴高采烈，把自己的"绝活"全都亮了出来。在这欢声笑语中，我们的教室仿佛成了一个世外桃源。

这时，老师又让我们想想把自己的小制作送给谁。大家沉思着，沉浸在对美好往事的回忆之中。我想把我折的纸飞机送给朋友徐兵，因为他是我的第一个朋友。我发言说我的纸飞机没有宋书莹叠的小裤子那样美丽，也没有张琪同学的千纸鹤那样精致，但它可以飞得很高很高。那是我用心叠的，我也真诚地祝我的朋友学业有成，一生平安……

我刚说完，台下就响起一片掌声。我为自己的付出而感到幸福，我把那一刻永远铭记在了心中。

下课铃响了，同学们都不情愿地离开了教室，七嘴八舌地议论着，嘴里还喃喃地说："怎么这节课这么短？"虽然这快乐是短暂的，却留给我们一个永远美好的回忆。我有感而发，写下了这篇短文。

师：平时郭振星同学有些含蓄，可是大家看，今天他写了多么动人的一篇文章啊！想一想，你觉得这篇文章最成功的是哪一点呢？

生4：我觉得我写出了自己真实的心理感受，以情动人。

生5：老师，郭振星在开头运用的是景物描写，"风和日丽"一词，烘托出一种欢快温暖的氛围。

五、师生对话，分享快乐

师：同学们写得真精彩，点评也很到位。由于时间关系，还有很多文章不能一一读了，请同学们课下交流，并把推荐的文章誊写好贴在教室里展示。老师感觉今天同学们写的作文都很有灵性，短短15分钟，就写出了自己的个性。下面我现场采访一下，你们觉得这次作文为什么能够写得这样"出彩"呢？

生1：有事情可写，有情想抒发。

生2：从前写作没有头绪，现在感觉思路很清晰。

生3：心中很快乐，想写出来和大家一起分享。

生4：老师命题让写，感觉是被动写作。现在由自己来选择，感觉很放松，就有了灵感。

生5：这样上写作课真是太开心了，随意随心写作文，感觉特好。

师：是啊，能够随时随地随意随情地记下自己的心声，这就是"我手写我心"啊，体会的是抒发真情的快乐。看到同学们这样快乐，老师也很开心，我也拿起已经搁下很久的笔写了一首诗，大家喜欢听吗？

生：喜欢。

师：老师也是随时随地写下了一首诗，表达自己的感受和快乐。下面我给同学们读一读。

课堂吟

听，哪里传来阵阵欢快的笑声？
看，那一张张灿烂的笑脸。
这是我们的快乐课堂，
放飞着梦想和希望。

一双双小手灵巧地跃动着，
一颗颗心怀着期盼，
一个个"杰作"诞生了，
一朵朵花儿绽开笑颜。

那胖胖的企鹅多么可爱，
那漂亮的小衣服五彩缤纷，
每一个艺术品都承载着一段故事，
留下美好而真切的回忆。

刘林，你总是那样富有创意，
今天带给大家的会是什么惊喜？
张琪，你这个诗般的女孩，
正在构想着怎样的诗意？

有人说作文就是"作难"，

有人说作文就是愁眉苦脸，

你们那专注而飞扬的神情，

告诉我明确而否定的答案。

是谁说的"我手写我心"？

是谁说的"我乐故我在"？

我静听着生命拔节的声音，

记下这快乐而动人的瞬间。

——谨以此诗写给我们的快乐课堂。在这里，作文已经返回本真，蕴含着生命与自然；在这里，我们怀着快乐之心，抒写着诗意人生。我的课堂我做主，我的快乐我来记！

六、自然收束，余音袅袅

师：真是快乐而短暂的一课啊！下一次的作文课同学们还喜欢用这种方式来上吗？

生：（齐声）喜欢！

师：那好。如果你有什么好的建议，请告诉老师；如果你知道有什么好玩的游戏，也请告诉老师。我相信，下一次的作文课，我们会收获更多的快乐，更多的精彩，老师期待着！

生：老师再见！

（屏幕显示一群孩子欢笑的画面，《铃儿响叮当》的欢快旋律响起……）

【我教我悟】

德国教育家第斯多惠说过："教学的艺术不在于传授本领，而在于激励、唤醒、鼓舞。"在常规的作文教学中，学生往往是被动的、封闭的、受压抑的，他们的情感世界处于"沉睡"状态，因而写出的作文也往往是味同嚼蜡，毫无灵性可言。因而，在作文课教学中，如何激发学生的灵感，把他们心中还在沉睡的那位"创造大师"唤醒，是我在设计这堂课时首要解决的问题。针对这一点，我主要采用了如下教学方式：

一、设置情境，激发热情

游戏是孩子的天性，所以上课伊始，我就用叠纸游戏来组织教学，给课堂注入了鲜活的内容。从整节课来看，教师扮演了引导者和参与者的角色，既培养了学生的动手能力，引发学生的兴趣，也唤醒了他们内心的情感，从而大大激发了他们的创作热情，可谓一举多得。

二、转变角色，以情动人

在课堂中，学生参与了活动的整个过程，既是体验者、观察者，也是探究者、发现者，还是合作者和评价者。先是自己的叠纸体验，然后是互相推荐展示，后来由作品来抒发心声，最后记录下这一段历程。这样，学生在自己的创作中，在互相欣赏和互相评价中，不断地触发内心的感受，一步步获得了新的创作起点，情感上得到了升华。

三、情感熏陶，润物无声

在教学的三维目标中，情感、态度和价值观目标具有隐性特征。在这堂课中，我力求通过多方引导对学生进行情感的熏陶和教育，并充分运用情感语言加以渲染，去唤醒学生相应的情感体验。比如说把小小的纸制作送给他人这个环节，容易唤起学生尘封的记忆，调动学生的情感储备，使他们从灵魂深处获取了情感的熏陶、情感的力量，这为后面的文字创作做了很好的铺垫。

快乐体验 真情倾诉

——《我有一个宝宝》教学实录

【教学思路】

如何让学生踏上绿色写作之旅呢？"快乐随笔"作文实验走进了武城一中的写作课堂，通过在作文课上设置各种生活情景，展开轻松的口语交际，引导学生侧耳倾听、乐于表达，随时随地、随意随心地把思考倾注于笔端，让情感流泻在纸上，表达出自己对生活的真切感受和独到感悟，体味"我思故我在，我手写我心"的精彩。快乐随笔作文课堂的要诀是顺应语言生命自由发展的天性，为师生表情达意、抒发心声选择一条快乐途径。在不断探索中，我们成功推出"猜猜我是谁""心的翅膀""纸条传传传""寻找春天""体会黑暗""生命的抉择"等系列精彩作文课堂，获得广泛好评。在这里，作文不再是一种负担，文字间体现着心灵的快乐与自由；在这里，写作教学不再单调，课堂里流淌着生命的真实与自然。

"我有一个宝宝"写作指导的思路，源于一次"体验真情"综合性活动，内容依据教材，又独辟蹊径，融入了"快乐随笔"作文实验理念。引导学生领养气球宝宝，创造"呵护宝宝"的生活情境，寓教于乐，让学生多角度观察生活，发现生活的丰富多彩，用口语表达出来，真实记录自己的外在表现和心理历程，唤醒心中沉睡的那位创造大师，激发写作灵感，把生活体验转化成鲜活灵动的文字，享受生命写作的幸福历程。作文教学的生命是真实，必要的作文技巧能使文章更具美感。有意识地把阅读教学和写作教学结合起来，渗透一些写作技巧，引导学生自然运用，是对作文能力的一种提升。在小组交流、精彩展示、评改升格的层层推进中，个人自评、他人荐评、老师点评相结合，佳作引领，博采众长，最后通过重新审视、精心修改使文章升格，展示在教室、长廊、校刊、网络日志，师生尽享用心创作的幸福，尽展用心创作的精彩。

这次活动要求每人领养一个气球宝宝，给宝宝起个好听的名字，每天让宝宝长大一点儿，为宝宝洗脸、洗澡，每天带宝宝上学，经常和宝宝互动，晚上让宝宝睡在身边，精心呵护。时间为一周，宝宝的年龄每天为一岁。其间宝宝如果夭折或者失踪可以再重新领养一个。在活动中，要注意观察，及时记录自己呵护气球宝宝的真实经历，不定期交流护宝经验、活动心得。课前让学生相互介绍、欣赏自己精心呵护的"宝宝"。

【教学实录】

一、你说我说——晒晒我的宝宝

师：今天教室里的气球"宝宝"可真多，一个个都被打扮得这样漂亮。下面请同学们都来晒晒自己的宝宝吧！

生1：（展示）我的宝宝叫豆豆，上面还画有喜羊羊的图像呢！它已经三岁了，现在正上幼儿园。对了，忘了告诉你，她喜欢喝牛奶，喜欢看动画片，还喜欢和我一起去散步。我希望我的豆豆健康快乐地成长！

生2：嗨，大家好！这是我的第二个宝宝，之前我领养过一个宝宝叫阿紫，但不知怎么阿紫竟然失踪了。为了怀念姐姐，她的名字就叫"念紫"啦！念紫已经五岁了，我真开心！

生3：这是我的宝宝，名字叫作丑丑。大家不要笑啊，虽然她的名字叫作丑丑，可是你们看她长得多漂亮啊，粉嘟嘟的小脸就像桃花一样灿烂。我相信，丑丑会越长越漂亮！

师：原来丑丑并不丑啊，看来刘畅同学运用了反语呢！

生4：（自豪地）这是我领养的可爱双胞胎宝宝，姐姐叫可可，妹妹叫爱爱。我好喜欢她们，每天给她们洗脸、洗澡，还给她们换上漂亮衣服。瞧，她们长得是不是很可爱呢？

生5：大家看，这是我的宝宝皮皮。因为他有点儿调皮，我就给他取了这个名字。现在，他竟然平安健康地长到六岁啦。呵呵！皮皮，希望你以后要乖乖的哦。

生6：这是我领养的第五个宝宝了，才刚刚一岁，很漂亮吧？我叫她小笑，我会精心呵护她，我希望她能微笑着面对这个世界。

师：小笑这个名字的寓意不错啊，我想你的愿望会实现的！

二、讲讲故事——分享护宝经历

师：同学们在领养宝宝的过程中，一定有着自己独到的经历吧？下面进入第二环节：选取你记忆中最难忘、最动人的故事，和大家分享一下吧！

生1：我记得那是领养宝宝的第一天，我开心极了，但又有一丝担忧，因为这是我第一次领养宝宝，根本没有经验，万一不小心弄丢了怎么办呢？这时，我发现宝宝的脸脏兮兮的，我便用毛巾把她擦得清清爽爽，宝宝立刻精神了很多。接着，我又用记号笔小心翼翼地给她画上眼睛、鼻子、嘴巴，这样，一个漂亮宝宝以新的姿态出现在我面前。那一刻，我的心中美滋滋的。（微笑）

生2：我记忆最深的是我给蝶衣宝宝过三岁生日的情景。那天我早早起床，给她洗了脸，换上漂亮衣服，又送给她一个美丽的蝴蝶结。看起来，蝶衣真像一个可爱的小公主啊。我拿镜子对她照着，说："蝶衣快看，你是不是很漂亮哦！"她开心地笑了，我也笑了。

生3：那天阳光明媚，班上的同学都在和自己的宝宝互动，我也小心翼翼地把灵儿抱了出去。她没有等我抱紧，便调皮地逃离了我的手心，在空中飞舞起来。我生怕她有个闪失，对她穷追不舍，可是她越飞越高，一点也不顾及我的感受。终于我抓住了她，指着她责备起来："你这调皮的孩子，想离家出走吗？那可不行，以后不许这样了啊！"最后，她终于安静下来，红着脸低下了头。呵呵！

师：刘丹讲得真是绘声绘色，灵儿的可爱浮现在我们眼前。

生4：今天我刚刚把宝宝带到教室，我的几个朋友便跑过来高兴地抱过她，都夸我的宝宝漂亮，我的心里乐开了花。正当我们几个谈得高兴时，只听"砰"的一声，宝宝竟然在一个朋友的怀中爆了，化成几个碎片。顿时，我的心碎了。我想起了我和宝宝一起度过的美好时光，心像刀割一般的痛。（哭泣）虽然现在我又领养了一个宝宝，但我还是怀念我原来的宝宝——小忆。

生5：那一天，我四处寻找宝宝小希的下落，却不知道她去了哪里。她躲到哪里去了呢？莫非她离家出走了吗？为什么？是因为我的脾气不好有时冷落她了吗？还是她长大了有了逆反心理呢？都怪我，没有好好照顾她，没有及时对她进行心理疏导。我心里失落极了，人往往这样，为什么失去了才知道珍惜呢？回来吧，小希！

生6：我喜欢带着宝宝去散步，其实是想锻炼他的飞行能力。我常常对他说："你一定要学会飞翔，只有这样，你才可以勇敢起来。"然后我就一狠心把他抛向空中。他或许太害怕了，一下子摔到地上大哭起来。我的心中很痛，但是毫不手软，偏要他再试一次。于是他又被我抛上了天空，这次他被一阵风吹走了，落在一个角落里，他独自哭泣着，显得那样无助。他会不会怨恨我呢？其实，我做这一切都是为了他，为了让他更加坚强，更加勇敢，我相信总有一天他会懂的。

师：想想自己，是不是爸爸妈妈也怀着同样的想法呢？现在你理解了吗？

三、真情体验——谈谈我的感受

师：在领养宝宝的经历中，每个人都有自己的酸甜苦辣，下面请谈谈你感受最深的一点。

生1：现在我才明白，原来照顾气球宝宝都是这样不容易。（动情地）我无法想象自己小时候，父母是如何细心照顾我的。他们含辛茹苦，是多么不容易啊！我学会了感恩，学会了用心去体会爱的真谛。

生2：养宝宝的经历，有欢乐，有忧伤，有自责，也有遗憾，这是我最珍贵的记忆。

生3：我感到做宝宝也很不容易啊，有时小主人给洗脸洗澡时下手太重了，有时不知哪里会伸过来一只手把宝宝抓住进行"虐杀"，有时那些缺乏爱心的人还会无缘无故伤害宝宝……我想呼吁大家，请给气球宝宝创造一个爱的生长环境吧！

师：你能够从气球宝宝的角度来谈，并上升到"爱"的主题，难得！

生4：平时我的爸爸妈妈都不在我身边，我感到特别孤独。感谢我的气球宝宝，使我消除了寂寞，单调的生活开始有了色彩。

生5：（深思）通过领养宝宝，我感到做任何事情都不容易，要细心做事，爱心待人。

生6：原来我在家中是最小的一个，是被呵护者。现在我的宝宝比我还小，我一直在精心地照顾她。虽然我很累，但是我很快乐。

师：累并快乐着。或许，照顾弱小本来就是一件开心的事情。

四、点点技巧——引导妙笔生花

师：刚才同学们讲得太精彩了，相信这次护宝经历会定格成你心中最美丽的一段记忆。那么，你准备怎样构思行文，记录自己领养气球宝宝的经历和感悟呢？

生1：我要写班里的"宝宝秀"，展示这次活动的热烈气氛和宝宝们的风采。

生2：我想记下领养宝宝的真实经历，表达自己辛苦而快乐的真切感受。

生3：我想以一个气球宝宝的语气来描写自己被领养、被呵护的经过和心理变化，表达感恩之心。

师：赵孟乔同学的想法与众不同啊，选取了新的视角。大家再想一想，你准备选取哪些素材，采用什么形式来写呢？

生1：我准备先描绘同学展示宝宝的欢快场景，然后选取几个典型宝宝，用镜头一、镜头二、镜头三的形式，展示宝宝和小主人的风采。

生2：我准备采用日记体的形式，用几则日记连缀而成，记录我和宝宝的故事，表达我的真切感受。

生3：我要写《一个气球宝宝的心声》，用第一人称，写一个气球宝宝对小主人的感念和爱。

生4：我也想以宝宝的语气来写，不过我想借宝宝之口批评那些不懂得呵护宝宝甚至伤害宝宝的行为，呼吁人间之爱。

生5：我准备先从教室里的笑声引起，设置悬念，然后再回忆自己领养宝宝的经历，使文章一波三折。

师：采用倒叙的手法，可以增强文章的生动性，避免平铺直叙。同学们想一想，我们刚刚学习的几篇课文都是写人记事的经典篇目，其中哪些手法我们可以借鉴一下呢？

生1：《藤野先生》一文中运用了反语，我准备借鉴一下。比如说写宝宝调皮时我责备他"坏孩子"，其实是一种昵称，说他调皮、可爱。

生2：我运用欲扬先抑的手法，先写领养宝宝带来的麻烦和郁闷，然后再写宝宝给我带来的充实和快乐，《列夫·托尔斯泰》一文就运用了这种手法，强调作者对托尔斯泰的崇敬和赞美之情。

生3：《再塑生命的人》一文中的景物描写十分典型，我在作文中想用景物描写来烘托自己或喜或悲的心情，做到情景交融。

生4：我想借这次领养气球宝宝的经历告诉人们世间有爱的道理，《我的第一本书》就是用一本书折射出了儿时那辛酸却不乏美好的记忆，以小见大。

生5：《藤野先生》一文是按事情发展的时间先后顺序来组织典型材料的，线索明晰。我要学以致用，以时间先后为序，以自己领养宝宝的心理历程为线索，表达我和宝宝之间的深挚情意。

生6：我准备选取我和宝宝之间发生的典型事件，突出宝宝可爱的形象和我对她的喜爱之情。胡适《我的母亲》写了很多关于母亲的事，但都是围绕母亲"严慈并济"的性格特点来写的，母亲的形象跃然纸上。

师：同学们能够学以致用，真是有心人啊。还等什么呢？赶快动手吧！老师期待着你们的精彩文章！

（学生开始在稿纸上动笔写，教室里很安静，教师巡视）

五、慧眼识珠——推荐小组佳作

师：现在在老师把同学们的作文发到各个小组，由组长负责，大家都来当当小老师，批改你手中的作文。最后每组推荐一篇，小组拟定推荐语。好，开始啦！

（学生分组批改，教师巡视指导，对各组的优秀作文及其不同风格做到心中有数。各组陆续完成，在组长的领导下选出佳作，共同写好推荐语）

六、评评议议——展示自我风采

师：同学们准备好了吗？请大家积极推荐同学的精彩作品，一起来评评议议。

组长1：我们组推荐的是尹志远同学的作文。推荐理由是这篇文章运用了点面结合的形式，并选取几个特定镜头，语言生动鲜活，人物个性鲜明，让读者有身临其境的感觉。

我们班的宝宝秀

尹志远

阳光明媚，杨柳依依，花儿似乎一夜之间就开放了。听，从哪里传来了一阵阵的欢声笑语？还伴随着阵阵热烈的掌声。教室里，一个大孩子正领着一群小孩子开现场宝宝秀大会呢，让我们去选取几个精彩的镜头：

镜头一：宝宝安娜和她的麻辣主人

"看，这是我的宝宝安娜。"一向做事风风火火的她，今天怎么说话这样温柔呢？原来，她是在向大家介绍自己的宝宝呢。她从怀里拿出宝宝，自豪地说："瞧，安娜的小脸像水蜜桃一般滑润，眼睛又黑又亮犹如美丽的水晶，嘟起的小嘴显得娇憨可爱，多调皮啊！她已经三岁了，给我带来了很多快乐。最近班上有好几个宝宝集体失踪了，我心里很不安，更加小心翼翼地呵护着她，关注着她的一举一动……"她发言完毕后，一阵热烈的掌声响起。

镜头二：宝宝盖亚和他的粗心主人

在老师的一再鼓励下，那位男生扭捏了半天，才慢腾腾地把藏在桌肚里的宝宝拿了出来。天呀，宝宝怎么这样小，还脏兮兮的啊？脏兮兮的宝宝立刻引起了一阵善意的笑声。主人脸红了，他不好意思地说："这是我领养的第六个宝宝了，我叫我的宝宝盖亚。前五个宝宝都是因为我的粗心大意夭折了，我一次次地伤心过后，决心一定要照顾好盖亚。可能有的同学奇怪盖亚的脸怎么了？不好意思，我课间的时候抚摸了他，他就这样了！其实我今天给他洗脸了，但我忘了洗干净自己的手……"呵呵，又是一阵笑声。

镜头三：宝宝格格和她的淑女主人

现在上台展示的是一位淑女，她戴着一副眼镜，说话柔声细语的，一看就很文雅。"我喜欢还珠格格，我的宝宝就叫格格啦。我要把我的宝宝培养成一位淑女，我让她听音乐，给她讲故事，还教给她一些礼貌用语，像'你好''晚安''谢谢'什么的，她学得可快呢。那天有只黑手竟然伸向我的格格，但怎么逃得过我的火眼金睛？我冲着那只手的主人就扑了过去，吓退了那个图谋不轨的杀手，我的宝宝躲过了一劫。谁敢动我的宝宝，我想警告他——最好别惹我！"发言完毕后，一阵热烈的掌声响起。

在这风和日丽的季节，气球宝宝，能让麻辣主人变得和风细雨，让粗心主人变得小心翼翼，让淑女主人变成拼命三郎？大会还在热烈地进行中，一次次印证着宝宝力量的神奇……

师： 大家点评一下尹志远同学的作文，你认为他的这篇作文写得怎么样？

生1： 几个镜头，寥寥数语，宝宝和主人的形象就都跃然纸上了。

生2： 我觉得写盖亚和他的粗心主人那个镜头最有情趣，既生动又幽默，富有生活气息。

师：这篇作文从"变"字入手，写出了小主人在护宝活动中的惊人变化，也突出了人物的鲜明个性，我想大家都能从文中人物身上读出自己或周围同学的影子。尹志远同学，你能不能告诉大家，你是怎么进行文章构思的呢？

生3：在展示宝宝的过程中，有几个同学给我留下了深刻的印象。联系这几天在护宝活动中我的所见所闻，我准备从这几个宝宝入手来写。为了使结构新颖别致，我采取了镜头剪辑的形式。

师：文章运用"镜头"式，构思新奇，有利于集中笔墨叙述事件、刻画人物，从而使文章主题集中、节奏明快。尹志远的这篇佳作不是偶然，而是厚积薄发的结果，同学们要向他学习，平时注意多多积累。

组长2：我们组推荐的是刘静同学的作文。推荐理由：语言灵动，富有诗意，情真意切，以情动人，在读者心头产生深深的共鸣。

萍儿宝宝的自述

刘 静

我本来生活在一家小超市，我是一个美丽的橙黄色的气球。那天一个女孩来到超市，她在我和我的同伴们之间犹豫了好久，最后高高兴兴地把我领走了。

从那以后，女孩就成了我的小主人。她给了我第二次生命，她还给我起了一个富有诗意的名字：萍儿。

女孩细心极了，把我照顾得无微不至。每天清晨，当她睁开朦胧的双眼时，就开始摸摸我在不在她的身边。找到我后，她一边给我洗脸，一边还不忘向我问候一声："宝宝，早上好！昨天晚上睡得好吗？"我虽然不能说话，但我能感觉到她对我的爱，不由得心生温暖。

太阳出来啦，给这有点儿寒意的大地增添了一丝暖意。这时，女孩会小心翼翼地把我抱出去，和我一起晒晒太阳。阳光普照，女孩轻轻地抚摸着我的头，对我低声细语，我感到心中仿佛开出了灿烂的花朵。

晚上，起风了，不知怎么我觉得有一些冷，心中也是刺骨的凉意。莫非是心灵感应吗？一向睡得很香的女孩惊醒了，她善解人意地要为我盖上被子。但我现在长大了，身子圆圆，体积又大，女孩怎么也做不好。她并不感到麻烦，一次次，终于用那条小被子把我包好。就这样，我和我的小主人一起度过了那个窗外寒气袭人而屋内格外温暖的夜晚。第二天，女孩因为没有休息好有些疲惫，但她还是像从前一样为我洗脸洗澡，然后带着我一起去上学。我的心中，溢满了暖暖的情意。或许，这就是人们所说的幸福吧？

就这样，我快乐地长到了四岁。或许是那天在教室里有个男生用力地拧了我一下的缘故吧？我渐渐感到身体有些不适。我尽力掩饰着，以免女孩会为我担心。但我的心中浮现了不祥的预感。莫非，我要死了吗？

就在一个阴云密布的早晨，我还没有来得及看到驱散乌云的第一缕阳光，随着"啪"的一声，我浑身一阵剧痛。

我好像看到女孩被惊醒了，她用手捧着我的碎裂的弱小的身体，眼睛里充满了悲伤。霎时，泪水占据了我小小的眼眶。

我爱你，亲爱的小主人，和你度过的每一分每一秒，都是我记忆中最美丽的时光。感谢你，亲爱的小主人，萍儿这个名字起得真棒，我其实一直很喜欢。小主人，不要伤心，你要开开心心地生活。知道吗？你的快乐就是我的快乐。

永别了！亲爱的小主人，不要忘了我，你的萍儿！

师：下面先请刘静同学自我评价一下，她写这篇文章成功的秘诀是什么呢？

生1：萍儿宝宝是我的第一个宝宝，我对她倾注了全部的爱，她也给我带来了很多快乐，可是她还是离开了这个世界。我一直为萍儿伤心，我想她一定有很多话想对我说吧？于是我就借萍儿之口，叙述了我和萍儿之间的点滴故事，让自己感动，也让别人感动。

师：看来本文是以情动人啊，大家觉得这篇文章有什么特色呢？

生2：刘静同学的作文与前面刚刚读过的两篇作文语言风格不同，那两篇作文的语言生动活泼，而刘静的这篇作文语言自然优美，就像潺潺的溪流一样流畅。

生3："我感到心中仿佛开出了灿烂的花朵"一句，读来富有诗意，真切形象地描绘出"我"当时的幸福与感动。

生4：读刘静的这篇作文，好像是聆听一个宝宝在对我倾诉一般，那种情感通过文字一直流进我的心里，简直是一种美的享受。

师：这篇文章之所以能够脱颖而出，最主要的原因就是刘静同学能够把自己的真情投入到文字当中，字里行间流露出对萍儿宝宝的挚爱深情，让读者和她一起快乐一起忧伤，一起面对失去宝宝的苦痛。同学们可以借鉴一下这种写法。

（引导学生根据同学评语和评议，对自己的作文重新审视，进行精心修改，小组交流推荐，全班交流，一起评出优秀作品，张贴在教室、长廊进行展示）

【我教我悟】

"学会关爱""懂得感恩"是我们的传统美德，应该发扬光大。然而现在的学生大多都是独生子女，习惯了父母、他人对自己的一味关爱，却很少有学生想到去回报这些爱，去同样关心他人。所以，设计这节课的初衷，除了快乐随笔作文训练的要旨，还为了使学生能够真正意识到人间真情的可贵，能够拥有一颗爱心，学会关爱和感恩。从这节课的实际效果来看，可以说圆满地达到了预期目标。

反思这节课，最大的亮点是课堂活跃灵动，学生能够畅所欲言，真正是言为心声。例如"谈谈我的感受"那个环节，预想的是学生能够感受到父母对自己的爱，并且懂得感恩就可以了，没想到很多学生还有自己独到的感受，例如"做任何事情都不容易""细心做事、爱心待人""给宝宝创造一个爱的环境""呵护弱小，累并快乐着"等。谁说现在的孩子心里冷漠不懂得感恩和爱？学生在思维碰撞中激起的火花，深深打动了我。

从推出的几篇文章来看，这节课点燃了学生的创作激情。教师没有刻意指导技巧，学生没有刻意运用技巧，但是在学生自然而然的真情流露中，无论选材、立意、构思，还是体裁的选择，都能领略到其中的妙处。至于语言上或自然流畅或生动幽默的风格，又何尝不是功到自然成的一种效果呢？

细细反思，遗憾也是有的。在写作环节静待学生"我手写我心"的过程完成后，有几个平时写作水平较好的学生洋洋洒洒写了好几页还意犹未尽，而我考虑到课堂时间问题，只好让他们匆匆收笔。这种做法是否"扼杀"了学生写作的灵感和创造的萌芽呢？或许真正的写作不应该拘泥于课堂这一形式，应该真正顺应学生自然写作的天性。以后，我会逐步地调整和完善，让作文课堂更加精彩。

心灵，我们的眼睛

——《跨越黑暗》教学实录

【教学实录】

一、做做游戏，激发兴趣

引导学生闭上眼睛60秒钟，体会黑暗；引导学生二人结伴而行，走过黑暗；引导学生说说名人故事，超越黑暗。

二、你说我说，谈谈心声

师：请同学谈谈黑暗60秒的体会，以及在活动中的所见、所闻。

生1：老师先让我们闭上眼睛，随后我感受到了黑暗，真切体会到盲人在黑暗中的那种孤独、寂寞、无助、害怕的心情。60秒过后我重见光明，那一瞬间的感觉实在太棒了。

生2：王杰同学给我留下了深刻印象，蒙上眼睛的她走得跌跌撞撞，后面跟着一个爱心小天使。王杰一路走着，有时候不小心碰到了手，还有一次几乎跌倒，但她坚持走到了终点，还不忘对爱心小天使说一声"谢谢"。

生3：我印象最深的是耿国根，他先把周围环境研究一下，小心翼翼地走着，在爱心天使的帮助下终于到达目的地。面对室外的阳光，他兴奋地做了一个拥抱的姿势。聪明勇敢的耿国根，我要为他点个赞！

生4：我深深地体会到了黑暗的可怕，从现在开始，我要去关注、帮助盲人，帮助他们走出困境。我要用爱心去拥抱世界，给这世界带来一丝光明。

生5：送人玫瑰，手有余香。当别人遇到困难时，我要努力帮助他人，我相信别人也是一样。我们要把爱心传递下去，共同构建一个爱的世界。

……

三、有感而发，言语成文

1. 引导学生通过写作记录自己这次活动的经历、感受和看法，并让学生谈谈他们可从哪些角度构思行文。

2. 学生动笔写作，教师巡视。学生陆续完成，自由传阅品评。

四、小组批改，交流评价

把现场作文发到各个小组，由组长负责，引导大家都来当小老师，批改手中作文。每组推荐一篇，小组拟定推荐语。

五、赏读佳作，师生共评

师：请大家积极推荐同学的精彩作品，我们一起来评议。

组长1：我们推荐的是宫红敏的作文，她的这篇作文题目新颖，构思别出心裁，让我们感受到爱的力量，并从中受到启发。

让爱充满世界的每一个角落

今天，语文老师带我们走进了不幸殿堂及爱心殿堂。

走进不幸殿堂，哇！一片漆黑映入我的眼帘。起初，我以为这是一次愉快的旅途，但我发现我错了。眼前仿佛出现了一些挂着拐杖的盲人，看着他们走路东一摇西一晃的样子，我感到了他们内心的孤独和无助。一幅幅画面，接连不断地映入我的眼帘，敲击着我的心灵。我能做些什么？我们能做些什么？

这时，我们来到了爱心殿堂。一个又一个爱心天使出现了，她们用爱心来帮助那些不幸的人。我看到了许多感动人心的画面，我也感受到了爱的气息。看这边，一位小天使正呵护着"盲人"缓缓而行；看那边，一位小姑娘在折千纸鹤，要为这些不幸的人祈祷……看到这里，我感觉我不能袖手旁观。我也要用爱心去帮助那些弱者，让他们感受这世间的温暖。

世界上有许多人需要帮助，那么现在的我们怎能袖手旁观？同学们，行动起来吧！让我们的爱充满世界的每一个角落。

师：大家点评一下宫红敏同学的这篇作文，你认为这篇作文好在哪里？

生1：真佩服宫红敏同学，不幸殿堂、爱心殿堂，寥寥数语，就跃然纸上了。

生2：最后两段文字特别有感染力，有一种震撼人心的力量，令人深受鼓舞。

师：请告诉大家，你是怎么进行文章构思和收集有关素材的呢？

生3：在活动过程中，有几个镜头给我留下深刻的印象。联系我的所见所闻，我准备从"爱心"入手，并号召大家都献出一点爱。

师：看来宫红敏同学是厚积薄发啊，大家也要学会积累。

组长2：我们组推荐的是尹志远的作文，这篇文章运用点面结合的形式，语言生动鲜活，让读者有如临其境的感觉。

60秒的心灵触动

"丁零零……"一阵急促的铃声响起，我们都安静地坐在教室里，鸦雀无声。这时一个好消息打破了这种寂静，原来又要做游戏啦！

老师让我们都闭上眼睛，全体同学在黑暗中度过了短暂而煎熬的60秒。在这短暂的过程中，我的脑海中涌现出一幅幅画面，我想起盲人每天生活在黑暗之中，看不见世间的美好事物，看不见灿烂的阳光，也许他们一生将永远生活在黑暗中，不见天日。唉！我仿佛听到他们痛苦的呻吟。"停止！"老师轻轻地说。这时我睁开眼睛，叹息道："啊！终于可以重见天日了！"

通过这次演习，我懂得盲人在黑暗中的不易。在此，我想对大家说：假如你在路上遇到一位盲人，请一定要努力去帮助他们。同在一片蓝天下，我们要学会关爱弱者，同时也要学会互相关爱。

师：同学们觉得这篇文章有什么亮点？

生1：描写非常生动，让我感受到在黑暗中那种不见天日的孤独和绝望，让人产生深深共鸣。

生2：这篇文章教会我要关爱弱者，让黑暗中的他们感受到光明和温暖。

生3：开头先声夺人，设置悬念，激发了读者的阅读兴趣。

师：同学们点评很到位，文章具有一种打动人心的力量。我觉得个别语句还需斟酌，比如"急促的铃声"，"急促"一词不够精当。再就是第三段的语言太过直白，缺乏一些感染力。

组长3：我们推荐的是王杰同学的作文。推荐理由：视角独特，语言灵动，以情动人，读来令人深思。

心灵，我们的眼睛

看，大屏幕上出现了"感受黑暗"四个大字。老师说："今天，我们来体验一下黑暗是什么样的。"

老师让我们闭上眼睛，60秒以后睁开，说出在这60秒黑暗中的感受。有的同学说在黑暗中感到孤独、害怕，有的同学说在黑暗中迷失了自我，有的同学说在黑暗中特别渴望重见光明。

老师又让几个同学蒙上眼睛，从教室走到门外去拥抱阳光，亲身体验在黑暗中行走的滋味。当然，每一个"盲人"后面，还有爱心天使充当眼睛在指引着大家。几个"盲人"虽然走得磕磕绊绊，但在爱心天使的帮助下，他们都成功到达室外，伸开双臂去拥抱温暖的阳光。

在活动中，我用心去感受了，体验到盲人的内心世界。即使是盲人，只要有一颗热爱生活、感受世界的心，也会超越自我、跨越黑暗，走向成功的彼岸。

心灵，我们的眼睛，引领我们在黑暗中寻找光明。

师：请王杰同学自我评价一下，这篇文章成功的秘诀是什么呢？

生1：我自己作为"盲人"在走路的时候，就是把心灵当作眼睛。由此，我希望每一个人都要看到前行的路。

师：本文视角新颖、以情动人。大家觉得本文有什么独到之处呢？

生2：我感觉王杰同学的作文与前面刚刚读过的作文风格不同，那两篇作文的语言生动形象，而这篇作文的语言自然含蓄，蕴含着人生哲理。

生3："只要有一颗热爱生活、感受世界的心，也会超越自我，跨越黑暗，走向成功的彼岸"一句，读来富有人生哲理，写出"我"当时的感悟。

师：这篇文章之所以能够脱颖而出，最主要的原因就是王杰同学能够把自己的真情投入到文字当中，字里行间流露出对生活的感悟，让读者和她一起体验黑暗、感悟人生，并拥有一双心灵的眼睛。

六、重新审视，修改升格

引导学生根据同学的评语和刚才的评议，对自己的作文重新审视，进行精心修改，小组交流推荐，全班交流，一起评出优秀作品进行展示。

【随笔展台】

精选片段一

整个世界都静了下来。我迷茫了，就像是一个人在森林中独自徘徊，又好似掉进万丈深渊，无依无靠，永远也到不了安全的地面。在黑暗中，我感到孤独、寂寞，一颗心变得迷茫，我好害怕。这时，听见外面鸟叫的声音，我真想立刻睁开眼睛看看周围的一切，看看这美好的大千世界。那些可怜的盲人们，他们是否和此时的我怀着同样的感觉？

停！老师一声令下，终于让我重见光明。当我睁开眼睛时的一瞬间，很兴奋，很喜悦，我感谢自己的重生，我又看见了这个美丽的世界。

仅有60秒，我就有这样多的感悟。那些盲人要在黑暗中度过多少个60秒呢？他们的心灵，可能一生都会在茫茫大海中漂浮着，这是多么可怕的事情！我真想去帮助他们，将来我要研制出一种神奇的药物，让他们重新看到这美丽的世界。

精选片段二

看呀，"盲人"走得不是很顺利，跌跌撞撞，那个陪伴他的爱心天使也胆战心惊，生怕自己的引导有误。好在皇天不负苦心人，"盲人"同学终于带着胜利的喜悦，和阳光来了个深情相拥，大家也都舒了口气。

或许盲人的滑稽动作会让你忍不住笑出声来，但是请停止你的笑声好吗？你要知道，这可是盲人的真实生活啊！我们无法想象，他们经历了多少跌跌撞撞，多少次以泪洗面。当太阳又一次升起，盲人是以怎样的心情来迎接这崭新的一天、来面对这崭新生活的呢？

人生是一道迷宫，我曾经彷徨过，迷惑过，但我要学习盲人的精神，他们在生活中难免会碰壁，但他们凭着坚定的信念一直走下去。想到这里，我对他们肃然起敬了。我要去关爱盲人，在他们心中点燃一盏明灯。

精选片段三

一次对黑暗的体验，我走近盲人的心灵深处。当我闭上眼睛的时候，我感觉到自己是那样迷茫，内心又是无比空虚。班长徐会静说："我觉得自己完全迷失了方向，感到非常寂寞，我听到窗外的鸟叫声，就想睁开眼睛看一看。"听了班长的话，我感同身受。可是我又想到60秒的黑暗对我们都是一种煎熬，可是那些真正的盲人们，他们每天不都是这样度过的吗？我能为他们做点儿什么？带着这个疑问，老师引领我们来到下一环节。

老师找了几个同学当"盲人"，还招募了一批爱心小天使——专门提醒和帮助盲人的同学。后来老师"采访"王杰：请问王杰，你有什么感受呢？王杰回答道："我有些害怕，恐怕自己会跌倒。""想一想，盲人又是怎样行走在路上而且尽量让自己走得平稳顺畅的呢？"老师又问。"我想他们应该是用心去看，去感受，用心灵去走的吧。正因为他们用心去感受世界，我觉得在黑暗中，他们也会尽量让自己生活得有色彩。"

游戏结束了，有个同学笑个不停。老师严肃地说："孩子，如果我们身边有盲人需要帮助，你还会笑吗？""不会的！"尽管我们没有说出来，但是我相信大家都从心里说了。就从现在开始，我要去帮助这些弱者，让他们感受到人生的温暖和爱。以后，我要用心灵去感受这个多姿多彩的世界。

【我教我悟】

一直生活在阳光之下的学生，是不是需要体会一下黑暗的滋味呢？"跨越黑暗"这个话题紧紧围绕学生的生活实际，给了他们一个体验生活、感悟人生的机会。引领孩子们在黑暗中感受人生，体悟他人苦痛，走近盲人与弱者的世界，可以激发他们的爱心，培养助人为乐的优秀品质。

如何把此次活动与写作融合起来？在课堂上设置做做、说说、写写、评评、改改、展展等教学环节：引导学生做"体会黑暗""跨越黑暗""拥抱阳光"等小游戏，激发孩子们的课堂兴趣；谈谈黑暗60秒的体会以及在此次活动中的所见、所闻，为写作环节作铺垫；选取角度，把活动见闻以及心中的感受用生动的文字表达出来；小组内互评，交流，选出佳作，展示评价；根据修改意见重新审视，修改升格；推出佳作，张贴在教室、长廊，发表在博客、校刊。这些环节逐层深入，水到渠成地达成了写作目标。

从学生作品来看，文通字顺，自然畅达，注重细节描绘与心理刻画，充满了正能量，读来自有一种打动人心的力量。这次写作不仅提高了学生的语言表达能力，而且引发了他们对生命的深切思考，我认为后者更令人感到欣慰。

咀嚼人生的"苦味豆"

——《让如丝烦恼随风飘散》教学实录

【写作定位】

本次写作训练面对的是七年级学生，写作主题为"成长的烦恼"，旨在通过这次写作来叙述烦恼、倾诉心声，展示自我的内心世界。这对学生来说并不难，孩子们有话可说，有事可写，但要写得具体真实、打动人心，并从中得出真切的成长感悟、有益的人生启迪，则要借助多种表达方式来进行表达。因而本次写作训练重点是引导学生在叙事、描写的基础上，能够通过抒情、议论的方式抒发心声、阐明哲理，从而凸显主旨、拓宽意境。

【教学目标】

1. 通过设置情景，引导学生正确认识自我，排解烦恼，远离烦恼，以积极向上的态度面对成长、面对生活。

2. 在口语表达的基础上进行写作练习，学会运用抒情、议论等表达方式，抒发真情实感，表现出自己的个性精神。

3. 通过"导学""导练"等环节，引导学生把握记叙文选材、立意、构思等方面的技巧，学会书写真情、灵活表达。

【课堂实录】

一、导入

师：同学们猜一猜，这两个字是什么？组合在一起是哪个词语呢？

（学生猜字，议论纷纷）

生1：看起来像"烦恼"二字。

师：恭喜你答对了。或许人人都会有烦恼的时候，静心想一想，你有什么烦恼呢？请和同学交流一下吧。

二、导思

活动1　倾诉自我的烦恼

主持人：在成长的过程中，每个人或多或少都会遇到一些挥之不去的烦恼。今天，就给大家一次诉说烦恼的机会。请同学们打开心扉，大胆说出自己的心里话。谁第一个来倾诉自己的心声呢？让我们掌声鼓励一下吧！

生1：常听同学羡慕地对我说："你个子高，真好！"但作为"高个族"的我，却深知高个子也有烦恼。就拿调位来说，我本来想往前面第四排"冲击"。可是老班说我长得太高，容易挡住矮个子同学的视线，结果又把我留在了最后一排。我郁郁地坐在这个角落，尽管带着高达近400度的眼镜，努力盯着前面，但看黑板仍是"山朦胧，鸟朦胧"，全凭竖起耳朵来听，下课后再抓紧时间狂抄别人的笔记。唉，我有苦难言啊！

生2：那天我一时心血来潮，就理了个"毛刺"。不就是时髦了一点吗？害得我足足听了一天我老妈的唠叨。什么不好好读书啦，什么物理成绩又下降了啦，什么我不如隔壁的那孩子懂事啦，什么再这样下去我恐怕要学坏啦。我强忍着心中的不满，听完了老妈一番"苦大仇深"的训诫，觉得烦恼就像外面的雨丝一样绵长，没有尽头。

生3：一天天地长大，我忽然发现自己有了那么多的不完美：眼睛不够大，胆子有点小，性格有些懒散，成绩不够优秀……哎，为什么我的身上有这么多的缺点呢？这简直就是挑战我的忍耐极限啊。烦恼一天天在增多，我应该怎样面对生活中这数不清的烦恼呢？

活动2　说说他人的烦恼

主持人：各位同学，你了解他人的烦恼吗？比如你的朋友转到外校上学了，处在陌生的环境，他是否给你打电话向你诉说他的烦恼呢？你了解你的同桌吗？他的烦恼你应该知道一些，作为"近邻"，你是如何帮助他化解烦恼的呢？赶快与大家交流吧!

生1：我们班的小雪特别内向，一说话就爱脸红。语文老师批评她上课不专心，不能积极举手回答问题。老师在台上讲课绘声绘色，同学们都热烈地举手回答问题，其实啊，小雪也很羡慕。可是她就连看老师一眼都不敢，别说回答问题了。这是她悄悄告诉我的，她说为此真是烦恼极了。谁能帮帮她呢?

生2：朋友转学了，可是她因为想念老师和同学，觉得很不好受。昨天她还给我打电话诉说烦恼，说她坐在教室里满脑子想的都是以前的同学和老师，说那一张张熟悉的笑脸在眼前掠过时她会偷偷流泪，说的我心中也酸酸的。当她说好想再回到我们班时，我安慰她说只要融入新的集体，很快就会找到新朋友的。（流泪）

生3：我的同桌英奇，一到放假家长就给他报这个补习班，那个补习班，他整天奔跑在那些辅导班之间，放假都不能休息一下。现在，他除了学习还是学习，都快变成一个木偶人了。爸爸妈妈老是在他耳边唠叨："你现在好好学习，将来考上一个好大学，以后就不愁没有工作……"这些话他天天听，就好像家里有一台复读机，每天都在他的耳边一遍又一遍地说。他觉得自己都要崩溃啦!

……

三、导法

活动3　范例展示，梳理技法

（屏幕显示）

片段一　每天的作业这样多让我心烦，就像一座座小山似的压得我动都动不了。明明自己已经很努力了，可成绩却"飞流直下"，因而老师总是批评我。我真想变成孙悟空，让他帮我得第一名;再让猴哥吹出好多小猴子，让他们给我写作业，那该多好啊!

片段二　作为班长，我当然有责任管理班级的秩序。但同学们都不理解，有时我对他们过于严厉，大家便都不理我，还躲着我，我也因此失去了好几个朋友。

片段三　"你看看你，英语连个及格都达不到，你整天在学校里干什么啊?人家隔壁的萌萌，每次英语都考优秀，再看看你，我这当妈的脸上都无光啊!"这几乎是每次英语考试后，妈妈都要展示她那无与伦比、所向披靡的"唠叨神功"。妈妈的话如同一个个炸弹，劈头盖脸向我袭来。唠叨是爱，可是在爱的外表下唠叨也有着内在的杀伤力啊，为什么不看看我的优点呢？这正是我的烦恼，我很压抑，我真想变成个稻草人。

片段四　刚开学，我们班就掀起了起外号的高潮，那些"才子们"绞尽脑汁地给别人起外号。那天在上学的路上，有几个人嬉皮笑脸地招呼我说："可乐。"我一时愣住了，后来才知道这是他们给我起的外号。也不知道是谁泄露了"天机"，我的外号很快便在班里传开了。从此，"可乐"这个外号便与我形影不离。不久，我的大名竟然"光荣下岗"了。一个小小的外号，却成了我大大的烦恼，真是无奈啊！

师： 以上片段分别展示了"我"的烦恼，哪一个片段打动了你的心灵？

生1： 片段三，这样一个爱唠叨的妈妈，和我妈妈太像啦。

生2： 片段一，我仿佛看见有一座大山，山下压着一个精瘦精瘦的男孩，他在那里愁眉苦脸，期待着猴哥出现呢。

生3： 我喜欢片段四，用词鲜活灵动，"天机""下岗"特别富有生活气息，我觉得小作者是个有幽默感的男孩。

师： 老师发现没有同学提到片段二，这是为什么呢？

生4： 片段二只是简单地说出自己是班长不被大家理解，语言平淡无趣，读了觉得索然无味。

师： 从表达方式上看呢，片段二和另外几个片段有何区别？

生5： 片段二只是平平而叙，显得直白简单，其他三个片段都用到描写、抒情的表达方式。

师： 很好，这位同学一语提醒了我们。谁能给大家具体说说几个片段分别使用了怎样的表达技巧？

生6： 片段一使用了生动的心理描写，兼有抒情色彩。

生7： 片段三主要使用了语言描写、心理描写，"想变成一个稻草人"，那得多么可怜呀。

生8： 片段四主要使用神态描写，结尾还运用抒情的方式，让读者感受到"我"的无奈。

师： 几个片段成功之处，除了描写生动，还运用了抒情这种表达方式，引人共鸣，今天我们就全面了解一下这种表达方式。

（屏幕显示）

抒情是直接或间接地抒发内心感情的一种表达方式，一般分为两种：直接抒情和间接抒情。间接抒情，又有借事抒情、借物抒情、借景抒情等多种方式。在叙事性的作品中，抒情常常与叙述、描写、议论等结合运用，是文章打动读者的重要手段，能增强文章的感染力，从而突出文章的中心。

师：下面我们结合几个具体语段来学习抒情的方法——

师：第一种是直抒胸臆，直接抒情。即敞开心胸，不依托任何事物，通过朴实无华的手段，把内心活动和情感直接抒发出来的一种抒情方法。这种抒情方式贵在朴实自然，平淡之处见真情。直抒胸臆不能无病呻吟，要有特定的氛围，要水到渠成，要有真情实感。

（屏幕显示）

走在成长的路上，一次又一次沐浴着风雨，迎着风吹过的方向。这里有快乐，有憧憬，还有说不清的小小烦恼。有风有雨的夜晚，我一次次地跌倒受伤，心中烦恼如丝，却从来不打算要投降，成长的我很坚强。让微微的春风，吹走我的困扰；让美妙的音乐，带走我的烦恼。我要学着倾诉，学着勇敢，学着为自己和他人鼓掌……

师：第二种是借事抒情，也称"寄情于事"。即通过对具体事件的叙述来抒发作者情感的手法，作者的情感往往曲折地蕴含在对事件的叙述之中。写文章时，可以通过记述生活的种种小事，写得真切、具体，将自己的感情融入其中，从而激发读者的情感波澜，这就是我们常说的小事见真情。

（屏幕显示）

这天，她正埋头做作业，就听妈妈大声喊道，"小宝，看妈妈给你买了什么好东西！"她惊喜地跑出房门，可是过去一看，妈妈买的不是变形金刚，就是弟弟喜欢吃的那些零食，给自己的只是一本名著。希望破灭了，她的心情也一落千丈。妈妈轻声说："你都上中学了，读书才是正经事……"她打断妈妈的话大声说："你知不知道，我也是你的孩子？吃的玩的全是弟弟的，凭什么我就应该整天学习，难道我真的应该像个'机器人'一样一天到晚有做不完的事情吗？"妈妈似乎生气了，严厉地说："嘿，我辛苦了这么多年，还不都是为你好，你怎么这样不懂事呢？"她无语了。大人们总是有理的，可是她的烦恼和痛苦又有谁了解呢？

师：第三种是借景抒情，又称寓情于景。是指作者带着强烈的主观感情去描写客观景物，把自身所要抒发的感情、表达的思想寄寓在此景物中予以抒发。采用这种方法，能使情和景互相感应，互相交融，互相依托，从而创造一种物我一体的艺术境界，充分地表达作者的思想感情，给读者以强烈感染。

（屏幕显示）

朋友，你是否有过这样的感受？百无聊赖，心烦意乱，不知自己的道路在何方？未来在何方？当你走进深秋的原野，那枯黄的小草了无生气，正像你此时的困境。当你在路口独自徘徊，那棵老树立在那里，光秃秃，孤寂寂，一节一节的枯枝无力地伸向天空，想要挽留那最后一丝生命的气息，正如你此时烦恼的心情。如今，命运之神的幸运之手没有伸向你，使你失去了成功的机会。你仿佛跌进了深不见底的峡谷，心头那仅有的一线希望之光由此熄灭。烦恼犹如一张网，丝丝入扣，缠络在你的心头。在你的眼中，整个世界都变成了黑色。雾气弥漫，彻骨的寒气无情地穿透你的躯体，你的心灵几欲冻僵。痛苦紧紧扼住了你的咽喉，给了你一片最彻底的黑暗。这一切，将你带入无边无际的暗夜之中。

师：哪位同学能概括一下抒情的几种常见方式？

生9：直抒胸臆，情真意切；借事抒情，以情动人；借景抒情，营造意境。

四、导练

活动4 精准解析，构思范例

（屏幕显示）

小小少年，也有烦恼。对着这世界微笑一下，让一阵清风拂去心头的阴霾，让一缕阳光照耀黯淡的心灵，如丝的烦恼就会随风飘散，一直飞到九霄云外。请以"让如丝烦恼随风飘散"为题，写一篇作文。

温馨提示：试着运用抒情、议论等表达方式；富有真情实感，抒发对成长的独到感悟。

师：作文的关键词是"烦恼"和"成长"，写作时联系现实生活，选取生活中的成长经历，可写个人烦恼，也可以写一个群体乃至一个时代的烦恼，从不同侧面、不同角度来倾诉成长过程中的烦恼，抒发对生活的感悟和认识，写出情真意切的佳作。构思上要选取独特视角，并运用富有新意的体裁。比如运用日记或书信体来展开情节，借用电影艺术中蒙太奇的剪辑方法来谋篇布局等。具体说，要以自己最擅长的方式，来倾诉心中的烦恼和愁闷，生动展现烦恼的情状以及走出苦恼的历程，抒发心中深沉的感悟。构思一篇作文，需要做到——

（屏幕显示）

1. 灵活运用记叙方法，生动叙述主要事件

2. 综合运用多种描写，鲜明展现人物性格

3. 巧妙选择抒情方式，情真意切抒发心声

4. 合理运用议论手法，画龙点睛深化中心

（学生进行构思，列出写作提纲，师巡回指导，引导学生展示）

生10：（展示构思范例一）

立意：成长的烦恼，"我"已经学会面对。

框架：写一篇表现中学生烦恼的记叙文。

开头：开门见山，直抒胸臆。小小少年，烦恼一天天在增多。现在就有一些烦心的事，像夏天的骄阳一样灼烧着我的心灵。走在烦恼的阴影里，我的心灵在苦苦挣扎。

主体：采用片段连缀的方法，以"少年烦恼多""如茶的愁绪""成长的味道"三个标题串联成篇，生动展现烦恼的情状以及走出苦恼的历程。

结尾：成长——烦恼并快乐着。

生11：（展示构思范例二）

立意：展现一个个的烦恼，展示自我心理的成长。

框架：时间为序，运用日记体。

开头："太阳下山明早依旧爬上来，花儿谢了明天还是一样的开，美丽小鸟一去无影踪，我的青春小鸟一去不回来……"一曲《青春舞曲》把我的思绪引到从前。忽然有一天，发现自己的烦恼一天天在增多。哎，人为什么要长大呢？

主体：几则日记连缀，分别诉说学习的烦恼、家庭的烦恼、追求完美的烦恼，逐渐反思，用心感悟自己的人生。

结尾：人生不可能十全十美，世间也不存在绝对的完美。就从现在开始，我要改变自己，笑对一切。我成长着，享受着快乐，开始用新的眼光审视烦恼。

……

师：几个同学的构思各具特色，希望同学们能够从中受到启发。下面的"下笔成文"环节，老师期待着同学们能够运用抒情技巧，妙笔生花，写出别具一格

的好文章！

（播放《阳光总在风雨后》歌曲，余韵袅袅）

【我教我悟】

为了培养听说读写能力，激发学生心中的写作灵感，我设置了生活情景，引导学生"实话实说"，自然地进行口语表达，从而锻炼学生的表达能力和思维能力。

设置"倾听他人的烦恼"环节，让学生学会倾听、理解他人，学会解决问题，能够激发学生的爱心，并使他们能够乐观积极地面对人生。这样，自然引出下面的"言语成文"写作活动。设置"范文引导"环节，目的是使学生"见贤思齐"，学会精心构思，并有技法可以借鉴，这样有利于写出富有个性、自然灵动的好文章。生活是写作的源头活水，让学生在置身情景、口语表达、点拨技法的基础上进行随笔训练，层层铺设，最后水到渠成，这无疑是一种有益的尝试。

当然，本课也有诸多不足之处。比如课堂调动不够充分，有些学生不愿意把自己的烦恼说出来；由于时间关系，"让我们远离烦恼"环节没有进一步展开；除了"抒情"这一技法，常见的一些修辞方法、写作技巧没能强调运用等。这是随笔写作教学中存在的常态问题，需要不断进行课堂实践，寻求突破这些难题的有效方法。

听取笑声一片

——《奇思妙想，创意无限》教学实录

【教学实录】

一、奇思妙想，天马行空

师： 微风轻拂，阳光朗照。这个美丽的春天，总是令人奇思妙想、创意无限。请大家展开想象，一组同学每人写出一个能吸引眼球的时间，二组同学每人写出一个人物或动物名称，三组同学设置一个意想不到的地点，四组同学构想一件十分奇特的事情。

（生沉思，写在小纸条上）

师： 现在每组推荐一位声音洪亮、善于讲故事的同学到前面来，让我们用掌声欢迎他们上台。猜一猜：这四位班里的"牛人"将会演绎怎样的精彩呢？让我们拭目以待。

（四个同学上场，老师做好安排）

师： 精彩马上就要开始！请同学们静心倾听，注意观察：哪个同学的声音最能渲染故事气氛？哪位同学的滑稽动作最是引人发笑？哪位同学的神情看起来最有故事？

生1： 一个月黑风高的夜晚——

生2： 猪八戒——

生3： 在南极的一个冰洞里——

生4： （动作）跳芭蕾舞！

（师生笑）

生1： 公元8888年8月8日18点28分38秒——

生2：一只地鼠——

生3：坐在一片云彩上——

生4：（模仿声音、动作）引爆原子弹！

（掌声、笑声）

生1：当世界末日来临的那一刻——

生2：奥巴马——

生3：在一片汪洋大海里——

生4：（动作）摸熊大的屁股！

（掌声、笑声）

生1：时光转回古老的白垩纪——

生2：班主任——

生3：在熊大和熊二出没的地方——

生4：（动作）吹泡泡！

（教室里飞出笑声、掌声一片）

……

二、你说我说，情景再现

师：现在让我们回放刚才的快乐场景，最逗你发笑的是哪些故事？教室里笑声一片的场面如何？你能生动地给大家描绘一下吗？

生5：杨贵妃在火星上唱《好汉歌》？黑猫警长在鳄鱼的肚子里吃棉花糖看电视？我们班的隋佳玥同学居然要毁灭地球？……听到这里，全班同学哄堂大笑，一个个乐开了花。

生6："哈哈""嘻嘻""嘿嘿""呵呵"的欢笑声不断，这是要把教室屋顶笑破的节奏呀。

师："哄堂大笑"展现了欢乐场面。"哈哈""嘻嘻"等词真是有声有色。继续回放：哪个同学讲故事最有魅力？哪个同学笑得最阳光、最灿烂？刚才和同学们一起欢笑的你，对这节课有何感受呢？

生7：看，吴长宇同学神采飞扬，他讲故事的样子真帅！

生8：小A同学再也忍不住，"扑哧"一声笑了。她的笑容好美，就像花朵一般绽开了笑脸。

生9：这节课真是太神奇了！走出教室，仰望天空，就在那一刻，压在心头的那一片乌云烟消云散，我的世界春暖花开。生活是如此美好，想到这里，我轻快地大步向前走去。

……

三、抒发心声，一挥而就

师：孩子们，快乐的时光总是如此短暂，如此令人留恋。如何才能留住这开心一课呢？下面是"妙笔生花"环节，相信我们的快乐随笔又将为本课增添一道亮丽的风景。

（屏幕显示）

你想留住那一个个异想天开的故事吗？你想留住教室里的阵阵欢声笑语吗？你想留住同学们的那张张笑脸吗？你想留住心灵中一段美好记忆吗？请把你在这节课的所见所闻、所感所思用心记录下来，题目自拟，自由选材，自主立意，要求写真人真事，抒发真情，书写规范整洁。

四、展示评价，秀出风采

引导组内交流，初步展示，师生评价，提出建议，修改升格。

（屏幕显示）

写作小贴士

有点有面，点面结合。景物描写，烘托气氛。

用词精当，文笔传神。详略得当，凸显中心。

【随笔展台】

教室里的笑声

七年级·三班　高雨婷

清风徐徐，树上的枝叶开始奏唱专属春天的歌谣。坐在教室里，隐约能听见小鸟的叽叽喳喳和汽车呜呜的鸣笛声，一切看起来似乎与往日没有什么不同。但这一节课，格外不平常！看呀，是谁在低头沉思，又是谁的嘴角荡起了一丝笑容？同学们的思绪，此时飞去了何方……

"奇思妙想"，看到黑板上这醒目的字眼，不知你的脑海中会浮现出什么呢？一个时间，一个人物，一个地点，一个事件，就将大家的奇妙想象联系在了一起，演绎出了意想不到的精彩！

现在，站在台上的几个同学开始构想故事啦！当梁传丰读出"当哈雷彗星划过夜空"时，朱明树同学接了"项羽——"，这个故事似乎没有什么稀奇呀！同学们屏息静听着。这时李英旭用富有诗意的语调说："在一条鲸鱼的肚子里——"，此时潘庆峻看准时机，悠悠吐出一句："吃着棉花糖看电视"，说着还做出一个"吃"的滑稽动作。什么？项羽——在一只鲸鱼的肚子里——吃棉花糖？哇！这真是神奇的一幕！同学们先是一愣，接着似乎被哪个武林高手点了笑穴，一个个笑得前仰后合，让我平生第一次见识到了什么是仰天长"笑"。接着，同学们的奇思妙想一个个冒了出来，真是让人意想不到。听听！语文老师居然会在火星上踢起了足球？我们班的小A同学出现在一个不知名的神秘小岛还要去爬一座十万八千里的老鼠山？猪八戒呢，他居然在南极的一个冰洞里跳芭蕾舞？不知道二师兄的舞姿炫不炫呢？

讲故事的小演员们声情并茂，神采飞扬。瞧！潘庆峻同学踮起脚尖，做了一个旋转、跳跃的动作，加上那一脸享受的姿态，难道这是在跳芭蕾舞吗？同学们津津有味地看着这一幕，一个个乐开了花。看啊！窗外那朵朵鲜艳的花，正在悄然绽放。

时光呀，你为何走得这样匆匆？游戏结束了，可是快乐还在继续。此时我正坐在教室里含笑沉思，用文字书写游戏课堂的精彩。天空蓝蓝，阳光朗照。窗外的风依旧吹着，似乎变得更加轻柔了……

嘿！这节课！

七年级·四班 罗涵月

窗外的鸟儿落在树枝上，收起了美丽的翅膀，双目微闭着，正在感受风儿的温柔抚摸。忽然，鸟儿好像听到了什么声音，振翅飞远，只留下还在清风中微颤的树枝。

"哈哈哈……"教室中传来一阵清亮的欢笑声。想知道到底是怎么回事吗？让我们拉近镜头看一看吧！

宽敞明亮的教室中，大家的脸上都写满了兴奋。这是怎么了？让我们把"进度条"退回到几分钟之前。

瞧！这是班长！上课伊始，只见她潇洒地在屏幕上写下了"奇思妙想·开心游戏"八个大字。一见"游戏"二字，同学们顿时雀跃起来，大家兴高采烈地讨论着。

就在此时，只见四名同学精神饱满地走上讲台。主持人微笑着介绍道："他们分别代表着时间、人物、地点与事件，游戏开始！"

同学们的眼中放出光芒。小A同学开始渲染："一个可怕的暴风雨之夜——"引得我们的目光都看向他。小B同学面带笑容说了一句："大头儿子——"小C同学飞快地说："在阿尔卑斯山的一个树枝上——"最后的小D同学有些淘气，还配上了一个滑稽动作，悄悄说道："偷——吃——火锅。"顿时，同学们开怀大笑。随着表演越来越精彩，那一个个神奇的故事越来越引人发笑，大家嘴角的笑容在逐渐扩大。那笑声，几乎要冲破云霄。

听！下面的"金句"居然是"哈雷彗星划过夜空的那一刻——××同学——在一片汪洋大海里——跳芭蕾舞。"听了这句调侃的话，那××同学不但没生气，反而和大家一起哈哈大笑。他摸了摸脑袋，觉得自己还挺有做谐星的潜质呢！再听这句："9999年9月9日59分29秒——××同学——在火星上——读《骆驼祥子》。"下面有同学调侃道："真是用功啊！""都读到火星上去了耶！"我们一边鼓掌一边大笑着说。后来连我本人也未能逃过被"调侃"的命运，想到自己能给大家带来快乐，我笑得更开怀了。此时的我们，一个个笑得合不拢嘴，真想为语文老师的奇妙想象鼓掌了！

后来，班长要求同学们每人编创一个故事元素，推举四位同学在讲台上眉飞色舞地讲故事。不得不说，同学们的妙想丝毫也不逊色于老师的奇思啊！就连我们身边的老师也忍不住笑了起来。笑声似乎融进了我们的每一个细胞里，有一种无法言喻的魔力，让我们的心兴奋着，强而有力地跳动着。

转头看向窗外，那只鸟儿又飞回来了，只是它身边又多了两只可爱的鸟儿。原来，小鸟也觉得这美妙的"歌声"需要欣赏啊！瞧，它们那惬意沉醉的样子，一定是沉浸在这欢乐的气氛中了！笑声阵阵，仿佛为它们在寒风中竖起了一道温暖屏障。

那笑声化作一股暖流，缓缓地流进我们的心中。窗外春寒料峭，教室里春暖花开……

【我教我悟】

作为语文老师，我发现很多孩子不喜欢写作，写出来的文字缺乏个性和灵性，不由得在心中思考：我们的写作教学到底怎么了呢？应该如何改变这一写作现状并走出写作教学的困境？因此，我在自己所教的两个班尝试进行了一次"奇思妙想"快乐随笔写作训练。

其实环节很简单：引导现场写时间、人物、地点、事件；孩子们绘声绘色讲故事；引导我手写我心；交流、展示、初评；修改加以提升；作品推荐展示。两个班的孩子特点不同，一个循规蹈矩，一个思维活跃。这两节课的过程与方式略有不同，前者是我亲自主持所有环节，后者是我委托班长和学生自主进行。结果呢？现场气氛大有不同：前者笑声连连，但笑点缺乏一些创意；后者自主增添了几个环节，讲故事的同学频频出现精彩，笑声不断，新意迭出。再看写作效果，后者明显要占据优势，文笔看起来更加灵动而富有个性。

明明课堂上充满了欢声笑语，但有个别孩子笔下的文字仍是枯燥无趣。学生亲自参加了游戏活动，也体验到了快乐，却不能把自己的所见、所闻、所感记录下来，孩子们的写作灵感哪儿去了？这是不是写作教学的一种悲哀呢？反思之余，令我感到欣慰的是，两个班的孩子都说这次作文容易极了，而且都表示自己感到很快乐。虽然有的孩子写的作文不够成功，但自然灵动，言为心声，充满着一股灵性，快乐之情溢于言表。看来，教师对孩子们的写作成长需要有一份耐心与爱心。学生的潜力无限，就看你我能否唤醒他们心中的那位创造大师。对于此次写作教学，我最深刻的一点感悟是：任重，道远。我们，仍在路上……

跬步千里

不积跬步，无以至千里；
不积小流，无以成江海。

——（先秦）荀子

一张嘴何以能横行天下

——由《好嘴杨巴》中各色人等看当时社会

作者冯骥才用天津方言给我们讲述了一个叫杨巴的人的故事。杨巴其实是个小人物，他本没有什么拿手技艺，仅凭着一张好嘴立足津门胜地。细读文本，作者冯骥才在文章开头介绍的是杨七、杨巴这两位卖茶汤的高手，一个手艺好，一个口才好，那叫相得益彰，于是就有了"杨家茶汤"的名号。作者极力渲染杨七做茶汤的两手"绝活"：一是别出心裁的撒芝麻法，此法令他的茶汤"一直喝到见了碗底都香"；二是令人惊叹的炒压恰到好处的碎芝麻，可以说是神乎其神了。但奇怪的是，有绝活的杨七却不是本文的主人公（结尾交代杨七的名气消失后来居然被埋没了）。要想体会文中的深意，我们还是从故事中出现的各色人物来解读其中意味吧。

先看中堂大人。李鸿章来天津，地方的府县道台费尽心思准备吃喝曲意奉承，最后想到风味小吃，知府举荐了"杨家茶汤"。文中写杨七、杨巴"双双将茶汤捧到李中堂面前的桌上"后，且看中堂的反应：

李中堂正要尝尝这津门名品，手指尖将碰碗边，目光一落碗中，眉头忽地一皱，面上顿起阴云，猛然甩手啪地将一碗茶汤打落在地，碎瓷乱飞，茶汤泼了一地，还冒着热气儿。在场众官员吓懵了，杨七和杨巴慌忙跪下，谁也不知中堂大人为嘛犯怒？

节外生枝，堂堂中堂大人居然不知道那些被撒在茶汤上的是黑芝麻粒，竟主观臆断认为是"脏土"，于是盛怒之下甩手将茶汤打落在地。这个位高权重的李中堂，自己孤陋寡闻，在众下属和低身份的人面前出丑，还要迁怒于人、无端发怒，这中堂大人的为人格局可想而知。他没有不耻下问的风度尚且值得谅解，但后来明明知道原委却也是"顺坡下了"而不是坦然说出真相，可见这人的刚愎自用与大耍官威的做派。仔细品味，中堂大人到天津后，作者没有写他如何关注民生、体察民情，却着力写他在喝茶汤时大发雷霆、发怒丢丑的事件，其中的讽刺意味可见一斑。

再看众位官员。中堂大人来天津，如何让他吃吃喝喝开开心心？这些官员们可以说是费尽心思：

那次，李鸿章来天津，地方的府县道台费尽心思，究竟拿嘛样的吃喝才能把中堂大人哄得高兴？京城豪门，山珍海味不新鲜，新鲜的反倒是地方风味小吃，可天津卫的小吃太粗太土：熬小鱼刺多，容易卡嗓子；炸麻花梆硬，弄不好硌牙。琢磨三天，难下决断，幸亏知府大人原是地面上走街串巷的人物，嘛都吃过，便举荐出"杨家茶汤"；茶汤黏软香甜，好吃无险，众官员一齐称好，这便是杨巴发迹的缘由了。

这些父母官们，想的不是如何造福一方百姓，却是如何挖空心思讨上级的欢心，可见他们趋炎附势、包藏私心的嘴脸。可是计划不如变化，没想到"杨家茶汤"惹怒了中堂大人。再看在场众官员的反应，一个个吓懵了，他们不知中堂大人为何发怒，一个个谁也不敢吱声，不知如何应对这意外"险情"。直到杨巴解围后，在场所有人还摸不着头脑，可见他们的糊涂愚蠢、无胆无识。差点因一碗茶汤得罪堂堂中堂大人，终于有人解围，不用为此受到惩罚，估计这群人简直要心呼"谢天谢地"了。从后来杨巴在天津城声名大振来看，和这群人的大肆吹捧定然有着关系。

说说杨巴其人。和众官员相比，杨巴确实是精明过人，练就了一张"妙"嘴。这张嘴到底"奇"在何处？不妨读读下文：

当官的一个比一个糊涂，这就透出杨巴的明白。他眨眨眼，立时猜到中堂大人以前没喝过茶汤，不知道洒在浮头的碎芝麻是嘛东西，一准当成不小心掉上去的脏土，要不哪会有这大的火气？可这样，难题就来了——

倘若说这是芝麻，不是脏东西，不等于骂中堂大人孤陋寡闻，没有见识吗？倘若不加解释，不又等于承认给中堂大人吃脏东西？说不说，都是要挨一顿臭揍，然后砸饭碗子。而眼下顶要紧的，是不能叫李中堂开口说那是脏东西。大人说话，不能改口。必须赶紧想辙，抢在前头说。

杨巴的脑筋飞快地一转两转三转，主意来了！只见他脑袋撞地，咚咚咚叩得山响，一边叫道："中堂大人息怒！小人不知道中堂大人不爱吃压碎的芝麻粒，惹恼了大人。大人不记小人过，饶了小人这次，今后一定痛改前非！"说完又是一阵响头。

李中堂这才明白，刚才茶汤上那些黄渣子不是脏东西，是碎芝麻。明白过后便想，天津卫九河下梢，人情练达，生意场上，心灵嘴巧。这卖茶汤的小子更是机敏过人，居然一眼看出自己错把芝麻当作脏土，而三两句话，既叫自己明白，又给自己面子。这聪明在眼前的府县道台中间是绝没有的，于是对杨巴心生喜欢，便说：

"不知者当无罪！虽然我不喜欢吃碎芝麻（他也顺坡下了），但你的茶汤名满津门，也该嘉奖！来人呀，赏银一百两！"

面对意外变故，这杨巴眨眼间就猜到了事情原委，脑筋转了几转，马上就秒抢时机又是叩头又是认错，把责任全揽到自己身上，那一套巧嘴说辞，既叫李鸿章明白了真相，又给了中堂大人足够的面子，结果中堂大人心下大喜，立马就赏银百两。有了中堂大人的嘉奖、众人的吹捧，杨巴在天津城就有了响当当的名号。名气大振的杨巴，凭借名号就能赚大钱，再也不需要杨七的好手艺帮衬了，于是二人合作的"杨家茶汤"被人们改称做"杨巴茶汤"。而手艺高的杨七呢？他只会闷头制作却不会自我宣扬，又没有人吹捧，后来反倒渐渐埋没，以致无人知晓。对此，文章结尾说"杨巴对此毫不内疚"，理由居然是因为他成名靠的是自己一张好嘴，而李中堂当时并没有喝茶汤。可是，当年如果没有杨七的手艺，没有"杨家茶汤"的名气，李中堂会来这里喝茶汤吗？没有机会见到李中堂，他杨巴的一张巧嘴未必会发挥这样大的作用呀！忘本的人总会找到很多理由与借口，这里活画出一个得志猖狂的小人形象。

天津城的那些艺人们，像泥人张、刷子李等，他们无一不是凭自己的本领在这地盘上扬眉吐气。用作者的话来说："手艺人靠手吃饭，求谁？怵谁？"为何到杨巴这里，就不遵从这个规则了呢？杨巴凭着一张嘴名扬天津，固然有嘴巴巧、脑子活的原因，但也和李中堂有着直接关系。李鸿章到天津应该是因为公干，没见他询问公务或是体察民情，却为了一碗茶汤大发雷霆、动辄奖励，可见这中堂大人是一个怎样的父母官了。上司到来，众官员不谈公事政绩，却在这一碗茶汤上费尽心机、曲意奉承，可见当时自上而下的官场是一种怎样的风气。而杨巴恰恰正逢时，在这一出荒唐的闹剧中"脱颖而出"。专横跋扈的高官、投机钻营的众官员、盲目随众的普通人和那个畸形的社会，共同成就了一个欺世盗名的所谓奇人。这个小人得志的杨巴，自然不会感到内疚。只可惜那杨七空怀绝技，却最终埋没于天津城中，令人叹息。

　　杨巴以"杨巴茶汤"闻名，名气本是由茶汤而来，却没有做茶汤的好手艺；杨七做茶汤有绝活，却没有八面玲珑的一张嘴，直落到无人知晓的地步。这是不是很讽刺呢？毫无疑问，杨巴的成名是一幕社会闹剧。而杨七的悲剧，不仅是他个人的悲剧，也是时代的悲剧、社会的悲剧。从更深的意义上来说，这也是国家和民族的悲剧。

要将只手撑天空

——一个中国男儿的家国情怀

　　《邓稼先》一文很长，内容繁多琐细，教学时不可面面俱到，应在整体感知全文内容基础上引导学生长文读短，重点解读人物形象。如何寻找最佳切入点？笔者从邓稼先的传奇色彩和鲜为人知两方面引领学生解读，从这两个看似矛盾的词语中读出邓稼先的品格精神，引导学生走进人物的精神世界，倾听他的"心灵世界的歌"。

　　师：有人说，邓稼先是一个传奇。请同学们跳读课文，看看这位"奇人"到底"奇"在何处。

　　生1：1964年10月16日，中国爆炸了第一颗原子弹。1967年6月17日，中国爆炸了第一颗氢弹。邓稼先是原子弹和氢弹的研制者和功臣，他是祖国的"两弹元勋"。

　　师：在中国积贫积弱的时代背景之下，他使祖国的国防科技达到了世界先进水平，他创造了新中国的奇迹。

　　生2：1971年，在他和他的同事们被批判围攻的时候，如果别人去和工宣队、军宣队讲理，恐怕要出惨案。而邓稼先去了，竟能说服工宣队、军宣队的队员。这是真正的奇迹。

　　师：那是一个十分混乱的年代，全国上下很多工作都被迫中止。邓稼先能够说服单位里对吵对打的两派群众组织继续工作，而且在他和同事们被批判围攻的时候，他能够说服工宣队、军宣队的那些"狂热"的队员，别人做不到的事情邓稼先能做到，为什么？

　　生3：邓稼先忠厚平实、真诚坦白、从不骄人。而且，他虽然是个知识分子，却最有中国农民的朴实气质。

　　生4：他为人纯朴，人家知道他没有私心，绝对值得信任。

师：是啊，从这里我们可以看出邓稼先的为人，他在大家心目中的威信。"奇迹"的背后，是他的人格魅力。

生5：邓稼先和同事们在风沙呼啸、蓬断草枯的沙漠中工作，环境恶劣，条件艰苦，但他们就是在这里成功爆炸了原子弹和氢弹，这也是一个奇迹！

师：哪位同学能找出文中描写邓稼先在茫茫荒漠中工作、生活的语句呢？

生6："也不知道稼先在蓬断草枯的沙漠中埋葬同事、埋葬下属的时候是什么心情？"

生7："'粗估'参数的时候，要有物理直觉；昼夜不断地筹划计算时，要有数学见地；决定方案时，要有勇进的胆识和稳健的判断。可是理论是否准确永远是一个问题。不知稼先在关键性的方案上签字的时候，手有没有颤抖？"

师：作为领导者，邓稼先运筹帷幄，应该是自信在胸、毫不迟疑的吧？杨振宁却想象着"不知稼先在关键性的方案上签字的时候，手有没有颤抖"，这真实吗？

生8：我觉得特别真实，因为邓稼先作为领导签字，这关系着国家的安危与尊严，关系重大。

师："颤抖"一词，笔力千钧，让我们感受到邓稼先面临严峻挑战时的奋力担当。作为朋友与知己，这看似简单的句子中包含着杨振宁几多思念、几多牵挂？

生9："戈壁滩上常常风沙呼啸，气温往往在零下三十多摄氏度。核武器试验时大大小小突发的问题必层出不穷。1982年，他担任核武器研究院院长以后，一次井下突然有一个信号测不到了，大家十分焦虑，人们劝他回去，他只说了一句话：'我不能走。'"

师：环境恶劣，时时面临着危险与牺牲，他却坚定地说"我不能走"。这个同学读"我不能走"四字，语气特别坚定、高昂，大家赞同吗？

生10：我不同意，觉得应该读得沉稳一点。

师：邓稼先性格平和稳重，在这样一个庄重的场合，他内心的坚定应该不会用外在的高昂声调来表现。不知大家注意没有？"我不能走"这句话后面用的是句号，既然是陈述语气，自然应该读得平和一些。好，一起来读一读这句话。

（齐读"我不能走"一句）

师：一句"我不能走"，邓稼先便一直坚守在这茫茫戈壁滩中，为祖国的国防事业奉献着自己的一腔热血，不能不说他是一个"奇人"。老师给大家补充一则相关资料。

（屏幕显示）

邓稼先在世时，不少人都问他，为国家研制了"两弹"，拿了多少奖金。他总是笑而不答，而直到一九八五年六月病危时，杨振宁到医院看望他，又提起了这件事，他终于说："原子弹10元，氢弹10元。"

师：他的回答很平静，但却令人感慨，我们不禁震撼于邓稼先对名利的淡泊以及他为祖国事业奋斗一生的担当精神。这样的人并不多见，他早就应该名扬天下、妇孺皆知了吧？

生11：老师，文中说是"鲜为人知"。

师：同样是原子弹设计的领导人和功臣，美国的奥本海默可是家喻户晓、妇孺皆知，为什么我国的邓稼先却鲜为人知呢？

生12：因为邓稼先忠厚平实，不喜欢引人注目。而奥本海默是个锋芒毕露、个性张扬的人。

师：有道理，邓稼先为人低调。更重要的是，邓稼先的工作具有严格保密的性质，连妻子都不知道他在哪里工作。当年他义无反顾地走向茫茫沙漠，对妻子只说自己"要调动工作，不能再照顾家庭和孩子"。自此，邓稼先彻底从亲人的身边消失，也与周围所有的朋友失去了联络。这个具有传奇色彩的中国男儿，从此隐姓埋名戈壁滩几十年，将他的一生奉献给了祖国的国防事业。一片赤子之心，正好用他自己写的诗来表达："红云冲天照九霄，千钧核力动地摇。二十年来勇攀后，二代轻舟已过桥。"生前他甘愿做一个无名英雄，连名字都几乎不为人所知，而如今，我们都永远记住了他——邓稼先，这又何尝不是一"奇"呢？

师：报效祖国的种子，在年少时就种在了邓稼先的心中，他在荒凉的戈壁滩上创造了世界奇迹。中国第一颗原子弹成功爆炸时的蘑菇云，妻儿们欢笑的景象，这是邓稼先梦中最常出现的两个场景。作为中国的"两弹元勋"，蘑菇云的梦，邓稼先实现了；作为许鹿希的丈夫、儿女们的父亲，第二个梦却变得那么遥远……

（学生久久沉默。邓稼先已经"实现了"的和"未曾实现"的那个梦想，对孩子们的心灵产生了强烈冲击）

像上帝一样去创造

——有这样一个牧羊人

这一课到底要教什么？我设计了好几种解读方案，但都不怎么满意。临上课了才确定把主动权交给孩子们，让他们找出文中写牧羊人的词句批注赏析，自主解读牧羊人形象，没想到却收获了意想不到的惊喜。

生1："他是在种橡树！我问他，这块地是你的吗？他摇摇头说，不是。那是谁的地？是公家的，还是私人的？他说不知道。看起来他并不在意，他只是一心一意地把一百颗橡子都种了下去。"牧羊人只是一心一意种树，根本不在意这块地是谁的，可以看出他心思纯净，没有任何私心。

师：牧羊人在意的是种树，他只是追随自己的所思所想，根本不在意这块地是不是属于自己。有一种境界叫作单纯，看似简单却又难以到达。牧羊人做到了。

生2："吃过午饭，他又开始选橡子。趁这个机会，我刨根问底，才从他嘴里知道了一些事。三年来，他一直这样，一个人种着树，他已经种下了十万颗橡子。"在一个荒凉、干旱的地方，他居然能在三年间种下了十万颗橡子，真令人惊叹！

师：牧羊人凭着一己之力坚持种树，确实了不起！但老师从中读出了别的意味。"刨根问底"，就是追究底细。意思是说，在"我"一再追问之下，才知道了牧羊人的一些事情。同学们读一读改句，比较一下：二者在表达上有什么不同吗？

（屏幕显示）

（原句）趁这个机会，我刨根问底，才从他嘴里知道了一些事。

（改句）在这个时候，我一发问，他就滔滔不绝地告诉了我所有的事情。

生4：原句里牧羊人很安静，别人一再地问，他才不得不说了一些事情。

生5：改句中感觉牧羊人特别喜欢表现自己，主动向别人讲自己的所有故事。

师：哪一句更契合牧羊人的形象呢？我想从这几句话中可以找到答案。

（屏幕显示）

他选择了一个人生活，与羊群和狗做伴，平静地看着日子一天天地流走。他说，这地方缺少树；没有树，就不会有生命。他决定，既然没有重要的事情做，就动手种树吧。

生6： 原句。牧羊人喜欢宁静的生活，而不喜欢张扬。

师： 牧羊人种树是发自内心的简单想法，而不是刻意树立伟大的目标。他没有任何私欲，正是因为有这样简单无私的心灵，他才心无旁骛地执着于种树这个目标，最后竟然创造出了一个奇迹！

生7： "1910年种的橡树，已经长得比我都高，真让人不敢相信。我吃惊得说不出话来，他还是那么沉默寡言。我们就这样静静地，在他种的森林里，转悠了一整天。"这里写"我"吃惊的样子，侧面烘托牧羊人创造的不凡业绩。他简直是一个有毅力的超人！

师： 由"沉默寡言"一词，你读出了一个怎样的牧羊人？

生8： 内向，不善言谈。

师： 今非昔比，牧羊人现在创造了奇迹，令人刮目相看。他还能保持着一贯的安静与沉默，这仅仅是性格内向或是不善言谈吗？

生9： 宁静淡泊，他有一颗平常心。

师： 一个人几十年来做着一件平凡的事情，耐得住孤独与寂寞，从不质疑抱怨，已经难能可贵。更难得的是，他功成名就之后仍然坚守初心、淡然如常，这又是怎样的一种精神境界？牧羊人所做的一切，不是想赢得外界的掌声，而是为了坚守自己的初心。这个故事告诉我们：播种一粒小小的梦想的种子，就能收获一份美丽；坚守自己内心的信念和宁静，就会拥有不一样的人生。

……

这一课不是为了突出和赞美"伟大"，只是为了让学生懂得有这样一个普通的人，一颗简单的心，这个人做出了不凡业绩，但他仍然是淡然宁静的那个人，仍是那一颗单纯的心。或许，这个世界上还有许许多多像他一样的"牧羊人"吧？

琐事尽显人物本色

——品读萧红笔下那个"不一样"的鲁迅先生

师：同学们曾经读过鲁迅先生的文章，有的同学可能见过鲁迅画像。我们交流一下：你心目中的鲁迅先生是什么样子的呢？

生1：他很严肃。

生2：横眉冷对。

生3：不好接近。

生4：鲁迅先生在我心目中很高大。

师：据说鲁迅先生的身高只有一米六左右，我想你说的高大，是鲁迅先生在你心目中的形象高大吧？是啊，鲁迅先生在我们心目中往往就是这样一个严肃冷峻的印象。生活中的鲁迅到底是什么样子？让我们一起走进课文，解读一个"不一样"的鲁迅先生。

（学生批注，思考）

生1：（朗读）"鲁迅先生的笑声是明朗的，是从心里的欢喜。若有人说了什么可笑的话，鲁迅先生笑得连烟卷都拿不住了，常常是笑得咳嗽起来。"读到这里，有些吃惊。一直觉得鲁迅十分严肃，没想到他的笑声这样明朗，而且笑得这样开心。

生2：第6段写来鲁迅先生家的客人朋友谈到半夜才走，许先生送客时鲁迅先生嘱咐"一定让坐小汽车回去，并且一定嘱咐许先生付钱"，可以看出鲁迅先生对他人的关心，考虑事情也特别细心周到。

生3：第14段到17段，写鲁迅先生和"我"开玩笑，很幽默，读起来很有意思。

师：那你试着用幽默的语气读一读这几段呢？

（生读，掌声）

生4：第38段、39段，写鲁迅先生旁边走着海婴，鲁迅先生招呼海婴和自己并排坐下，读到这里觉得鲁迅在儿子海婴面前一点儿也不严厉，显得和蔼可亲。

师：对，这是一位慈父。无情未必真豪杰，怜子如何不丈夫！文中还有哪件事写到海婴了呢？

生5：第55段到60段，海婴说鱼丸子不新鲜，别的大人都不信，鲁迅先生亲自尝过，认为海婴是对的。从这件事，可以看出他对孩子心灵的呵护。

生6：鲁迅先生"还是展读着每封由不同角落里投来的青年的信，眼神不济时，便戴起眼镜来看，常常看到夜里很深的时光"。这里的鲁迅先生，就像一位老师正在努力地批改学生的作业一样。

生7："鲁迅先生把书包好了，用细绳捆上，那包方方正正的，连一个角也不准歪一点或扁一点，而后拿着剪刀，把捆书的那绳头都剪得整整齐齐。"这一句中用了"方方正正""整整齐齐"两个叠词，写鲁迅先生做事认真仔细，而且鲁迅先生是在百忙之中抽出时间亲自做这些琐事，连细节都要做到完美。

生8：文中写鲁迅先生通宵达旦工作的场景，灰黑色的背影是这样熟悉亲切。

生9："鲁迅先生知道自己的健康不成了，工作的时间没有几年了，死了是不要紧的，只要留给人类更多，鲁迅先生就是这样。"这几句话朴实易懂，像是鲁迅先生本人的口气。先生写文章时讲求文采，日常说话却很接地气。

师：是呀！文中写的都是鲁迅先生的日常琐事，我们从中读出了一个"不一样"的鲁迅，他温暖明朗、平易近人、做事认真、性格幽默，就像生活在我们身边的一个普通人一样。这哪里还是那个被神化了的高高在上的鲁迅呢？感谢萧红，她让鲁迅先生从神坛回到了人间。（板书：人间鲁迅）

师：我们解读出一个像普通人一样的人间鲁迅，这是否就意味着鲁迅先生和普通人完全一样没有区别呢？让我们再次品读课文中的相关语段，仍然要找一个"不一样"的鲁迅先生。不过呢，这次是找鲁迅先生看似平常中的不凡之处。

生1：当别的大人们都觉得海婴错了时，鲁迅先生亲自尝过孩子碟里的鱼丸子后说："他说不新鲜，一定也有他的道理，不加以查看就抹杀是不对的。"我读出了鲁迅对孩子的爱护。现实生活中有很多大人们不在意、不关心孩子的看法，可是鲁迅先生在意一个小孩子的感受。

师：对此，许先生是怎么说的呢？

生2：许先生说："周先生的做人，真是我们学不了的。哪怕一点点小事。"

师：这一句是用许先生的话间接表现鲁迅先生对孩子的尊重、爱护。

生3：鲁迅先生对青年人那些"草率"的信简直"深恶痛绝"，虽然看这样的信费力费神，但他还是努力地看那些青年来信。

师：为什么鲁迅先生对孩子、对青年人这样爱护呢？

生4：（沉吟）因为——这是国家的后代。

师：孩子和青年是国家和民族的未来与希望。爱护孩子，善待青年，小而言之，是关爱下一代。大而言之，就是托起中华民族的未来与希望。鲁迅先生在《狂人日记》中发出"救救孩子"的呼喊，那也是在为国家的前途与未来而呐喊。

生5：老师，现在再读写鲁迅先生工作的那几段，突然觉得鲁迅先生那样勤奋忘我地工作，笔耕不辍，是想用笔下的文字唤醒人民，大家都要奋力托起民族的未来。

师：一起朗读这几段文字，感知鲁迅先生整夜伏案写作的浓重身影。
（齐读）

生6：结尾"死了是不要紧的，只要留给人类更多，鲁迅先生就是这样"一句，赞扬鲁迅先生无私奉献的精神。

师：鲁迅曾经说过："我吃的是草，挤出来的是牛奶、血。"我们读出了他"俯首甘为孺子牛"的奉献情怀，读出了一个大写的"人"。

（屏幕显示）

有的人活着，他已经死了；有的人死了，他还活着。

——臧克家《有的人》

师：这篇文章在写法上别具一格，有人评价说是"琐忆成就经典篇章"。今天我们就来借鉴此种写法进行随笔片段练习，要求写一个人物，但这个人物一定不是那个雨中为你送伞、夜里背你看病的妈妈，不是那个夜深批改作业、考试找你谈心的老师，不是那个打碎你的物品、转学送你礼物的朋友，而是一个不一样的妈妈、不一样的老师和不一样的朋友！

（随笔训练，结束本课）

你的星空是"天下大同"

——解读《公输》一文中的墨子形象

师：这篇文章讲述了墨子制止强大的楚国攻打弱小的宋国的故事，请同学们跳读课文，说说你从中读出了一个怎样的墨子？

生1：墨子抓住公输盘说的"吾义固不杀人"一句，批评公输盘"不可谓智""不可谓仁""不可谓忠""不可谓强""不可谓知类"，一气呵成，很有气势，使公输盘无可辩驳。可以看出墨子的机智善辩。

师：这叫以子之矛攻子之盾。

生2：墨子敢于见霸道的楚王，可见他的勇敢、不畏强权；墨子巧妙地用类比的方式使楚王说出"必为有窃疾矣"这样的话，可见他的智慧。

师：这叫"请君入瓮"。

生3：墨子和公输盘之间的一场模拟攻守战，公输黔驴技穷，墨子技高一筹，再次印证了墨子过人的谋略和超人的军事才能。

生4：墨子很镇定，从他在公输盘的威胁面前仍然保持沉着可以看出来。

师：谁能用威胁的语气读一读这句话？

生5：吾知所以距子矣，吾——不言。

师：这位"公输盘"说话实在阴险！哪位同学能够镇定自若地对答？

生6：吾知子之所以距我，吾——不言。

师：墨子不仅沉着，还有一种不怕牺牲的勇气。从"虽杀臣，不能绝也"一句来看，墨子已经做好了自我牺牲的准备。墨子甘愿付出生命的代价来制止楚国攻宋的战争，是因为这次战争和他本人利益攸关吗？

生7：不是吧？文章开头说他"起于鲁"，就是说从鲁国出发，可见当时墨子应该是在鲁国，战争和他本人没有直接关系。他是为宋国的百姓着想，所以才一路奔波到楚国，目的是劝说公输盘和楚王。

师：那大家来读一读开头一段，从这里你读出了一个怎样的墨子？

生8："行十日十夜，而至于郢"，墨子走了这么多天，很辛苦。

师：这叫"不辞辛苦"。听说公输盘为楚国制造云梯，楚国要攻打宋国，墨子关心宋国百姓的安危，他不辞辛劳，日夜兼程，步行十天十夜到达郢都，想要阻止这一场不义战争。

（屏幕显示）

墨子战国时期，战乱连绵。诸侯们为了自己的一己之私欲，彼此间不断地发动大规模的兼并战争，弄得民不聊生。墨子深切地同情老百姓的遭遇，并四处为他们奔走呼号。

师：可能有的同学会感到奇怪，墨子是什么身份的人呀？他为什么要制止战争、为百姓们奔走呼号？我们一起来看有关墨子的资料。

（屏幕显示）

墨子，本名墨翟，战国时期著名的思想家、教育家，墨家学派的创始人。先秦时期百家争鸣，墨家与儒家并称"显学"，有"非儒即墨"之称。墨子提出"兼爱""非攻""尚贤""尚同"等观点，以兼爱为核心，以节用、尚贤为支点，在当时的影响很大。

师：墨子是一个具有平民情怀的思想家。他具有平民意识，心怀博爱，能真正为百姓们着想。这种精神体现了墨家的一个重要思想——兼爱。

（屏幕显示）

兼

师：仔细看"兼"的古体字，一根禾苗，又一根禾苗，这里是一只手。"兼"的本义就是，一只手握着两根同样的禾苗，后来引申为整体的、平等的、没有差别的。现在你知道"兼爱"的意思了吗？

生9：就是要平等地爱所有的东西。

生10：就是要平等地爱天下所有的人。

师：孟子说过："老吾老以及人之老，幼吾幼以及人之幼"。兼爱，既不因为血缘而有亲疏远近之分，也不因为身份而有高低贵贱之分，这是一种普遍的、平等的、不带任何功利之心的大爱。这种大爱表现在具体的行为上，就是非攻。《公输》一文中墨子制止了一场战争，这正体现了"非攻"这一主张。现在宋国人民得救了，墨子也踏上了归程，你会想到以后可能发生的事情吗？

（屏幕显示）

墨子阻止了一场战争，挽救了一个宋国。但是，这件事还有一个类似于黑色幽默的结尾：墨子十分疲惫地踏上归途，仍然是艰难步行。恰恰是在路过宋国时，天上下起了瓢泼大雨。墨子想进城避雨，宋国守城的士兵却不肯给这位救命恩人开门。士兵不认识他，宋国不认识他，他们冷漠地推拒了他这位大恩人，而且把他推到了大雨之下。

（生11读，学生沉默）

师：墨子为了宋国的百姓奔走呐喊不畏艰险，连自己的生死都置之度外。可是宋国人却不能提供一个门檐让自己的恩人遮风挡雨。这是何等不义呀！你认为墨子会后悔自己为宋国所做的一切吗？

生12：我认为不会。墨子胸怀天下，心中有爱，这样一个大人物，自然不会计较一个不知情的人的态度。

师：这个同学读懂了墨子其人。墨子没有后悔，没有抱怨，他在城门之下默默忍受着风雨的袭击。雨停了，天晴了，他便又上路了。看，他脚步匆匆，正奔波在华夏大地上。以一个行者的姿态出现于人间，救百姓于水火，解万民之忧苦，为这九州五岳点燃起永不熄灭的火焰！曾几何时，知道墨子的人少了，墨家的闪光思想也一直被很多人遗忘。今天，我们一起走进墨子的精神世界，依然能感受到他心系百姓、兼爱天下的那份情怀。让我们一起读一读屏幕上的文字，希望同学们能记住：两千多年之前，在中华民族的历史上，曾经出现过这样一个贤哲圣人，他的名字叫——墨翟。

（屏幕显示）

永远的墨子

在广袤的历史长空之中，我一眼望见了你。你脚步匆匆，正奔波在华夏大地上，以一个行者的姿态现于人间，救百姓于水火，解万民之忧苦。啊！你的脚步是如此坚实不屈。

我终于明白，脚踏一方大地的你，并非不会仰望星空，你的星空就是"天下大同"。你不会夸夸其谈，你宁愿脚踏实地去践行自己的理想，让"兼爱"——你的这片星空划出更灿烂的光芒。所以，你总在不停地奔忙，为的就是给这乱世开出一剂真正的"济世良方"。

原来，你的双眼永远仰望着星空；原来，你的双脚从未离开过大地！黑衣黑发、黑眼黑面，奔走于大地上的你，就像一道黑色的闪电，划破天际，穿透云霄，为这九州五岳点燃起永不熄灭的火焰！

"兼爱""非攻""尚贤""尚同"，这八个字是如此有力如此沉重，你背负着已经走了太久太久，你累了吗？先生，请歇歇吧！你肩上的重担，让我们来扛起；你心中的使命，让我们来承继。就让你的精魂成为滋养民族精神的玉露琼浆吧！先生，你不再孤独，你的情怀与我们同在，你的辉煌与日月同光，你的爱心已经化作苍穹中那一角最绚烂的星空！

（齐读，结束）

带你去看不一样的风景

——例谈如何通过转换视角读出心中的感觉

叙述视角，是指叙述语言中对故事内容进行观察和讲述的特定角度。一篇文章，运用不同的叙事视角，会有不一样的阅读感受。文本中的同一事件，从不同的叙述角度去看就可能呈现出不同的面貌，在不同的人看来也会有不同意义。

例如海伦·凯勒所写《再塑生命的人》一文中，有一段文字是写海伦·凯勒第一次见到安妮·莎莉文老师的情景，文章站在海伦·凯勒的角度，通过"我"的真切感受，运用第一人称来讲故事：

我觉得有脚步向我走来，以为是母亲，我立刻伸出双手。一个人握住了我的手，把我紧紧地抱在怀中。我似乎能感觉得到，她就是那个来对我启示世间的真理、给我深切的爱的人——安妮·莎莉文老师。

可以引导学生设想：如果从莎莉文老师的角度来描绘，又是怎样的一种感受呢？换个角度，让学生再来朗读这段文字：

我向小海伦走过去。她可能以为我是她的母亲吧？立刻向我伸出双手。我握住了那双可爱的小手，把她紧紧地抱在怀中。从此，我要给这个生活在黑暗中的孩子以知识、智慧与火焰，我要全心给予她光明、温暖与人世间的挚爱。孩子，你感觉到了吗？

这样一读，学生好像听到了莎莉文老师发自内心的声音。一个心怀博爱的老师形象，已然呼之欲出。再看下面的一组对比文字：

【人之视角】它躺在露台板上晒太阳，态度很安详，嘴里好像还在吃着什么。我想，它一定是在吃着这可怜的鸟的腿了，一时怒气冲天，拿起楼门旁倚着的一根木棒，追过去打了一下。它很悲楚地叫了一声"咪呜"，便逃到屋瓦上了。

【猫的视角】那天阳光灿烂，我躺在露台板上晒太阳，安详而又惬意，想着刚刚吃过的美味早餐，我的嘴习惯性地咀嚼了几下。就在这时，男主人突然出现，一副怒容满面的样子，手拿一根吓人的木棒。我见状不好赶紧离开，背上却已经挨了重重一击。为什么？我很悲楚地叫了一声，便逃到屋瓦上了。

这种视角的好处在于，用猫的语气叙述事件，自然而然地带有一种特殊的亲切感和真实感。对照一下不难发现，郑振铎《猫》中的原文是以"人的视角"叙述故事，而改文则用"猫有话说"的方式，运用猫的视角，给第三只猫讲述事情经过的机会，还原了一只猫蒙受冤屈的经过，便于揭示猫的内心世界，使读者更真切地感受到一只猫的郁愤之情。文中后来写这只猫最后死亡的结局、主人最后的自责与忏悔，也就更加顺理成章。

同样，阅读史铁生《秋天的怀念》一文，可以通过母亲的视角来讲述一位母亲的爱子情怀；阅读都德《最后一课》一文，可以用韩麦尔先生的语气来讲述一位法国人的爱国热情；阅读《我的叔叔于勒》一文，可以让菲利普夫妇来讲述底层小人物生活的无奈与悲酸……转换视角，不仅增加作品的可信性，更使叙事形态显出变化并从而强化其表现力。

可见，在阅读教学中，教师引导学生局部或整体转换叙述视角，可以让语文课堂更加富有创意、活力四射，带给学生不一样的感觉。

看云卷云舒　品语言之美

——《看云识天气》写作手法赏析

朱泳燚以生动鲜活的文笔，形象地说明了云与天气变化的关系，给人们以知识的滋养与生活的启迪。文中精美的语言如一朵朵花儿灿然绽放，散发着清新迷人的芬芳，使读者久久地沉浸在那云卷云舒的美丽画卷之中。

新颖别致的比喻，引发美好遐思。秦牧先生曾说："美妙的譬喻真像是一朵朵色彩瑰丽的花，照耀着文学。"文章开头就连用了一系列的比喻：有的像羽毛，轻轻地飘在空中；有的像鱼鳞，一片片整整齐齐地排列着；有的像羊群，来来去去……这样巧譬妙喻，使文中的各种云千姿百态、形神兼美。闭目遐想，我们好像看到空中那朵朵美不胜收的云彩，来来去去，不停变幻，让读者在丰富的联想和想象中感受到在碧空下观云的愉悦之情，增强了文章的趣味性、可读性。

活灵活现的拟人，时时绽放精彩。"那最轻盈、站得最高的云叫卷云"，一个"站"字，赋予卷云人格化的特征，我们眼前好像出现了一位亭亭玉立的白衣少女，那么轻柔、高远，像笼着轻纱的梦。"这时的卷层云得改名换姓，该叫它高层云了"，"改名换姓"，多么生动幽默的词语，又有谁会不觉得亲切易懂、情味盎然呢？"云压得更低，变得更厚，太阳和月亮都躲藏了起来"，"躲藏"一词，生动地烘托出云层之低、云块之厚，那太阳和月亮，简直就是活生生的人！

精当地引用谚语，增添乡土气息。从文中这些谚语里，我们读出了本色的乡土韵味，读出了丰富的气象知识："日晕三更雨，月晕午时风"一句告诉我们"晕"的位置性，"东虹轰隆西虹雨"一句暗示我们"虹"的方向性，"朝霞不出门，晚霞行千里"一句则突出了"霞"的时间性。看，这些谚语是多么简洁、通俗、生动，读起来音韵和谐，饶有情趣，仿佛有一股清新的原野气息扑面而来，令人如春风拂面般神清气爽。读到此处，我们不得不佩服我国古代劳动人民的智慧。

细腻生动的文笔，处处描绘渲染。以第五段文字为例，运用传神之笔，寥寥数语，写出了云彩变化以及暴雨大作的经过。有声，有色，有景，有情，有紧张气氛的渲染，有雷雨交加的场面，描写细致，富有层次，使行文波澜起伏，读者犹如身临其境。"雷声隆隆，电光闪闪……"一句，有声有色，生动描绘出暴雨倾盆的情景。而"凸起""争奇""耸入""弥漫"等词语，典雅灵动，形象传神，如同一个个可爱的小精灵，跳跃在字里行间，产生了无尽的美感。

阅读这篇写于20世纪60年代的文章，那层次分明的结构技巧，优美灵动的诗意语言，字字推敲的炼字功夫，使其具有了经久不衰的无穷魅力。或许正因为如此，历经时光的洗礼，它仍在中学语文教材中稳占一席之地，成为说明文中一道生动亮丽的风景线。

突出特征　彰显本质

——由三个层面的对比体悟《风筝》的抒情色彩

对比是文学创作中比较常见的一种表现手法。所谓对比，就是把事物、现象和过程中矛盾的双方安置在一定条件下，集中在一个完整的艺术统一体中，形成相辅相成的对照和呼应关系。运用对比，可以充分显示事物的矛盾，把好坏、善恶、美丑这样的对立面揭示出来，突出事物的本质特征，增强文章的艺术效果。对比构成有两种情形：反面对比和反物对比。对比还有反差之意，使相反或相对事物的特征或本质更加鲜明、突出。鲁迅《风筝》中对比手法的运用成为写作的一大特色。下面以此为例，谈谈对比手法在抒发情感、深化主旨上的表达作用。

一、环境对比，增强抒情韵味

北京的冬季，地上还有积雪，灰黑色的秃树枝丫杈于晴朗的天空中，而远处有一二风筝浮动，在我是一种惊异和悲哀。

故乡的风筝时节，是春二月，倘听到沙沙的风轮声，仰头便能看见一个淡墨色的蟹风筝或嫩蓝色的蜈蚣风筝。还有寂寞的瓦片风筝，没有风轮，又放得很低，伶仃地显出憔悴可怜模样。但此时地上的杨柳已经发芽，早的山桃也多吐蕾，和孩子们的天上的点缀照应，打成一片春日的温和……

在这里，北京二月的肃杀寒冷和江南二月显露的生机与温和形成了鲜明对比，表明"我"惊异的原因，在景物描写中流露出悲哀凝重的心情，引起下文对"我"不许小兄弟放风筝一事的具体描述。通过对比，营造出文章的浓重悲情和深重无奈，作者的自责反思之情溢于言表。

二、人物对比，突出表达效果

但我是向来不爱放风筝的，不但不爱，并且嫌恶他，因为我以为这是没出息孩子所做的玩艺。和我相反的是我的小兄弟，他那时大概十岁内外罢，多病，瘦得不堪，然而最喜欢风筝，自己买不起，我又不许放，他只得张着小嘴，呆看着空中出神，有时至于小半日。远处的蟹风筝突然落下来了，他惊呼；两个瓦片风筝的缠绕解开了，他高兴得跳跃。他的这些，在我看来都是笑柄，可鄙的。

在这里，"我"的强大和小兄弟弱小的对照不言而喻，这也是二人对风筝的态度截然不同的重要原因。上述片段通过神情和动作描写，形象地表现了小兄弟对风筝的喜爱，在对比中突出了小兄弟的可爱可怜之态，暗示那时的"我"简直是不近人情的专制家长。兄长的"威风"和小兄弟的"无奈"形成强烈反差，构成了文章叙事的主体，为后文故事的发展埋下伏笔。

三、前后对比，深化文章主旨。

我在破获秘密的满足中，又很愤怒他的瞒了我的眼睛，这样苦心孤诣地来偷做没出息孩子的玩艺。我即刻伸手折断了蝴蝶的一支翅骨，又将风轮掷在地下，踏扁了。论长幼，论力气，他是都敌不过我的，我当然得到完全的胜利，于是傲然走出，留他绝望地站在小屋里。

……

然而我的惩罚终于轮到了，在我们离别得很久之后，我已经是中年。我不幸偶而看了一本外国的讲论儿童的书，才知道游戏是儿童最正当的行为，玩具是儿童的天使。于是二十年来毫不忆及的幼小时候对于精神的虐杀的这一幕，忽地在眼前展开，而我的心也仿佛同时变了铅块，很重很重地堕下去了。

在这里，随着时间的推移，"我"的心理发生了巨大变化。当初看到小兄弟做风筝是"愤怒"，折断风筝离开时是"傲然"，但随着生活的经历和思想的变化，"我"对往事有了深沉的思索，想起那时因毁坏风筝而扼杀了弟弟玩的天性而感到深深自责，在很久之后更是成为反思的"沉重"和得不到原谅的"悲哀"。这组对比在文章中交织成深沉的叙事点，蕴涵深厚而且极富感染力，敲击、震撼着读者的心灵。

妙笔巧铺陈 行文添神韵

——沉浸在《木兰诗》的语言魅力中

"东市买骏马，西市买鞍鞯，南市买辔头，北市买长鞭……"读到这熟悉而亲切的诗句，我们仿佛看到木兰一家都在忙忙碌碌地四处为木兰采办行装的情景。木兰准备出征，骏马、鞍鞯、辔头、长鞭难道非要分别从东市、西市、南市和北市几个地方才能买齐吗？其实，这里是运用了铺陈的手法，把本来简单无味的一件事叙述得生动活泼、引人入胜。看似不合情理，却渲染了一种紧张有序的气氛。

什么是铺陈呢？就是将一连串内容紧密关联的景观物象、事态现象、人物形象和性格行为，按照一定的顺序组成一组结构基本相同、语气基本一致的句群。它既可以淋漓尽致地进行细腻铺写，又可以一气贯注地加强语势，还可以渲染某种气氛和情绪。这种东、西、南、北循序铺排的手法，在民歌中十分常见。北朝民歌《木兰诗》中，就有多处运用了铺陈手法，形神兼备，相得益彰，引发了读者丰富的联想和想象。

铺陈事件，真实动人。"旦辞爷娘去，暮宿黄河边。不闻爷娘唤女声，但闻黄河流水鸣溅溅。旦辞黄河去，暮至黑山头。不闻爷娘唤女声，但闻燕山胡骑鸣啾啾。"以上八句写木兰在征途中思念亲人的情景，运用铺陈手法，将木兰从军的征途分作两个长句来写，看似信口道出，却朴实自然，繁而不乱。句式虽同，但地名却在变换，显示出战事的紧迫，我们仿佛看到木兰马不停蹄、奔赴战场的情景。此外，诗句还把木兰内心的思乡之情淋漓尽致地表达了出来。诗中所刻画的木兰这种女儿情状，丰富了木兰的性格，使这一形象更加有血有肉、真实动人，这种内心独白的方式更容易打动读者，也为下文写木兰的军旅生涯做了铺垫。

铺陈人物，渲染气氛。"爷娘闻女来，出郭相扶将；阿姊闻妹来，当户理红妆；小弟闻姊来，磨刀霍霍向猪羊"，这几句写木兰还乡时的场景，连用了三个复叠句式，运用人物长幼来进行铺陈，反复叙说：先说"爷娘"出城迎接，再说"阿姊"梳妆打扮，最后说"小弟"在"磨刀霍霍"的场景，不仅长幼有序，而且生动细致地刻画了木兰的家人闻讯后迎接她回家时的行动，绘声绘色，如见如闻，烘托出喜悦之情，也渲染出一派欢快喜庆的气氛，充满了浓厚的生活气息。

铺陈现象，妙趣横生。我们再来看《木兰诗》的结尾："雄兔脚扑朔，雌兔脚迷离；双兔傍地走，安能辨我是雄雌？"这四句通过写雌雄两兔的动态，运用妙趣横生的铺排艺术，既增强了诗的喜剧气氛，也表现了木兰对自己行为的自豪之情。一个"我"字，使读者仿佛听到木兰俏皮、风趣而自豪的声音。这个结尾表现了民歌的清新活泼，使读者感受到诗中所特有的那种纯朴幽默的风格，含蓄隽永，耐人寻味。

《木兰诗》中铺陈手法的运用，使情事如见，景物若画。诗中不仅塑造了木兰这一典型的人物形象，还再现了各种生活情景，描绘出人物心理，渲染出种种气氛，为诗歌带来了韵律之美和色彩之美。正因为如此，《木兰诗》成为乐府诗歌中的一朵奇葩，千百年来一直为人们所喜爱。

析物悟情　明理励志

——巧借"托物言志"手法解读散文意旨

在散文大家族中，有一类成员值得我们关注——"托物言志"散文。所谓"托物言志"，就是作者通过对物的描写和叙述，表达自己的志向和意愿。"托物言志"散文在现代文阅读考查中的"出镜率"较高，下面以《紫藤萝瀑布》一文为例，谈一谈这类散文阅读的要领。

第一步，点击散文中作者所状之"物"，析物悟情

"托物言志"的散文，作者精心选择一物入文，以寄托自己的志趣、意愿或理想，并且用一定篇幅对其进行传神描绘。阅读《紫藤萝瀑布》一文，我们应学会点击该"物"，分析作者是如何细腻"状物"的，进而体悟其在对"物"的描摹中所蕴含的情感。

从未见过开得这样盛的藤萝，只见一片辉煌的淡紫色，像一条瀑布，从空中垂下，不见其发端，也不见其终极，只是深深浅浅的紫，仿佛在流动，在欢笑，在不停地生长。紫色的大条幅上，泛着点点银光，就像迸溅的水花。仔细看时，才知道那是每一朵紫花中的最浅淡的部分，在和阳光互相挑逗。

这里春红已谢，没有赏花的人群，也没有蜂围蝶阵。有的就是这一树闪光的、盛开的藤萝。花朵儿一串挨着一串，一朵接着一朵，彼此推着挤着，好不活泼热闹！

作者宗璞运用比喻、拟人等修辞手法，细腻描绘紫藤萝花开的盛况，使一树紫藤萝花的形象立体地呈现在读者面前，让读者充分领略到它的光彩动人之处。而作者对紫藤萝的喜爱之情，也蕴含在这一树活泼可爱、充满活力、富有灵性的藤萝花上。细读这些状物的文字，我们会在对紫藤萝花的感知与品悟中，获得与作者情感的共鸣。

第二步，挖掘散文中作者所言之"志"，明理励志

"托物言志"的散文，作者往往会在"状物"的基础上，缘物述理，励志升华。这份"言志"贴近"物"的自然属性，并往"人"的情志上靠，且多在散文结尾处完成。阅读此类散文，我们跟着作者发出人生"哲思"，挖掘作者所言之"志"。

请看，《紫藤萝瀑布》一文中宗璞的"言志"之语：

过了这么多年，藤萝又开花了，而且开得这样盛，这样密，紫色的瀑布遮住了粗壮的盘虬卧龙般的枝干，不断地流着，流着，流向人的心底。

花和人都会遇到各种各样的不幸，但是生命的长河是无止境的。我抚摸了一下那小小的紫色的花舱，那里满装生命的酒酿，它张满了帆，在这闪光的花的河流上航行。它是万花中的一朵，也正是由每一个一朵，组成了万花灿烂的流动的瀑布。

选文在前文细腻描写紫藤萝花的基础上，用"流向人的心底"一句巧妙地实现了由物到人的过渡，自然地揭示出人生哲理：花和人都会遇到各种各样的不幸，但是生命的长河是无止境的。细细品味，我们会挖掘出这样的"理"：花和人遇到的各种各样的不幸终究是有限的、暂时的，而生命的长河才是无限的、永恒的。面对生命长河的流淌，我们没有理由消极悲观、无所作为，而应珍惜生命，拥抱生命，以乐观积极的态度汇入到生命的长河中去。如此挖掘，则该散文的主旨不难把握，从中"读出自我"也就容易多了。

牵一"奇"而动全文

——观《泥人张》视频课堂有感

冯骥才的《泥人张》是一篇反映民俗的小说，写的是生活于天津市井里巷的泥人张的故事。泥人张有一手捏泥人的绝活，面对海张五的嘲讽与挑衅，泥人张"遇辱而不惊"，在不动声势中用捏泥人的方式回击，最后海张五花了大价钱才把全部泥人买走。泥人张"无声胜有声"，用特立独行的处世方式维护了自己的尊严。本篇文章用了大量的天津方言，富有浓郁的地方色彩，是民俗小说中的经典之作。

研修期间，我仔细研读了朱莉老师执教的《泥人张》一课，感受颇深。反思朱莉老师的课堂，真是精彩纷呈。她基于对教材的准确理解，抓住了《泥人张》一文中一个"奇"字，引导学生读、品、说、悟，让火热激情一直贯穿于课堂始终，挥洒出了大语文课堂的精彩。从全文的教学环节来看，朱老师处处围绕一个"奇"字做文章，发掘出学生情感的涓涓细流，用激情点亮了语文课堂。具体来说，主要有以下几点特色：

一、导入出"奇"，激发情感

上课伊始，朱老师激趣导入，让学生在欢快的配乐中欣赏几幅彩塑图片，引导他们用一两个词语来形容这些泥塑作品。学生纷纷作答，说出了"活灵活现""惟妙惟肖""栩栩如生"等词语。朱老师又进一步引导：大家知道泥人张的创始人是谁吗？在他身上会有怎样传奇的故事发生呢？这样，引入一个"奇"字，把学生带入特定的情景之中，自然引出泥人张其人其事。

二、初读悟"奇"，整体感知

在这一环节，朱老师引导学生用自己喜欢的方式初读课文，感知大意，并根据对文章的理解在"泥人张"这一形象前面加一个修饰语。学生认真阅读，初步进入文中所描述的情境，有的说"艺高胆大泥人张"，有的说"不畏权势泥人张"，有的说"镇定沉着泥人张"，有的说"智慧过人泥人张"。此时，朱老师抓住机会及时引导"知道老师填的是哪个词语吗？俗世奇人泥人张。"由此引领学生进一步去解读泥人张的个性形象：这是一位技艺高超的艺术家，一个俗世中的奇人。

三、再读品"奇"，加深理解

古人云：不动笔墨不读书。朱老师在"再读，品奇人"这一环节，让学生标出能体现泥人张之"奇"的语句，大声朗读，细细品味，做好旁批。通过对文中"一词、一句、一段"的理解，品读出泥人张"行事奇""个性奇"的不凡品性，引导学生在读中悟情、入情、动情，达到与作者产生情感共鸣的强烈效果。最后，又引领学生交流讨论"故事的结局是否合理，你认为海张五会报复吗"这一问题，水到渠成地引出了"世道之奇"这一背景，加深了文章的厚重蕴涵。

四、板书扣"奇"，引发联想

最为难得的是，朱老师提到了《俗世奇人》中的刷子李、快手刘、风筝魏等许多奇人，进而引出"传承民族文化的根"这个大的话题。最后，点出写这样精彩故事的冯骥才也是一个奇人、奇作家，而"奇作家"只有在不平的世道环境中才能孕育出来，他们用传奇的文字保留住一种草根文化的根。最后，朱老师板书紧扣"奇"字，设计成一个竖起大拇指的图案，这既是对泥人张的高度评价，也是对奇世、奇人、奇作家的高度概括，引发了学生无尽的遐思，言有尽而意无穷。

《课程标准》指出："欣赏文学作品，能有自己的情感体验，初步领悟作品的内涵，从中获得对自然、社会、人生的有益启示。对作品的思想感情倾向，能联系文化背景做出自己的评价；对作品中感人的情境和形象，能说出自己的体验；品味作品中富于表现力的语言。"这是从提高学生的人文素养角度而言的，要求教师引导学生置身于作品之中，领悟作品的思想内涵，从中获得积极的情感体验。而朱莉老师的课堂，一个"奇"字见功夫，以"奇"贯穿整个的教学过程，牵一发而动全身，引导学生入文入境，让学生触摸到文中的真情实感，并升华到"民族文化之根"这一意蕴，有着"余音绕梁，三日不绝"的意味，真正让学生走进文本，提升了学生的语文素养。

"磨"你千遍也不厌倦

——研读《记承天寺夜游》一课的反思

著名特级教师窦桂梅老师说过:"好课是'炼'出来的。"著名特级教师王崧舟老师也说:"'磨'课千遍也不厌倦。"这都揭示了"好课多磨"的真谛。每一篇课文都有其独特的灵魂与风骨,只有经过精心打"磨",课堂才会焕发出动人的光彩。下面结合丁慎杰老师和他的同仁们打磨《记承天寺夜游》一课的经验,谈谈从中受到的几点启发。

一、细细品读,和文本对话

要研究一节课,首先要研究文本。只有融入文本,让一个个躺在纸上的文字能够站起来和你说话,使人课合一,才能读到作者的心里去,从而引领学生真正进入教材之中。丁慎杰老师和他的同仁们经过精心研读文本,围绕一个"闲"字,带领学生走进宋代那个月明风清的夜晚,感受苏轼那种闲适旷达的情怀。

具体来说,教师在多次磨课的过程中,引导学生解答问题时能够利用文章中的具体语句,通过反复朗读深入文本,探寻文本中深层蕴含的意味,达到与作者的情感共鸣,从而加深对经典文章的理解与赏析。甚至说,丁老师对文中的每词每句都进行了细致的鉴赏分析,找寻可以引发学生深入体会的一个个"点"。例如对"解衣欲睡""欣然"等词句的朗读指导,经过教师提示,学生能够顺利地走进文中情景,读得有情有味。引导学生做文本的知音,教师才能在课堂上游刃有余。

二、用心阅读,和作者对话

文言文有其深厚的文化内涵,无论从内容还是形式都应多让学生去感知、去触摸。而感知的最好办法就是诵读,从多种方式的朗读中体味古人的情感。在课堂上，丁老师通过多种方式，指导学生有感情地进行朗读，让学生在读中悟，在朗读中慢慢地体会情感，从而达到理解文意的目的。

如何在课堂上关注文章的情感态度与价值观取向呢？丁老师通过设计几个问题就很好地突破了这一难点：1.苏轼为什么夜游承天寺？介绍相关写作背景。2.结合具体语句，说说你从文中读出了一个怎样的苏轼？3.何谓"闲人"？你是如何理解"闲人"的呢？在三次备课中，问题设计虽少却很有深度，根据学生质疑问难时提出的问题确定本课的核心问题，引领学生阅读、思考、感悟，教师适时点拨指导。这样，学生在多种方式的朗读中走进了苏轼的精神世界。

三、个性阅读，和心灵对话

阅读，是一种个性化的行为，说到底是阅读者与被阅读者进行心灵交流时不断追问生命意义的过程。在《记承天寺夜游》这一课例中，教师对文本进行了个性解读，并逐步引导学生对文本进行个性阅读。

例如在第三次磨课时，课堂中有几处精彩环节：一是教师采用情景模拟的方法让学生加深对"相与步于中庭"中"步"字的理解（师顺势拉一名学生，与学生一同表现当时两人漫步徐行的情景）。二是"写一写"，面对如此空明的月色，面对如此豁达的苏轼，你想对他说些什么？三是教师对本课的结束语：同学们，苏轼写作此文之后的一年便被调离了黄州，开始了生命中的另一个周期，他在别弟诗里说，他的生命犹如爬在旋转磨盘上的蚂蚁，又如旋风中的羽毛，但他始终心胸豁达，乐观面对，一路走，一路歌……我想，我们每个人的心头也应该有一轮明月高悬，在自己遭遇挫折之时，在人生不如意之时，我们可以让心中的明月朗照，从容豁达面对种种不如意！在这里，教师转变了自己的角色地位，顺应课改的需求，留给了学生放飞心灵的空间和时间，营造了宽松自由的课堂氛围。

玉不琢，不成器。一堂课也是如此，正是一次次磨课，让我们更清楚地了解自己的不足，在切磋琢磨中不断成长。磨课是一个漫长的化茧成蝶的过程，但精彩的课堂往往在磨课中产生。磨课，语文课堂的活化剂，教师成长的催化剂。

读·品·游

——原来《三峡》一课也可以这样上

观看《三峡》一课的教学视频，感受颇深。教师先用充满诗情画意的导语，自然而然地把学生引入课文中那优美空灵的意境，然后通过"感情朗读""咬文嚼字""化身导游"等环节，一步步地把学生引入《三峡》所营造的情景之中，真是如见如闻、入情入境。

读。学习文言文，重在朗读。针对这一特点，教师放开手让学生尽情去朗读，设置了多种诵读方式，引导学生在朗读中进行感知、体验、欣赏，达到了以读代讲的良好效果。上课伊始，在简单地介绍文学常识之后，教师首先让学生在读准字音的基础上自行朗读课文，接着由老师进行美读吟诵，使学生体会文中所表达的真挚情感，引起心灵共鸣，受到美好情操的陶冶。那优美空灵的旋律配合声情并茂的朗读，把学生带到文中所描绘的山水奇景之中。然后再由学生仿读，并且一边读一边体会。就在这种以朗读为主线的引导中，多数同学都能富有感情地朗读课文，学生对文章有了较深的理解。这样，"读"的目标已经达成，为下面"品"的环节做了铺垫。

品。所谓"品"，一是品文中意境，二是品文章语言。本节课最值得称道之处就是对文中精彩词句的品味赏析。教师首先引导学生自行找出自己喜爱的语句，并说明喜爱的原因。这就大大激发了学生的主观能动性和探究兴趣。而在赏析的词语中，分别从颜色（素、绿）、气氛（凄异、哀转）等多角度入手进行揣摩赏析，并且还围绕"清荣峻茂"四字做文章，调动了学生的感官想象，引导学生用精美的语言把画面慢慢舒展开来，从而营造了美的意境，展现了课堂的诗意之美。尤其是引导学生对这四个字进行扩写环节，将这四字中的图景具体细腻地描摹出来。通过与原文对比，学生认识到扩写反而缺少全文的深邃意境、失去了丰富内涵，从而体会到文言文简洁、典雅的语言魅力。

游。如果只是引导学生读读、品品，那还只是浮于表面，有些流于形式，因为郦道元笔下的三峡和学生之间还隔着很远的时空距离。这就需要老师搭桥铺路，引导学生真正地走近三峡，领略三峡的奇山异水。此时，教师运用了一个巧妙的教学技巧：让学生化身导游，选取一个季节的景色加以解说，并突出景物的特点。这样，学生的身份就变成了导游，他们现在不是在学习欣赏郦道元的三峡之景，而是用自己的一双慧眼、一颗慧心，去发现三峡之美，并把这种美展现给在场的"游客们"。由被动接受到主动解说，学生的思维被激活，他们笔下的文字也仿佛具有了灵性。试想：当孩子们化身导游的时候，这本身是不是一种美好的精神享受呢？

这节课可圈可点之处很多，教师引领学生朗读、发现、欣赏、创造，一步步地把课堂演绎得淋漓尽致，尽情展现了诗意课堂的风采，给人一种全新的心灵感受，令我受益匪浅。在以后的语文教学中，我要与时俱进，改变教学理念，多多借鉴学习一些先进的教学方法，让自己的语文课堂焕发生机与活力。

错！错！错！

——听一节综合活动课后的反思

听了王老师的一节课，回忆自己在综合活动课中曾有的迷茫，走过的弯路，又联想到平时和大家交流时所说的我们的综合活动课堂，不禁在心中连呼：错！错！错！

误区之一：认为综合性学习是语文教学的附属品和装饰品，缺乏足够的重视，在教学中计划性差，随意性强，因而无所作为。

误区之二：过分地依赖教材本身，不会利用身边的丰富资源，唯教材是从，综合性学习成了知识点的罗列，因而死气沉沉。

误区之三：没有一个明确的目标，使综合性学习的课堂流于形式，看起来热热闹闹，实际上没有什么真正内容，因而收效甚微。

……

综合性学习作为一个独具特色的教学领域，本该成为当前语文课程改革的一大亮点，为什么如今却面临着尴尬的境遇呢？应该如何改变观念、调整策略来弥补这些不足呢？以上种种值得我们每一个人反思。

反思之一：课程标准将"综合性学习"和"识字与写字""阅读""写作"等一同列为语文学习的目标，这告诉我们综合性学习本身就是语文教学的常规内容，而不是作为语文教学的装饰品而存在。同时，综合性学习在教学形式上有着其独特性，在知识与能力方面则是有序的、系统的。可见，师生为了完成这一活动，必须要拟定切实可行的计划，实施过程一般要经历准备阶段、过程实施和成果展示三个阶段。没有计划的综合性学习是无意义的学习，率性而为的教学不是真正的语文教学。

反思之二：新课改观念使我们开始重新为教材定位，而教材上综合性学习板块提供的内容仅仅是项目的引子，不是一节课的全部。我们要有勇气走出教材寻找教学资源，引导学生从引子中找到打开知识大门的钥匙，并最终成为学习的主人。同时，学生活动的方式要多种多样，诸如讲故事、演小品、办手抄报、开辩论赛等，在不断变化的方式中激发学生的学习兴趣。这样，无疑是给学生设置了一个较为开阔的学习空间与和展示自己特长的平台。

反思之三：语文综合性学习以语文课程的整合为基点，通过语文课程与其他课程的联系、语文学习与生活的结合来促进学生语文素养的整体推进和协调发展。从这个定位中我们可以发现，综合活动课尽管与其他学科、与生活都有着密切的联系，但它的本质还是语文课，不能上成科学课、音乐课或者是别的什么课。围绕这一中心，综合性学习的目的并不是让学生在课堂上为了唱歌而唱歌，或是为了表演而表演，而是为我们提供了将读写听说四种能力整合在一起的可能，真正在活动中实现课堂内外的衔接，提高了学生的表达能力和文学素养。

综合性活动学习对我们来说还是一片有待开拓的领域，其呈现方式千差万别，我们的实施方案也要不拘一格。今天通过听课和反思，我有一种茅塞顿开的感觉。你呢？让我们一同去探索、去创新吧！

在诵读中感悟 在对话中升华

——《水调歌头》一课的设计思路

宋代文学家苏轼的这首词，是中秋望月怀人之作。词人运用形象描绘的手法，点染出一种皓月当空、孤高旷远的氛围，达到了物我交融、人月合一的境界。全词构思奇幻，立意高远，表达了作者旷达自适的人生态度和追求美好生活的愿望。此词全篇都是佳句，因其意境优美、富于哲理、情感动人，而成为千古绝唱，具有极高的审美价值。为此，我在设计时紧紧围绕古诗词教学的特点，主要采用了如下教学方式：

一、"情"——课堂的基调

许多精美的诗文都具有其独特的情感美，《水调歌头》的美首先就体现在它浓郁真挚的情感上。在教学中，为了充分调动学生的情感，我在课前、课中和课后都穿插了舒缓优美的古筝乐曲《高山流水》，并让学生进行配乐朗诵，从而营造了一种氛围，使他们能够入情入境。尤其是播放flash《但愿人长久》时，学生被歌曲中那浓浓的情感包围着，情不自禁地跟唱，与词人的情感产生了深深的共鸣，这也折射出语文课堂的独特魅力。

二、"读"——课堂的主线

本课教学中，为了引导学生体会这首词的语言美、音乐美和情感美，我把诵读当作主线，并贯穿了课堂的始终。这样以读导学，学生在朗读中把握了词的节奏、韵律等，能够读得抑扬顿挫，并从中受到美的熏陶。同时，我还引导学生运用多种方式进行朗读，通过诵读、译读、品读、演读等环节，最后使学生能将这首词当堂背诵下来。这样，既激发了学生的阅读兴趣，又活跃了课堂气氛，可谓一举两得。

三、"品"——课堂的核心

这首词的语言凝练形象，含蓄隽永，一词一句而尽传精神，具有极强的表现力。学习时，教师要有意识地引导学生通过对字、词、句、篇的探究和鉴赏，更好地领略这首词的韵味。例如探究时启发学生对"起舞弄清影"一句中的"弄"字进行赏析，鉴赏时引导学生通过想象再现文中佳句的意境，归纳总结时点拨学生对"借景抒情""情景交融"等手法的理解品悟，不仅为学生提供遣词造句方面的点滴经验，还使他们获得了独有的体会和感悟。

四、"活"——课堂的生命

朱熹诗云："问渠那得清如许，为有源头活水来。"课堂最忌死气沉沉，我觉得比较理想的语文教学过程应该是：在教师的组织、启发、激励下，学生通过自主合作探究，积极主动地获取语文的真知，培养听说读写的能力，并在学习中感受到心灵内在的快乐。《水调歌头》的教学设计就是本着这个初衷，引导学生读得精彩、品得用心，并能积极主动地去发现和解决问题，在学习语文的过程中获得欣赏美和创造美的乐趣。

总之，我在设计本课教学时力求体现新课改的特色，试图在保持自己教学风格的基础上构建新的语文课堂。我也希望我的学生能够放飞思想，在情感中陶醉，在诵读中理解，在品味中感悟，在活跃中创造。那么，我们的古诗词教学将会充满生机，我们的语文课堂也会魅力无穷。

平中见奇　跌宕生姿

——跟彭荆风学讲故事的技巧

如何把一个寻常故事讲得动人心弦、一波三折？如何表现雷锋精神之花世代相传这样一个重大主题？《驿路梨花》一文的作者彭荆风是讲故事的高手，他选取边陲驿路作为故事背景，围绕神秘的山间小屋展开情节，展现了一代人的美好品质与奉献精神，立意高远，构思新奇，成为散文园地里的一朵奇葩。在叙事技巧上，笔者认为以下几点尤其值得借鉴：

巧设悬念，笔生波澜。《驿路梨花》中多处设置悬念：深山老林里到什么地方投宿？神秘小茅屋的主人是谁？小屋里墙上的字出自何人之手？送米的瑶族老人是什么来历？领头的哈尼族小姑娘为什么说"不要谢我们"？到底是谁盖了这间小茅屋？解放军离开后谁来照管这间小屋？……这一连串的悬念，环环相扣，生动曲折，给全文蒙上一层扑朔迷离、波谲云诡的神秘色彩。就在这多层悬念里，又巧妙设置"双重误会"：第一次误会是"我"和老余误将瑶族老人当作小茅屋的主人；第二个误会是瑶族老人将哈尼族小姑娘当成了梨花姑娘。两次误会交替展开，波澜起伏，情趣盎然，具有浓郁的喜剧色彩。就在这双重误会中，文势峰回路转、柳暗花明，作者带着读者去见了一个又一个可敬可爱的人物，一个个助人为乐的普通人身上，迸发出雷锋精神的灿烂光芒，从而揭示了雷锋精神像洁白无私的梨花一样遍地开放的主题。

运用插叙，充实内容。总的来看，《驿路梨花》一文主要是按时间先后顺序来记叙事件，在顺叙中又穿插了插叙手法，线索清楚，所记事件一目了然。所谓插叙，是指作者在叙写主要情节时插入另一相关事件，以展开故事情节、刻画人物性格、丰富作品的内容。彭荆风在行文中巧妙安排插叙，整个记叙过程显得波澜生姿、跌宕起伏。例如记叙老人投宿茅屋的原因及经过用的就是插叙，补充交代送粮食的缘由，再次突出小茅屋的作用，同时介绍了做好事的是个叫梨花的哈尼族小姑娘，为下文写哈尼族小姑娘的出场蓄势。另一处插叙是通过小姑娘之口介绍解放军盖小茅屋的来龙去脉，以及哈尼小姑娘们照管小屋的经过。通过这一插叙，揭示事情的全部真相，解开悬念，增强了文章的艺术感染力。可见，插叙的作用在于补充内容、丰富情节，同时避免文章落入平铺直叙的窠臼，使文章曲折回旋，更有力地刻画人物和深化主题。当然，运用插叙的关键是上下衔接过渡要力求自然，事情的来龙去脉要交代清楚。

情景交融，虚实相生。白色的梨花开满枝头，香气四溢，这是多么美好的景象！全文有几处描写梨花的美丽场景，读来颇有意蕴：第一次，月光淡淡，梨花飘落，寓情于景，烘托"我"和老余的喜悦心情，为小茅屋的出现勾画幽美的环境。第二次，写"我"梦见一个名叫梨花的哈尼族小姑娘在梨花丛中歌唱的场景，激发了读者美好的遐思，这乐于助人的梨花姑娘不正像梨花丛中那纯洁芬芳的花朵吗？第三次是在文章结尾，"我"联想到陆游的诗句——"驿路梨花处处开"。哀牢山的梨花雪白纯洁，散发着盎然的春意与蓬勃的生机，这仅仅是一派欣欣向荣的景象吗？这明明是一股淳厚古朴的民风，一种乐于助人的情怀。那许许多多乐于奉献的人们，他们不就是处处盛开、处处绽放的美丽梨花吗？此处花人合一，余韵不绝，言有尽而意无穷，达到了荡人心魄的艺术效果。

这篇散文风格淡雅，笔调优美，犹如一幅意境幽远的画，又如一首含蓄蕴藉的诗。没有浓艳的色彩，没有刻意的渲染，却有着优美的意境、纯熟的技法、不凡的手笔。从全文看，手法上情景交融、理藏事中，结构上悬念迭起、层层推进，构思上别具一格、曲径通幽，结尾处卒章显志、以小见大。读完不禁掩卷而思：作为老师，如何从彭荆风的这篇文章中得到启示，教学生去做一个会讲故事的人呢？

爱是人类永恒的美和力量

——《致女儿的信》一课拓展延伸

师： 通过苏霍姆林斯基笔下的这个故事，我想同学们对爱情有了自己的理解和看法。下面就请大家用你喜欢的方式来表达"什么是爱情"这个主题。温馨提示：可以说一句格言，写一首小诗，或者是绘一幅画……

（屏幕显示画面，播放歌曲《牵手》的旋律）

生1： 爱情是浪漫的，但爱更是一种责任。

生2： 真正的爱情是付出而不是索取，是含蓄深沉而不是随意流露的热情。

生3： （充满感情地）像一缕清风，像一朵鲜花，如雪片飞舞，似大树挺立，轻柔、艳丽，纯洁而持久，啊！这就是爱情，我心中的一片芳草地！

（师生鼓掌）

生5： 我画的是一幅画。（展示）背景是一望无际的火红的天空，田埂上坐着一个男人和一个女人。男人深邃的目光注视着远方，而那个女人正静静地望着他，眼神中透出一种无与伦比的美……

师： 富有诗意，又有哲理之美。是啊，爱情是人类永恒的美和力量，它能超越死亡的界限，使人类生生不息、血脉相连。或许正因为如此，在古今中外的文学作品中，爱情成为一个永恒的主题。你知道哪些歌咏爱情的诗句呢？

生1： 身无彩凤双飞翼，心有灵犀一点通。

生2： 曾经沧海难为水，除却巫山不是云。

生3： 关关雎鸠，在河之洲。窈窕淑女，君子好逑。

生4： 生命诚可贵，爱情价更高。若为自由故，两者皆可抛。

师： 记得唐代诗人白居易在《长恨歌》中写道："在天愿做比翼鸟，在地愿为连理枝。天长地久有时尽，此恨绵绵无绝期。"多么动人的诗句！在我国流传着一个凄美的爱情故事，最后故事中的主人公双双化作了翩翩起舞的蝴蝶——

生：（争先恐后）《梁山伯与祝英台》。

（屏幕显示"化蝶"画面，教室里回荡着忧伤凄美的旋律）

师：这是一个古老的民间传说，故事中的梁山伯与祝英台已经死去很多年了，但他们因为爱而化作的蝴蝶，却从遥远的古代一直飞翔到了今天。古今中外有很多爱情故事，哪一个最让你感动呢？

生1：《白蛇传》。

生2：《魂断蓝桥》。

生3：《孔雀东南飞》。

生4：《罗密欧与朱丽叶》。

生5：最让我感动的是电影《泰坦尼克号》中的动人场面。记得在船沉后，杰克在冰海中守护着罗斯，并要罗斯向他发誓绝不会放弃生存。后来，他像一截木头一般沉到了冰冷的海水中。哀婉的旋律响起，我被深深地震撼了，不由得潸然泪下。这个故事告诉我：为了所爱的人，一个人宁愿舍弃自己的生命。

师：你说得太棒了！我相信没有谁会不为这美好的爱情而动容。可是，有时候爱情不一定非要轰轰烈烈。在现实生活中，你所了解的爱情又是什么样子的呢？最好说一说周围你熟悉的人的例子。

生1：爸爸每次出门前，妈妈都要轻声叮嘱说：路上小心点儿。

生2：我的爷爷前年去世后，奶奶总是呆呆地望着院里那棵老枣树出神，听说那棵树是当年她和爷爷一起种下的。

生3：住在我家隔壁的叔叔阿姨并不富有，可他们每天都很开心，有说有笑的。我发现他们互相看对方的眼神很特别，很美。

师：这几个同学真是有心人，他们所说的都是日常生活中的一些小事，可是这些看似平淡的细节中却蕴含着人间真情。爱，不一定非要惊天动地。爱情其实很简单，就是能够牵着爱人的手，一起走过漫长的岁月；就是能够看着自己所爱的人，慢慢变老……

（教室里很安静，学生被打动了）

师：（引导）爱情如此美好。可是如果过早地涉入爱河，会品尝到什么滋味呢？请大家谈一谈你对早恋的看法。

生1：早恋像一枚青苹果，又苦又涩。

生2：心中有一种莫名的思恋并不可怕，关键在于你如何把握。

生3：早恋是无底的沼泽，陷得越深越危险。

师：有见解！爱的季节还没有来临，过早涉足爱河的人，品尝到的将会是一枚苦果。

师：（动情地）孩子们，你们正在一天天长大，我想多少年后，你们将会找到属于自己的那份爱情，还会有一个幸福温馨的家，这真是一件很浪漫的事情。老师还想告诉大家：只有一个拥有智慧的人，才能正确把握爱的方向；只有真正懂得爱的人，才会拥有多姿多彩的人生。下课！

让生命因诗情而美丽

——"古诗新韵"课堂精彩瞬间

【教学实录】

（反复诵读《约客》一诗，营造古典氛围）

环节一：小扣柴扉

约 客

赵师秀

黄梅时节家家雨，青草池塘处处蛙。

有约不来过夜半，闲敲棋子落灯花。

师：《约客》是一首七言绝句，写的是诗人在一个风雨交加的夏夜独自等待客人的情景，读来琅琅上口。哪位同学能找出诗的韵脚？

生1：韵脚是蛙、花。

师：这首诗压的a韵，音韵和谐，读来古典雅致、唇齿生香。从写作手法上来说，你觉得哪一点值得借鉴？

生2："黄梅雨""处处蛙"，描绘出江南之夏阴雨连绵、蛙声不断的乡村之景，富有画面感，烘托出一种清新宁静、和谐美好的气氛。

师：好一派热闹景象！可是后两句的画风好像变了，用心品读，这两句传达出怎样的思想情感？

生3："有约不来过夜半，闲敲棋子落灯花"，表达作者的寂寞之情。

师：诗人耐心而又有些急切地等待着客人到来，无聊之际，"闲敲"棋子，静静地看着闪闪的灯花。这寂寞含而不露，深深打动了读者的心灵。

生4：写景，是为了衬托此时的落寞。

师：这首诗景中寓情，通过描写"雨声不断，蛙声一片"的景象，反衬出夜的寂静和诗人的落寞心情，读来清新隽永、蕴藉有味，令人回味无穷，可见古诗的魅力所在。

环节二：古韵新声

师：作为学子，大家最熟悉的场景莫过于"读书"了吧？这一周是学校开放日，爸爸妈妈们走进校园和孩子一起读书，你是否因此受到触动？下面以"读书"为话题，写一首表情达意的小诗。

（屏幕显示）

挑灯夜读、春日读书、晨读声声，哪一个场景打动了你的心灵？以"读书"为话题，自拟题目，用一首古诗描写读书场景，表达你的心声。

尝试运用借景抒情、以动衬静等手法来使诗歌增辉。写作限时15分钟。

（学生凝神沉思，纷纷动笔。15分钟后，同桌开始交流习作）

环节三：精雕细琢

师：古人写诗字斟句酌，反复推敲，方有了今天我们读到的这些佳词妙句。同学们知道"推敲"一词的典故吗？

（屏幕显示）

唐朝的贾岛是著名的苦吟派诗人。有一次，诗人贾岛骑着驴子去拜访朋友李凝，一路上他字斟句酌，写了一首诗。全诗如下：

题李凝幽居

闲居少邻并，草径入荒园。

鸟宿池边树，僧推月下门。

过桥分野色，移石动云根。

暂去还来此，幽期不负言。

贾岛反复吟诵了几遍，又想将"推"改为"敲"，他犹豫不决，于是在驴背上做推、敲的姿势，惹得路上的人又好笑又惊讶。正在他想得入神的时候，驴子冲撞了时任长安最高长官的韩愈的车骑。韩愈问贾岛为什么闯进自己的仪仗队。贾岛就把自己作的那首诗念给韩愈听，还把其中一句拿不定主意是用"推"好、还是用"敲"好的事说了一遍。韩愈听了也加入思索，良久之后，对贾岛说：

"我看还是用'敲'好，夜深人静拜访友人，敲门代表你是一个有礼貌的人！而且一个'敲'字，使夜静更深之时，多了几分声响……"贾岛听了连连点头称赞。他不但没受到处罚，还和韩愈交上了朋友呢。

师："推敲"从此就成为脍炙人口的常用词，用来比喻做文章或做事时，反复琢磨，仔细斟酌。下面同学们仔细读读自己写的小诗，推敲字句，用红笔改一改。相信你会有意想不到的收获。

（学生认真修改，老师巡视指导）

环节四：秀出风采

师：小组交流，好诗共赏。每组推荐一首最精彩的小诗，由本组朗读最精彩的同学读给全班同学听，大家都来找找亮点。

（组长安排大家一起选出好诗，朗诵诗歌，写推荐语）

生1：我们小组推荐沙英霞同学的诗歌《陪读母亲》，这首诗寓情于景，写出母子共读的和谐画面。

陪读母亲

又闻四月槐花香，槐树新枝披淡妆。

黎明闻香入学堂，同我共闻漫书香。

师：此情此景令人感动。"槐树新枝披淡妆"一句中"槐树"一词有些直白，读来音韵不够和谐，能否换个词呢？

生2："槐树"就是我们学校的那棵古槐，改为"古槐新枝披淡妆"呢？

生3："槐"字重复，不如改为"古树新枝披淡妆"。

师：精彩！再读这首诗，你还发现了什么问题？

生4："黎明闻香入学堂"中的"黎明"，不如改为"晨曦"。

生5："晨曦闻香入学堂"好像少了主语，改成"慈母闻香入学堂"呢？

生6："慈母闻香入学堂"，意思是说母亲是被槐花的香气吸引来的，这好像不符合真实情况。没有槐香，母亲也是会来的呀！不如改为"慈母踏香入学堂"。

师：一个"踏"字，多么富有诗意。老师为你点个赞！

生5：可是，"同我共闻漫书香"里也有一个"闻"字，用词还是重复。

生6：改为"与我共读漫书香"怎么样？

生7：我觉得这一句改为"凝神静读浸书香"不错。

生8：不好，有点俗气！不如改为"与我共读沐春光"。

师：好一个"与我共读沐春光"！下面齐读修改后的《陪读母亲》一诗。

陪读母亲

沙英霞

又闻四月槐花香，古树新枝披淡妆。

慈母踏香入学堂，与我共读沐春光。

（各组当堂展示，师生点评、修改、提升，选出佳作张贴展览）

【随笔展台】

晨 读

王海跃

旭日初升映窗前，琅琅书声溢校园。

柳絮随风悠悠舞，轻落书间挑心弦。

夜 读

高雨婷

暮色渐深烛光起，少年独坐静夜里。

丝缕星光遥相望，文墨已入胸怀间。

晨 读

刘新月

天色破晓露微光，扉页书墨一点香，

星月逝去旭日升，何家勤奋少年郎？

夜 读

徐靖麟

夜色阑珊读书忙，汗珠粒粒浸华章。

万籁无声光阴逝，口不绝吟荡心房。

春日观书

罗涵月

窗外流光影斑驳，室内墨笔走龙蛇。

兰亭之序香犹在，又值春光芳菲来。

时光如此尽诗意

——"小诗朵朵"课堂精彩瞬间

【教学实录】

（反复诵读《假如生活欺骗了你》《未选择的路》，营造课堂气氛）

环节一：小扣柴扉

师：比较一下，这两首外国诗歌有什么共同之点呢？

生1：读起来有韵味，都有抒情色彩，动人心弦。

生2：这两首诗都告诉读者人生的哲理，令人受到启迪。

生3：语言含蓄凝练，富有音乐的美感，引发无限遐思。

师：这正是诗歌的魅力所在。仔细品读，这两首诗有何不同之处？

生4：《假如生活欺骗了你》一诗传递着积极乐观的精神，鼓舞人心。《未选择的路》则有着浓浓的忧伤，容易引发共鸣。

师：《假如生活欺骗了你》娓娓道来，富有强烈的感染力。《未选择的路》表达作者对人生选择的深沉思索，那忧郁的语调极易触动作者的心灵。

生5：《未选择的路》一诗题目中的"路"，具有象征意义。写到了"黄色的树林""荒草萋萋""落叶满地"等景色，可以说是"诗中有画""画中有诗"。

师：在诗歌中这叫"意象"，此诗借助鲜明的意象来抒发情感，寓情于景，构成了情景交融的艺术意境。而《假如生活欺骗了你》一诗则是直抒胸臆，表达直面挫折、笑对人生的积极态度。

环节二：诗以言志

师：从《假如生活欺骗了你》中我们读出普希金对未来的坚定信念，而弗罗斯特在《未选择的路》中教给读者借助意象来表情达意。在这生机勃发、鸟语花香的春天，此情此景是否激发了你对未来的憧憬？是否触动了你心头的思绪？

（屏幕显示）

可以在"_____未来"和"我们在春天里相遇（别离）"中选一题目，写一首现代小诗，可尝试运用象征、借景抒情等手法，写作限时20分钟。

（学生动笔写作，师巡视。20分钟后，开始交流品评）

环节三：慧眼识珠

老师巡视指导，小组交流，选出好诗，找出亮点，写推荐语，推敲字句，修改提升。要求每组推荐一首最精彩的小诗，由本人读给全班同学听。

环节四：秀出风采

生1：我们小组推荐丁博文的《憧憬未来》，这首诗文笔自然，一咏三叹，表达了对未来的憧憬与期待，在对比中突出全诗的主题。

憧憬未来

有人对过去充满怀念，

怀念那些逝去的美好；

有人对未来满怀期待，

期待未知世界的新奇。

未来就在不远处等待，

回报你曾经付出的一切：

或许是虚度的悲伤，

或许是成功的惊喜。

生2：我们小组推荐王诗涵的《期待未来》，这首诗有普希金的风格，格调昂扬，笔力千钧，表达了创造未来、创造世界的豪情，充满正能量。

期待未来

当不公的命运捉弄了你

当沮丧与绝望纠缠着你

不要迷茫 不要动摇

未来在等着我们去创造

看，丑陋的毛毛虫已破茧成蝶

听，空中的雏鹰正尽情高歌

相信自己 相信未来

你会拥有一个全新的世界

生3：沙英霞的《我们在春天里相遇》别具一格，色彩斑斓，意象鲜明，写出了一次遇见的美好。"春天"具有象征意义，既指自然界的春天，也指人生的春天。

我们在春天里相遇

和煦的东风轻轻拂过

灿烂的暖阳洒照大地

花儿们含苞怒放

春天点染出斑斓的色彩

你我在最美的季节相遇

向着彼此挥手

五月的风 三月的雨

浸润在袅袅槐香里

生4：从"柳絮漫舞"到"落花纷纷"，从相遇的欢喜到别离的落寞，高雨婷同学用诗歌讲述了一个动人而伤感的故事——

我们在春天里别离

柳絮漫舞中

是谁在满眼欢喜地凝望

你真的如约而来了

带来世界的生机

春天明明已埋葬一个童话

却是那么不着痕迹

你踏着落花离去

带走了心底的欢喜……

（师生一起修改升格，选出佳作张贴展览）

【随笔展台】

憧憬未来
宗倚帆

在这莺歌燕舞的季节

我种下一株幼苗

那弱小的身躯挺立着

沐浴阳光 不惧风雨

小小的幼苗呵

心中有美好的憧憬

正如你我

坚守着一个未来的梦

期待未来
朱圣研

静静地，

站在窗口向外遥望。

远方的诗意，

撩起了遐思无限。

掬起一捧清澈的海水，

想象着未来的点点滴滴。

朵朵洁白的浪花里，

奔腾着几多希冀。

这世间有一种最美丽的声音

——综合性学习《献给母亲的歌》教学设计

【活动目标】

搜集、展示有关"母爱"的资料，让学生感受伟大的爱；学会用恰当方式和母亲沟通，理性思考母爱内涵；对话与随笔写作，培养口语交际和书面表达能力。

【活动过程】

一、师生准备，营造氛围

1. 学生自愿组合，分成"文学艺术中的母亲""现实生活中的母爱""走进母亲的世界""感念母亲的恩泽"四个小组，由组长制订计划，组织搜集有关母爱的文学作品、绘画摄影、感人故事、舞蹈歌曲等资料，并自制幻灯片课件。

2. 在教室里张贴表现母爱题材的图片、格言、诗歌等等，营造一种氛围。

二、创设情境，倾听母爱

播放歌曲《母亲》，把学生引入特定情境中。渲染导入：世界上有一种爱最难让人忘怀，那就是母亲对孩子的爱。像一首美丽的田园诗，清新纯朴；如一幅悠远的山水画，自然恬淡；是一首深情的爱之曲，婉转悠扬，浅吟低唱；是一阵和煦的春风，送走朔雪纷飞，吹来春光无限……今天，就让我们同唱一首献给母亲的歌，去感悟母爱的博大与厚重，去表达儿女的感恩与礼赞。

三、课堂交流，展示成果

1. 文学艺术中的母亲——解读母爱

一组展示搜集的关于"母爱"的小说、散文、诗歌、电影等，通过这些文学艺术作品诠释母爱的真谛。（师生欣赏、评价）

2. 现实生活中的母亲——感受母爱

二组推荐代表，深情讲述"母爱"故事（生活见闻，自身经历，动物世界中的母爱），学生畅谈感受，赞美母爱的无私和伟大。

3. 走近母亲内心世界——理解母爱

引导第三小组以现场聊天的形式和在场的母亲们互动，提出问题、沟通理解。内容提示：母亲的生活经历，她的梦想与追求；母亲十月怀胎、一朝分娩的甘苦；母亲养育子女的经历，其中的酸甜苦辣；母亲对孩子的要求、殷切期待；母亲的工作、身体状况和喜怒哀乐；母亲怎样看待"爱"与"溺爱"。

4. 品读寄语倾诉心声——感恩母爱

课前请母亲写一段给孩子的寄语，并由对应的孩子当堂朗读，给学生一个惊喜。感动之余，学生在准备好的硬纸卡片上写"我想对妈妈说……"，小组之间互相交流。当堂宣读学生写的感恩小卡片，推荐优秀片段张贴在教室里展示。

四、高歌一曲，赞美母爱

引导：母爱是永恒的，不管风雨如何飘摇，她总是坚强挺立、永不褪色；母爱是质朴的，不管世界如何变幻，她总是宁静如水、原汁原味；母爱是执着的，不管命运如何苦涩，她总是倾其所有、从不打折。母亲之恩，与江河同流，与日月同辉。千言万语也表达不出我们对母亲的挚爱深情，那就让我们传唱一曲献给母亲的歌吧！（屏幕播放《妈妈的吻》，师生跟唱，入情入境）

五、付诸行动，感恩母亲

1. 引导：母亲为我们做了很多很多，我们应该懂得回报和感恩。想一想你曾经为母亲做过什么？你准备今后为母亲做些什么？（学生自由畅谈）

（屏幕显示）

慈母情，是"三春晖"，是世界上最圣洁、最无私的爱，是任何"寸草心"

也难以回报的拳拳深情。愿天下母亲，别忘了留一份爱给自己；愿天下儿女，别忘了回报母亲一缕浓浓的温馨！

2. 课下延伸：整理课堂成果，师生共同编写一本关于"母亲"的小书，扉页自制格言，并起一个富有诗意的名字。

【参考资料】

一、文学艺术中的母爱

1. 文学：孟郊《游子吟》、泰戈尔《金色花》、屠格涅夫《麻雀》、沈石溪《狼王梦》、高尔基的《母亲》、冰心《纸船》、歌德《致我的母亲》。

2. 绘画：柯勒惠枝《母子情》、拉斐尔《椅中圣母》、毕加索《母亲与孩子》《母爱》、大卫·霍克尼《我的母亲》。

3. 摄影：于全兴《母亲》、普利策特《一个母亲的旅程》、邹森《母爱·地震》。

4. 电影：《盲山》《妈妈再爱我一次》《撑起生命的蓝天》《网络妈妈》。

二、关于母亲的名言

儿行千里母担忧。（俗语）

劝君莫打三春鸟，子在巢中盼母归。（谚语）

世界上有一种最动听的声音，那便是母亲的呼唤。（但丁）

慈母的胳膊是慈爱构成的，孩子睡在里面怎能不甜？（雨果）

三、妈妈，我想对您说

1. 您是一位普通的农民，但在我心中却像一棵参天大树，时刻保护着小鸟一样弱小的我。只要有您在身边，我的心就会感到温暖，我的心灵就不再孤单。

2. 妈妈，今天我送您一张精美的卡片。一张小小卡片，是我自己悄悄做的，寄托着我对您的深情和感激。谢谢您的爱，春去秋来，花开花落，我永远会珍惜……

3. 记得小时候您扶我学走路、教我学说话的情景：我一次次地摔倒，您鼓励我一次次地重新站了起来；我一次次地发出咿呀的声音，您耐心地一次次纠正着。您的笑容，是留在我记忆中的美丽花朵。

正义的呐喊响彻整个世界

——《就英法联军远征中国致巴特勒上尉的信》教学设计

一、导入新课

圆明园，被称为"东方的凡尔赛宫"。它建筑精美，富丽堂皇，是我国劳动人民智慧的结晶。可是1860年10月的一天，圆明园里燃起了熊熊大火，英法强盗把这座美丽的园林抢劫一空，这就是震惊中外的"火烧圆明园"事件。作为知名作家的雨果，对此是怎么评价的呢？今天我们一起学习《就英法联军远征中国致巴特勒上尉的信》一文。（板书题目）

二、预习展示

1. 积累重点词语，读一读，写一写，理解词意。
2. 交流关于雨果的资料，掌握《悲惨世界》《巴黎圣母院》等文学常识。

三、体会情感

引导：根据史料记载，巴特勒上尉亲自参加了这次洗劫圆明园的行动，他写信给雨果，是希望得到这位知名作家的赞美。那么，这位上尉是否得到了他想得到的赞誉呢？让我们一起从这封信中去寻找答案。

1. 走近圆明园

（1）朗读课文第三段，体会雨果对圆明园的情感。（板书：赞美、向往）

（2）引导学生带着赞美、向往之情，自由朗读自己喜欢的语句。自由展示，评价。

引导：在世界人民心中，圆明园是一个伟大奇迹。谁能想到，这个奇迹有一天会消失呢？那一天，有两个强盗闯进圆明园，于是人类文明史上发生了最野蛮的一幕——

2. 正义的呐喊

（1）出示改后文字，比较朗读原文与改文，体会效果：原句运用反语，具有强烈的嘲讽意味。

（2）了解关于反语的有关知识，以第五段为例指导朗读，体会反语的表达效果。（明确：运用反语，具有嘲讽意味，愤怒谴责了英法联军的强盗行径，更加富有情感色彩）

引导：应该用什么语气来读五、六两段呢？（归纳总结，板书：谴责、嘲讽）

（3）用谴责、嘲讽的语气朗读五、六两段文字。

预设评价：同学们读得声情并茂，老师仿佛听到了雨果先生愤怒的呐喊！刚才提到一个叫"额尔金"的人，请问他有什么丰功伟绩呢？原来如此！"老子英雄儿好汉"，这父子二人在毁坏人类文明上的"功绩"不可磨灭！他们因此千古留名！

引导明确：此处"丰功伟绩""英雄好汉"等词运用反语，讽刺了父子二人的可耻行径，表达出愤怒之情。

四、我和雨果面对面

1. 引导：从这封信的字里行间，你读出了一个怎样的雨果？（明确：博爱、正义、富有人道主义精神等）

2. 假如雨果先生来到我们的现场，你有一次提问机会，你有什么问题想问这位作家的呢？雨果先生会怎么回答呢？请你和同桌互动，一人提问，一人做出回答。

3. 引导：感谢雨果先生，他能站在公正的立场上为中国人说话，让我们读到了这一封义正词严的信。现在，老师作为雨果先生站在大家面前，请各小组派小记者和"雨果"对话。（温馨提示：提问前要有称呼语；提问语言要简约到位；说话语气要得体）

问题预设：雨果先生，请问您怎么看待圆明园呢？

——圆明园是一个世界奇迹，它在我心中的地位，不亚于法国的巴黎圣母院。可惜，这个奇迹被英法强盗生生毁灭了。对此我义愤填膺，我要厉声谴责那些可耻的强盗们！

雨果先生，作为一个法国人，您为什么要声讨本国政府？

——是的，我是法国人。但法国政府对中国人民犯下了滔天罪行，我要代表法国人民、代表世界人民发出正义的呐喊，这是我作为一个作家的天职！

……

五、咬文嚼字

引导：仔细品读雨果笔下的文字，用词精当，字字珠玑，或运用比喻、排比，或巧用反语手法，散发着无穷的魅力。请同学们在文中找一处你认为精彩的地方，用红笔标记下来，给这句话做个批注。（圈点勾画，交流品评）

六、课外延伸

1. 引导：历史的烟云已经消散，今天的圆明园又是怎样的一种景象呢？看，在那片烧焦了的土地上，矗立着几处断壁残垣，好像在低低诉说着什么。听，圆明园在哭泣！你认为圆明园为什么哭泣？

示例：过去为祖国的落后挨打而哭泣；今天为国人忘记了百年耻辱，在圆明园拍照、欢笑、追逐而哭泣。中国人应该不忘国耻，奋发图强，才能立于世界民族之林！

2. 列宁说过：忘记过去就意味着背叛。有人主张重建圆明园，您认为圆明园是否需要重建呢？

示例：我认为不需要重建。首先，重建圆明园需要耗费大量的人力物力财力，不如把这些资源用到更需要的地方。更重要的是，与其重建圆明园这样一个外在的形式，不如把它作为一个象征，让它永远矗立在世界人民的心中，以此来警示世人：不要让悲剧重演！

去聆听一匹马的心声

——布封《马》教学案例

【文本简析】

马是人类忠诚而高贵的朋友，但人类是不是马的朋友呢？本文写出了人工驯养的马的驯良、克制，通过写它们处处受到束缚与羁绊的不自由，突出表现了天然野生的马的强壮、轻捷、遒劲以及它们所具有的充沛精力和高贵精神。文章传达着这样的信息：善待马儿，其实也是善待人类自己。文中流露出作者对"在无垠的草原上""自由自在地生活着的马匹"的由衷赞美，对"被人养育""经过训练""供人驱使"的马的深刻同情。为了表达这种感情，作者主要运用对比手法，既有人对马奴役、驯养、摧残和马对人无私奉献的对比，也有被驯养的马和天然野马的对比，更有马与其他动物的对比，这是学生学习对比手法的好材料。

【教学目标】

1. 诵读课文，把握两种生存状态下的马的不同形象，体会作者的感情态度。
2. 通过探究加深理解，激起思维碰撞；品析语言，学习运用对比手法。
3. 培养学生大胆发表见解的意识与能力，激发对马的喜爱与赞美之情。

【教学过程】

一、导入新课

屏显马的画面，渲染导入：《西游记》中有护送唐僧西天取经的白龙神马，《三国演义》中有因主人关羽被害而不愿独生的赤兔马，作家拉伯雷笔下也曾不厌其烦地勾勒过卡冈都亚的带有传奇色彩的大马。自古以来，马就和人类结下了不解之缘。今天，我们和布封一起走近人类感化的使者——马。

二、预习展示

1.学生辨别重点词语的形、音、义，积累重点词语，读读写写。

2.学生根据所查阅的资料，分别从身份、作品、精神等方面介绍作者。教师补充：布封的一生向我们展示了耐心与勤奋的力量，就像他所说，"耐心就是天才"。

3.初步感知。教师引导：这是一篇写马的科学小品，也是一篇优美的散文。文中写了哪两种马？作者对它们怀有什么态度？明确：人工驯养的马、天然野生的马；作者同情家马，欣赏野马，这种态度集中表现在第二、三自然段。

三、手法借鉴

1.引导对比人工驯养的马、野生的马的不同特性，体会对比的作用。明确：

人工驯养的马的特性：（1）无畏的精神，勇毅，慷慨以赴，兴奋鼓舞，精神抖擞，耀武扬威；（2）驯良的性格，克制，屈从，舍己从人，迎合，无保留地贡献着自己，舍弃生命。

天然野生的马的特性：（1）美质：动作自由，自由自在，既不受拘束，又没有节制，因不受羁勒而感觉自豪，呼吸着清新的空气，强壮、轻捷和遒劲，充沛的精力和高贵的精神；（2）美德：绝不凶猛，豪迈而狂野，互相眷恋，依依不舍，和平生活，欲望既平凡又简单，不互相妒忌；（3）美貌：身材最匀称、最优美，头部比例整齐，却给它一种轻捷的神情，而这种神情又恰好与颈部的美相得益彰，高贵姿态，眼睛闪闪有光，目光坦率；耳朵也不大不小，鬣毛正好衬着它的头，装饰着它的颈部，给予它一种强劲而豪迈的模样；它那下垂而茂盛的尾巴覆盖着、并且美观地结束着它的身躯的末端。

作用：写出人工驯养的马的驯良、克制，处处受到束缚羁绊的不自由，突出表现了天然野生的马的强壮、轻捷和遒劲，具有充沛的精力和高贵的精神。

2.引导对比马与其他动物的外貌、体形，体会对比手法的作用。明确：

（1）马与狮子、驴子、牛、骆驼等动物的体形比较。作用：突出马是身材高大而各部分又都配合得最匀称、最优美的动物。

（2）马与牛、驴等动物的头颅比较。作用：突出马的头部比例整齐，恰好与颈部的美相得益彰。

（3）马与牛、驴、骆驼、犀牛、狮子等动物的眼睛、耳朵、尾巴等部位的比较。作用：突出马的眼睛闪闪有光且目光坦率以及各部位配合优美的特征。

四、课堂辩论

师：我们采用辩论赛的形式，谈谈自己的情感态度。正方辩题是：我喜欢自由自在的野马，不喜欢被人操纵的家马。反方辩题是：我喜欢忠诚勇毅的家马，不喜欢无所作为的野马。用文中的有关语句和自己知道的事例与道理阐明原因。

（引导学生读课文，做标记，查资料，搜积累，思考交流，然后进行辩论。以自由辩论为主，教师注意适时引导，激发学生思维的火花。师生评价双方表现，以鼓励启发为主）

师：同学们都能说出自己的阅读感悟，有的喜欢家马的驯良、勇毅、忠诚，有的喜欢野马的自由奔放、豪迈粗犷、强壮遒劲，真是各有所爱。作者布封倾向于对哪一种马的赞美呢？请在课文中找到相关语段说一说，体会作者情感。

（屏显：马的心语）

无论是一匹自由自在的野马还是忠诚勇毅的家马，我都要在无边的原野上尽情驰骋，用我的毅力，我的精神，我的不羁的心灵，奔跑出一片天地，快乐自己，成就他人，为世界带来一份美丽的风景！

五、随笔写作

引导：马是人类忠诚而高贵的朋友，但是人类是不是马的朋友？人和马到底是一种怎样的关系？假如你是一匹马，你愿意做哪一种马呢？请你以"＿＿＿的宣言"为题，选择一种马并做它的代言人。

六、秀出风采

引导学生找随笔中的亮点，推荐展示，欣赏品评。

【随笔展台】

野马的宣言

李佳鹏

我是一匹野马，我自由自在、无拘无束地在广袤的草原上尽情奔腾，没有石块羁绊我的脚步，没有雨水润湿我的绒毛，没有战争破坏我的生活。我行走着，奔驰着，腾跃着，为有这样一个美丽的草原而自豪。

春天，我在无垠的草原上自由地游荡、蹦跳，采食着新鲜产品，呼吸着清新的空气。夏天，我在茂密的草原上自由地奔跑，嬉戏，寻觅着同伴的足迹，吮吸着花朵的芬芳。秋天，我在枯黄的草原上自由地漫步、奔跑，感受着阵阵清凉的秋风。冬天，在这个寒风刺骨的季节，草原已经失去了曾经的生机，我忍耐着严冬的凄寒，期盼着另一个春天的来临。

这就是我，一匹崇尚自由的野马。如果有一天人们要在草原上除草建房，身为草原之子的我，应该面临怎样的抉择呢？逃避？屈服？不，我不能失去自己的自由，不能失去美丽的家园。美丽的草原养育了我，我要永远坚守在我的家园，为她战斗，为她牺牲！

家马的宣言

李 聪

我是一匹家马。虽然没有野马那样自由自在，但我可以和主人一起快乐；虽然没有野马那样潇洒，但我可以经过主人的驯养变得更加勇毅。

主人对我无比爱护，时时给我洗澡，梳理身上的毛，这些我都不介意，因为我知道，这是主人爱我的表现。虽然主人要把我束缚起来，但我心里明白，这是主人因为爱我而犯下的一个错误。可惜，我没有出生在动乱的年月，不然我就会和主人一起作战，一起奔腾，一起立下赫赫战功。

我是主人的知心朋友。有时候，主人会拍一拍我的头，向我倾诉他的烦恼，还有一些秘密。我会和主人一起分担他的心事，每当看到他的脸上有烦恼、忧虑的表情，我的眼里就莫名其妙地会有眼泪在打转。不过我会忍着，不让他看到我伤心的模样，不让他为我担心。

有时候，我会和主人一起散步。我们一起出现在大街小巷中，那时的我别提有多快乐了，脸上满是兴奋的表情。我是一匹家马，我感恩主人的疼爱和关心，我愿意一直和他在一起，即使带着羁绊，我也会无怨无悔。

战马的宣言

徐清宇

我是一匹叱咤战场的战马，而不是在人类手中随意把玩的"玩偶"。虽然没有大象的高大，但我比它灵活许多。我既有野马那样美丽的外表，也具有勇毅顽强的精神。虽然表面看起来我失去了自由，但我同时得到了主人的钟爱，也得到了在战场上一展风采的机会。

在古战场上，我有着不可替代的位置。当战争开始时，我的价值就开始展现。主人给我披戴好一副闪闪发光的盔甲，因为这样，人们经常用这样的一个成语来形容我的英姿：金戈铁马。请在脑中想象一下：铁马萧萧，上万匹战马在沙场上纵情奔腾，我和我的主人叱咤风云，那是一幅多么雄伟壮观的场面啊！而我的主人，一定是一马当先、立下汗马功劳的那个勇者。我想象着自己在战场上纵情驰骋的英姿，不禁仰天长啸。

我是一匹高贵的战马，我听惯了兵器搏击的声音，我向往那种轰轰烈烈的生活。面对险境，我会勇往直前、慷慨以赴。我和主人一起驰骋疆场，一起分享战斗的快乐。我自豪，我是一匹战马！

一匹野马的宣言
徐雯雯

我是一匹无拘无束的马，我喜欢这种没有束缚、没有羁绊的生活。外面的天空清新自然，外面的世界自由广阔。没有刀枪剑影，没有尔虞我诈，我喜欢这种平凡而简单的生活。

古代的诗人们为我们写下过豪迈的诗篇：曹操《观沧海》中说是"老骥伏枥，志在千里"，孟郊《登科后》里说是"春风得意马蹄疾，一日看尽长安花"。我知道有些马因为主人而闻名于世，关羽的赤兔马，项羽的乌骓马，唐僧的白龙马，但我不喜欢那样的生活：不是因为太累、太苦，而是每天都要看主人的脸色，这不符合我的个性。

马，本是大自然的杰作。可是，当你看到一匹马佩戴绫罗绸缎，满身的黄金链条，你会想些什么？主人的地位高，马儿自然也跟着光彩，这不过是张扬主人的地位，给一匹马佩戴这些，不是有些太可笑、太可悲了吗？

当你看到一匹无拘无束的马在草原上自由地吃草时，你又会想些什么？

我们是野马，有着高贵健美的姿态，有着豪迈奔放的个性，有着崇尚和平的美德。不愿忍受束缚的家马们，还等什么呢？快快加入我们的队伍中来吧！

见证一个不属于自己的奇迹

——《伟大的悲剧》一课教学片段节选

师：题目中的"悲剧"二字震撼了读者心灵，"悲剧"二字在文中有哪些体现？

生1：斯科特等人到南极的时候，发现了对手的国旗在那里猎猎作响。原来第一名已经到达，他们是第二名，可是第二名在人们眼中什么都不是，他们失败了，这是悲剧。

生2：他们失败了，还要担当起为第一名作证的责任，而这个第一正是他们自己历尽艰险不惧牺牲想得到的，这也是悲剧。

生3：燃料缺乏，食物缺乏，南极天气奇寒、环境恶劣，斯科特等人受冻、挨饿，忍受着暴风雪，这些都在折磨着他们的身体与心灵，真是太悲剧了。

生4：他们的燃料已经告罄，而温度计却指在零下40摄氏度。任何希望都破灭了。他们现在只能在两种死法中间进行选择：是饿死还是冻死。读到这样的话，我很为这些勇士们感到悲哀。

师：如果是在生死之间进行选择还好，可是他们只能在死亡的方式上进行选择，更加深了悲剧的浓重。

生5：英雄们最后被冻僵在睡袋里，生命的逝去，是最大的悲剧。

生6：斯科特海军上校在他行将死去的时刻，用冻僵的手指给他所爱的一切人写了书信。就是说，他永别了自己的亲人、朋友、妻子和祖国，读到这里令人悲伤。

生7：斯科特给妻子写信的那个细节，同样让人感到悲伤。

生8：后来人们为那几个悲惨死去的英雄们垒了一个石墓，在堆满白雪的墓顶上竖着一个简陋的黑色十字架。为什么是"简陋"呢？我认为这些英雄们逝世后应该得到更好的礼遇。可是他们并没有得到，我觉得很悲剧。

师：茫茫冰雪，浩浩雪原，斯科特等人长眠的地方，只有一方矮矮的坟墓，一个小小的十字架。这位同学从"简陋"二字发掘出了悲剧色彩，真了不起！是啊，他们为了人类的探险事业付出生命的代价，可是却没有得到应有的荣誉，何尝不是一种悲剧呢？鲁迅先生说过："悲剧就是把有价值的东西毁灭给人看。"当你为这些勇士们叹息的时候，请不要忘记去寻找他们身上那些"有价值的东西"。想一想：题目中的"伟大"一词，在文中具体又是如何展现的呢？

生1：斯科特等人风餐露宿，历尽千辛万苦到达南极，这本身就是一个奇迹。第一名固然了不起，第二名也很伟大！世人以成败论英雄，这是不公正的。

生2：他们接受了一个最冷酷无情的职责：在世界面前为阿蒙森完成的业绩作证，证明阿蒙森等人是第一批到达者。能够忠实地去履行这一任务，可见他们的光明磊落。这些能够直面失败、诚实守信的勇士们，具有绅士风度。

生3：归途中这些英雄们困难重重，但他们一想到自己所进行的探险是人类的不朽事业时，就有了超人的力量，来面对种种艰难险阻。尤其是威尔逊博士，在离死亡只有寸步之遥的时候，他还在继续进行着自己的科学观察。从这里，我读出了他们的伟大。

生4：他们团结友爱，不肯放弃同伴。但当劳伦斯·奥茨觉得自己拖累同伴的时候，这个骑兵上尉就像一个英雄似的向死神走去。

师：这是一个团结友爱的团队，为了共同的梦想走到一起。生前他们互爱互助，就是死后，人们发现斯科特还像亲兄弟似的搂着威尔逊，多么悲壮但又是多么感人的一幕！

生5：他们知道再也不会有任何奇迹能拯救他们了，于是决定骄傲地在帐篷里等待死神的来临。不管忍受怎样的痛苦，他们却始终没有向世界哀叹过一声自己最后遭遇到的种种苦难。

生6：斯科特海军上校的日记一直记到他生命的最后一息，记到他的手指完全冻住，笔从僵硬的手中滑下来为止。他能用超人的毅力把日记写到最后一刻，他在面对死神时还给亲人、妻子、朋友们写信，可见他的伟大。

生7：斯科特海军上校希望以后会有人在他的尸体旁发现这些能证明他和英国民族勇气的日记，这种爱国精神同样伟大。

师：斯科特把自己和祖国紧紧联系在一起，祖国是否也以同样的爱来纪念他呢？

生8：在英国国家主教堂里，国王跪下来悼念这几位英雄。国王跪下来悼念他们，说明祖国没有忘记这些为了探险事业而牺牲的人们。

师：跪拜是一种隆重的礼节，在我国传统文化中，这一般是下辈对长辈或是社会地位低的人对社会地位高的人所施的礼仪。按照现代人的习惯，除非在极为特殊的场合，几乎没有人再行跪拜礼了。而这里，英国国王在国家主教堂里向这些勇士们行跪拜礼进行悼念，代表国家和人民表达对这些探险英雄们的极度崇敬。看来，祖国并没有忘记她的这些勇敢的葬身南极的孩子们！而墓顶上竖着的那个简陋的黑色十字架，此时也因为一个国王的膜拜而熠熠生辉！茨威格说过："勇敢是面临逆境时的光芒。"斯科特等人在困境面前，在死亡面前，仍然闪烁着伟大精神的光芒。他们的毁灭是个人的悲剧，但他们的高尚精神，却彰显了人性的伟大高贵。他们用行动告诉人们：爱亲友，爱国家，诚信勇敢；去努力，去探索，永不屈服！整个人类，都应该向他们致敬！

师：在世俗之人眼中，斯科特等人是失败者，阿蒙森才是成功者。可是，作者茨威格为什么要给斯科特等人作传呢？

生1：茨威格和一般人不一样，他不以成败论英雄。

生2：斯科特等人虽然失败了，但他们具有勇于探索、诚信坚毅、团结友爱、为事业而献身的精神，所以茨威格为他们立传。

生3：我觉得斯科特等人留给这个世界的东西，可能比胜利者阿蒙森等人更多。

师：一个人可以被毁灭，但绝不能被打败。斯科特一行探险队的意义在于认识自然，挑战自我，实现生命的价值，给后人以精神的鼓舞。他们自身的毁灭是悲剧，但悲剧的背后却是人类的伟大精神。真正的英雄身上，永远闪烁着崇高的精神光芒。茨威格之所以写斯科特，是因为他想到不仅仅是事业上的成功者阿蒙森才值得大写特写，斯科特等人南极探险这一历史事件更能给人以精神上的震撼和启迪。从这个角度来说，或许茨威格觉得给斯科特等人作传更有价值、更有意义，也会引发世人更多的思考。

（学生沉思）

师：古往今来，有过多少像斯科特一样的悲剧英雄，他们或许是事业上的失败者，也或许为了执着梦想付出生命的代价，但他们的精神永存！此时此刻，你想到了谁？

生1：古代的夸父，他勇于和太阳赛跑，后来在去北面的大湖中喝水时"道渴而死"，他的手杖化成了一片桃林。夸父敢于向太阳挑战，最终口渴而死，那片桃林造福后代子孙，虽然他失败了，但他的精神令人敬佩。

生2：我想到了参加维新变法的谭嗣同，变法失败后他慷慨赴死，还写下"我自横刀向天笑，去留肝胆两昆仑"的诗句，读来震撼心灵。

生3：我想到揭竿而起的陈胜，他少年时就心怀大志，带领民众反抗秦朝的残暴统治，虽然起义失败了，但在历史上留下了光辉灿烂的一页。

生4：美国总统林肯，他颁布了《解放黑人奴隶的宣言》，在当时促进了民主与平等，受到广大人民的拥护。后来林肯总统被暗杀了，这是悲剧。但他的精神光照千古，彰显了他的伟大之处。

......

师：孩子们，这样的人还有很多很多。看来，人类历史不仅是由成功者书写，也给这些悲剧英雄们留下了一席之地，包括本文的作者茨威格本人，也是一位悲剧英雄。同学们看一下作者生平，他去世于第二次世界大战时期，而且是和妻子绿蒂一起服毒自杀，这是悲剧。他为什么自杀？他的"伟大"体现在哪里？请同学们课后查找相关资料，谈谈你的见解。这节课我们就到这里，下课！

我们的阅读教学到底缺失了什么？

——由中外两节阅读课引发的思考

想必很多人对陶渊明"好读书，不求甚解。每有会意，便欣然忘食"这句话并不陌生，那种境界至今让我们心生向往。阅读应该是一种愉悦的情感体验。可是，请看今天的阅读课堂，有多少学生是带着愉悦的心情阅读，又有几个孩子的神情是欣欣然的呢？

我不由得回忆起曾经听过的一节课，是一位老师讲的《灰姑娘》。先是让学生列举所知道的童话，引入作者介绍，通过屏幕展示字词、故事情节，接着分析灰姑娘辛黛瑞拉这个形象，引导学生说说喜欢她的原因，然后赏析精彩的语句，教师小结下课。整体评价一下，这节课目标明确，学生理解了这篇童话的意思，并且一个个环节相当紧凑，整堂课进展顺利，也有新课改的一些思路，效果还算不错。但静心思考，总觉课堂真正给学生留下深刻印象的东西几乎没有，并且辛黛瑞拉最后的成功让人觉得是因为幸运和偶然，有一点突然"发迹"的嫌疑。

那么，同样的一节小学语文阅读课，美国老师又是怎样进行引导的呢？在此笔者引用其中的几个精彩片段：

老师：孩子们，下一个问题：辛黛瑞拉的后妈不让她去参加王子的舞会，甚至把门锁起来，她为什么能够去，而且成为舞会上最美丽的姑娘呢？

学生：因为有仙女帮助她，给她漂亮的衣服，还把南瓜变成马车，把狗和老鼠变成仆人……

老师：虽然辛黛瑞拉有仙女帮助她，但是，光有仙女的帮助还不够。所以，孩子们，无论走到哪里，我们都是需要朋友的。我们的朋友不一定是仙女，但是，我们需要他们，我也希望你们有很多很多的朋友。

老师：下面，请你们想一想，如果辛黛瑞拉因为后妈不愿意她参加舞会就放弃了机会，她可能成为王子的新娘吗？

学生：不会！

老师：对极了！如果辛黛瑞拉不想参加舞会，就是她的后妈没有阻止，甚至支持她去，也是没有用的，是谁决定她要去参加王子的舞会？

学生：她自己。

老师：所以，孩子们，就是辛黛瑞拉没有妈妈爱她，她的后妈不爱她，这也不能够让她不爱自己。就是因为她爱自己，她才可能去寻找自己希望得到的东西。如果你们当中有人觉得自己没有人爱，或者像辛黛瑞拉一样有一个不爱她的后妈，你们要怎么样？

学生：要爱自己！

老师：对，没有一个人可以阻止你爱自己……

老师：最后一个问题，这个故事有什么不合理的地方？

学生：（过了好一会儿）午夜12点以后所有的东西都要变回原样，可是，辛黛瑞拉的水晶鞋没有变回去。

老师：天哪，你们太棒了！你们看，就是伟大的作家也有出错的时候，所以，出错不是什么可怕的事情。我担保，如果你们当中谁将来要当作家，一定比这个作家更棒！你们相信吗？

（孩子们欢呼雀跃起来……）

现在让我们来比较一下：同一个《灰姑娘》，我们侧重的还是作者、字词、内容、人物分析等环节，虽说也有了一些让学生感受、赏析的拓展活动，但整体上还是没有走出固有套路，对文本的把握缺乏教师自己的独到理解，更不要说让学生进行个性化阅读了。在这一点上，我觉得那位美国老师做得要好得多，尽管没有着意解决作者、字词那些内容，但引导孩子们细读文本、独立思考，针对在文本中发现的问题进行任务驱动，展开互动环节，进行思维碰撞，让文本生发出丰富的创意，引导孩子们解读出了一个有新意的辛黛瑞拉，并且认识到她最后成功成为王后是必然的。同时，还让学生学会了友爱、自爱以及"班门弄斧"的勇气。最重要的一点是，别忘了这节课结束时孩子们是"欢呼雀跃"，而我们在下课时，又何曾见过自己的学生有过如此愉悦的表现呢？

仔细品味，这位美国老师无非就是运用了"对话教学"。这是近年来教育领域中的一个"热词"，只不过很多老师只是在对话的表面形式上做文章，没有真正实现阅读教学的深度对话而已。实现这种激活思维、触及心灵的深度对话，一方面要根据课堂情境精心设计话题，为师生对话提供话题机会。只有学生对话题产生了浓厚兴趣，对话才能有效、深入地展开。另一方面，话题的结论要尽量具有开放性。结论如果太过古板，就会缺乏探讨的价值。结论开放、多元，话题就具有了挑战性、可探索性，方能产生更多的生成性对话，使对话教学变得丰富多彩起来。如果问题设置得比较笼统，学生就会无从入手。而这位美国老师，他巧妙地把大的问题分解成了若干小问题，给学生铺桥搭路，使对话能够深入发展下去，增加了生成新话题的空间，拓宽了问题的广度，使对话更加主动、更加深入。

写到这里，我不由得沉思起来：我们的阅读教学到底是缺失了什么呢？缺少激发学生兴趣的举措，缺少对文本的创造性理解，还是最终缺乏对学生心灵的人文关照？没有阅读兴趣，自然不会激活思维。可是，没有对教材的自我理解，谈何个性化阅读？没有对学生的人文关照，又怎么能在课内课外看到学生快乐的笑颜？或许当前的考试和评价制度是造成这种现状的重要原因，它使身心受到束缚的师生难以在一种宽松的氛围中快乐阅读。那么，就让我们做一个有勇气、有魄力的语文教师吧：在新课改东风的推动下，能够以人为本，鼓励学生成为有热情、有思想的对话者，让学生在深度对话中融入文本、读出自我、张扬个性，从而使我们的学生在阅读中也能欢呼雀跃起来！

且 学 且 思

业精于勤，荒于嬉；
行成于思，毁于随。

——（宋）朱熹

巧设"三境",寻美求真

——我跟毕于阳老师学语文

　　高中三年,我幸运地成为毕老师的学生,在他的悉心指导下学习语文,用心灵走近了文学这座神圣的殿堂。那段求知的经历,不仅奠定了我的语文素养,还影响了我以后的人生。现在回忆起当年毕老师教我们学习语文的点点滴滴,我从一个语文老师的视角进行观察思考,认为毕老师语文课堂的秘诀在于:精心设置"三境",让学生真正走进了语文的世界。这里所说的"三境",具体来说就是朗读情境、想象情境和生活情境。

　　朗读,解读文本的"催化剂"。毕老师注重朗读,但并不仅仅停留在强调停顿、重音、语调等朗读技巧上,而是引导我们咬文嚼字,从一词一句的朗读入手,真正走进文本的精神世界。我至今记得老师引领我们学习《雷电颂》的情景,教室里一片寂静,老师那浑厚富有磁性的声音响起:"风,你咆哮吧!咆哮吧!尽力地咆哮吧!"那声音仿佛把我带回了铁马萧萧的战国时代,我好像看到了戴着刑具、系着长链的屈原,他徘徊踟蹰,呼唤着咆哮的风去吹掉这"比铁还沉重的眼前的黑暗";他眼冒怒火,呼唤着轰隆隆的雷把他载到那"没有阴谋,没有污秽,没有自私自利"的地方去。他拳曲于胸前,仿佛天空的闪电化成了他心中那无形的长剑,要"把这比铁还坚固的黑暗,劈开,劈开,劈开!"这哪里是朗读?这是从一个人的灵魂里喷薄而出的诗,激越澎湃,撼人心魄,简直是"生之颤动,灵之喊叫"。那天本来艳阳高照,我的心中却有着咆哮的狂风、轰隆隆的响雷,眼前似有一道闪电划破了苍茫的夜空。我们走进了雷电交加的世界,走进了屈原与郭沫若的内心世界,在墨一样的寂寂暗夜中,看到了那一丝曙光。

　　其实,又岂止是《雷电颂》呢?《破阵子》的慷慨激昂,让我们感受到壮志难酬的悲愤;《再别康桥》的缠绵悱恻,把我们带进了唯美忧伤的氛围;《我是一只天狗》的热烈张扬，传达出不羁的个性、澎湃的激情；《祝福》的低沉冷峻，控诉着那个冰冷社会对人性的扼杀和毁灭，宣示着生的价值、死的尊严，我们仿佛听到了鲁迅先生的声声呐喊，读懂了他那悲悯的情怀。尤其是毕老师朗读《荷花淀》时，时而富有诗意，时而平常如话，时而优雅清新，时而扣人心弦，就是在这样千回百转、声情并茂的朗读中，我们走进了美丽如画的荷花淀，认识了生活在水乡里的那群淳朴勇敢的人们，感受到了战争的紧张严酷，领略到了英雄主义情怀和浪漫主义色彩。其实我并不擅长朗读，但在老师的指引下，我学会了用心灵去朗读，力求读出自己的独到理解，这成为我学习语文源源不绝的内在动力。

想象，激活思维的"推动力"。爱因斯坦说过："想象力比天才更重要。因为知识是有限的，而想象力概括着世界上的一切，推动着进步，并且是知识进化的源泉。"毕老师深谙这个哲理，在语文课上，他给我们插上了想象的翅膀，引领我们在想象的天地中尽情翱翔。至今记得在学习《我的空中楼阁》时，老师引导我们根据文中的描写进行想象，从视觉、听觉等多种角度描绘出自己心中的那座空中楼阁。教室里，同学们都在沉思冥想。我久久地沉浸其中，任自己的思维纵情驰骋，恍若天马行空，我看到了山脊上那翩然欲飞的小屋，看到了巍巍青山、清健挺拔的无花树，还有夜幕降临时的万家灯火。花儿在灿然绽放，带着新鲜的泥土的芬芳。听，一阵清风吹过，那潺潺的流水声，婉转的鸟鸣声，和着群山奏起了一曲雄浑高亢的交响乐，这简直是一个白云悠悠、青山绿水的世外桃源，令人心旷神怡。在这奇特的想象中，我的内心充满了快乐、自由的情愫，那一刻我真想就这样诗意地栖居在小屋中，行走在人世间，去寻找自己的精神家园。

在毕老师的语文课堂中，想象几乎无处不在。学习《欧仁妮·葛朗台》一文，我想象着欧仁妮一个人在漫长岁月里的落寞生活，想象着有一天查理会不会翩然归来？欧仁妮孤苦的命运会不会改写？走进《林黛玉进贾府》，我想象着贾府上上下下的奢侈浮华，王熙凤的精明世俗，林黛玉的纤弱灵秀，贾宝玉的叛逆乖张，想象着这些人物的命运悲欢和这个大家族最终的悲剧结局；阅读《钗头凤》，我想象着唐婉的绝代风华，想象着那个凄美哀绝的爱情故事，想象着"错！错！错！"背后的那声声叹息，心头恰似百年孤独……这样，在毕老师精心设置的想象情境中，我们发挥天马行空的想象，在兴致盎然中深入理解了文本，培养了思维的独创性和灵动性，并保持了对语文、对生活一如既往的热爱。

生活，学习写作的"金钥匙"。 高中伊始，记得那是第一次作文课，老师迟迟没有到来。五分钟后，教室里有点躁动了，毕老师从容地走进教室。他微笑着对我们说：刚才老师一直在教室门外，观察着同学们等待、焦急的神情，倾听着同学们期待、猜测的声音，感受着教室里由安静到波动的气氛，心里有几点感触和想法。你们呢？在这不寻常的几分钟内看到了什么？听到了什么？想到了什么？感受到了什么？你准备怎样把你的所见所闻所感淋漓尽致地表达出来呢？然后，老师在黑板上写了几个遒劲的大字：当老师迟到的时候。原来是这样啊！同学们恍然大悟，短暂地沉思之后，我们纷纷拿起了手中的纸和笔，写出了一篇篇"言为心声"、文采飞扬的课堂随笔。现在想来，毕老师创设"迟到"这一情境，这是在告诉我们，要做生活的"有心人"，要"我手写我心"，才能写出富有个性、才情洋溢的佳作。

正是因为老师"源于生活"的语文教学，我们的写作从来不觉得勉强，没有"巧妇难为无米之炊"的尴尬，没有"为赋新词强说愁"的矫揉造作。至今记得在探讨"关爱"这一话题时，老师引领我们情真意切地给灾区孩子、给孤苦老人、给社会上的那些弱者写封信，让我们学会了要怀有一颗爱心去关注芸芸众生。记得我写过一篇散文《有一种爱叫作无言》，表达对母亲的感恩之情。老师大加赞赏，在上面圈圈点点，评价语是"选材精当，富有生活气息""因为情真情美，所以动人"这样的话，还指导我进行了修改，鼓励我投稿到报刊发表。直到今天，我还铭记着老师"源于生活"的写作宗旨，并把这种理念渗透到我的语文教学中，让我的学生从中受益。大树接地气才能够繁茂成长，作文接地气才可能厚重起来，我永远坚信这一点。

感谢毕老师，他不仅引导我们学习语文，还给了我生命和灵魂的教育，使我终身受益。在教学上，他睿智、从容、大气，用学识挥洒着语文的无穷魅力；在人格上，他善意、宽容、幽默，用爱心感化着我们的心灵。师从毕老师学习语文，聆听他的教诲，是我一生最幸运的事情，至今我仍心怀感激。这段日子，我通过回忆总结了毕老师在语文教学上的可贵经验，说出来与大家交流共勉，希望能为我们的语文教学增添一些助力。

传统与创新的对接与融合

——杨友红老师讲《紫藤萝瀑布》的名家风采

当今语文课堂，不经意间走向了两个极端：或是一味追求所谓创意新颖，以致完全失去了语文的本来底色；或是因循守旧坚持固有的传统理念，却单调无味缺乏创新色彩。我一直在苦苦思索：传统与创新之间，到底有没有一个恰到好处的融合之点呢？如果有的话，那个融合之点在哪里呢？

感谢杨友红老师，他给了我们一个如此漂亮的答案！不必说他所谈的"依体教学"观念之深入人心，不必说他在教学教研上的严谨求实、个性创意，单是他在讲授《紫藤萝瀑布》一文中所演绎的独到精彩，就足以令人赞叹不已、回味不尽了。我最欣赏的是课堂中充溢着的语文味道，沉浸在浓浓的语文氛围中，此乐何极！从这节课来看，杨老师运用的还是传统教学方式，那么课堂的精彩与创新从何而来？

第一来自意脉流动。顾名思义，意脉就是文章意旨的脉络。文章意旨，是经过对文章脉络充分把握之后得出的结论，提炼出来也就一两句话，如果还原到文章当中，那就是一种线性展开的脉络，是由若干个分意旨结合成的一个总的中心。在杨老师的引领下，学生从多角度对全文思路进行把握，无论是从"停下"到"加快脚步"的行踪变化，还是"我"在情绪上由"遗憾"到"欣喜"再到"激情洋溢"的变化历程，无论是从"疑惑痛楚"到"宁静喜悦"再到"生命永恒"的生命感悟，还是由"一人""一家"到"一个国家一个民族"的时代苦难这一"家国情怀"，从行踪到情绪，从生命到视角这些意脉的流动，共同构成了这篇散文的写作脉络。显然，行文中的意脉和情脉相互交织，自然融为一体，而杨老师引导学生从多个层面理清了行文思路，可谓是匠心独具。

第二来自对文本细读。《语文课程标准》指出："阅读教学是学生、教师、文本之间对话的过程。"这对话包括教师与文本、学生与文本、学生与学生、学生与教师之间的多方面对话，这其中教师起着主导作用。要想真正实现这种对话，前提是教师首先要细读文本，对文本进行深度解读，当教师自己对文本有了细微、深入的感受，才能引导学生与文本对话。谈到比喻，很多老师总是象征性地让学生找本体、喻体，然后分析描绘出了什么效果，最后还归纳出解答这类题目的答题公式云云。而杨老师呢？他不刻意谈写作技巧，重在引导学生品悟语言文字本身的意蕴。为何不是"锦缎"而说"瀑布"？"迸溅"一词妙处何在？由帆、舱等喻体你会联想到什么？"生命永恒""生机勃勃""扬帆起航"，一个个生动典雅的字眼从孩子们口中自然涌出，如此境界，可谓"大道无痕"，谁还会刻意记得那些回答此类题型的什么劳什子公式呢？那些答题套路从此可以休矣！

第三来自语文沉淀。整堂课中，杨老师运用最简单可行的语文方式，却展现了一个语文教师厚重的文化素养。他的朗读声情并茂，有效传递出文章的丰富情感，使静止的文字洋溢着生命活力。他的讲解简约含蓄，蕴含着无尽的思绪，在准确地运用语言完成教学内容的流程中，学生的心灵得到了灌溉与滋养。教参上讲的是由整体到部分的写作顺序，到了杨老师的课堂中，就变成写花瀑、花穗、花朵的多角度渲染。教参上只说是用词生动、文笔优美的语言风格，到了杨老师这里，就变成了对经典片段中动词、修饰语的语境体悟与语言鉴赏。教参上告诉我们本文运用了托物言志的手法，到了杨老师这里，就变成了我们如何去找景和情的融合点，去倾听作家宗璞和一树紫藤萝花的心灵对话……身为学生的摆渡人，杨老师把这节课当作自己语言素养修炼的课堂，将课堂上的每一处讲解语、提示语都做了精心准备，将课文中的每一个词语、每一个标点都当作一个重要研究对象，反复品读其中的滋味，并以朗读的方式和学生对话、以交谈的方式训练学生的语言表达。这样的一课，领略的是语文的韵味，涵养的是学生的语感，沉淀的是人文的素养。于是，这堂课便有了优美深邃的意境，便有了浓浓的语文的味道，便有了厚厚的素养的沉淀。

第四来自教学机智。教学可以预设，但课堂教学是一个动态流程，有时会有好的契机，有时教学场景往往出人意料，杨老师是如何应对的呢？仅举一例，杨老师在引导学生朗读3-5段时，学生读出了繁花盛开时的活泼热闹景象。此时杨老师动情朗读了"'我在开花！'它们在笑。'我在开花！'它们嚷嚷……"几句，然后引导学生比较师生朗读有何不同。学生沉思片刻，开始发言，有的说老师读得轻声细语，有"偷偷开花"的感觉；有的说老师读得语气平静，好像什么也没发生一样。此时，杨老师抓住了这一契机，马上追问：难道发生什么事了吗？孩子们纷纷提醒：老师，开花了呀！杨老师淡定回答：噢，开花而已……经过杨老师巧妙点拨，此时孩子们终于懂得：生命永恒，凋零也好，开花也罢，都只是生命的一段历程，开花固然欣喜，苦痛又何尝不美丽？孩子们再次齐读这一经典片段，读出了韵味，读出了意境，读出了生命的真谛。

最后，杨老师引导学生读读典雅之词，并结合教材上的"读一读，写一写"归结出"意、趣不同，典雅同在"的语言风格，可谓水到渠成。这节课，可感可悟之处多矣，我所写的，只是其中感触至深的几点。这个人，这节课，使我从此再难忘那树紫藤萝花，还有那个驻足凝望的观花人……

教师本色是诗人

——有感于肖培东老师的诗意课堂

听！何处传来了阵阵会心的笑声？原来是肖培东老师正引领一群孩子描绘着秋叶的诗意。

肖老师引导学生：在诗人的眼里，会是什么散落一地呢？

"老师，秋天的落叶，散落一地。"一个孩子立即回答。

"老师，美丽的黄蝴蝶，散落一地。"一个孩子如是回答。

老师进一步启发：诗人，会用秋叶来写秋叶吗？那悠然飘落的秋叶，在向天空和大地倾诉着什么？

孩子们的表情亮了，眼神中闪烁着热切的光芒。在场的老师们沉思着，心中也构想着美丽的诗行。整个世界仿佛都静了下来，心中开始想着那一片片秋叶。

坡上

坡下

离开母亲的孩子

散落一地

当一个孩子动情的声音响起，多少人的心为之颤动？大树是母亲，落叶便是那孩子了吧？秋叶在生命落幕之时，对大树有着几多不舍？而一个母亲，看到孩子们纷纷离去，又有多少心痛与无奈？眼前，恍然浮现出一抹深情凝望的目光。

坡上

坡下

淡淡的忧愁

散落一地

这愁，不就是一颗秋天的心吗？文人多悲秋之作，但直接写愁，是不是少了一点儿味道呢？肖老师再次点拨。

"老师，秋天的眼泪，散落一地。"一个孩子运用"眼泪"这一意象，引发了无限遐思，诗的韵味自然就有了。

片片秋叶，经历了春夏，见证了时光，带给世界绚烂的风景与美好的情怀。留下的诗行里，仅仅是忧伤吗？肖老师的话，引发了在场所有人的思考：不仅是忧伤，还有什么呢？

"来年的春天，散落一地。"你不得不佩服这个孩子的跳跃思维。秋天已经来了，春天还会远吗？秋叶落下，孕育着的是无边春色。

"鸟儿的窗帘，散落一地。"你不得不惊叹这个孩子的奇思妙想。那密密的绿叶中，隐藏着燕语莺声，透出生命的快乐与生机。

"写不出来的诗句，散落一地。"当一个角落里的女生不敢发出自己的声音时，课堂上出现了停滞。肖老师如此引导，并让那位女生大声读给大家听，直到她吟出了自己心中的诗。你不得不为肖培东老师的教学艺术而点赞！

坡上

坡下

诗歌的微笑

散落一地

多么诗意的文字！坡上，坡下，到处是秋天的落叶，撩起遐思无限，流淌着如此美丽的诗句。你认为这就够精彩了吗？事实上精彩还在继续着。

"叶儿黄了，秋天来了。"

"果实熟了，秋天来了。"

"燕子去了，秋天来了。"

诗意课堂，继续推进着。孩子们的眼睛亮晶晶的，宛如夜空的星星。

"叶儿黄了，秋天来了。那你的秋天，又是怎么来的呢？"肖老师耐心地引导着，语调中透着期待。

"草儿枯了，秋天来了。"

"草儿哭了，秋天来了。"

到底是草儿枯了，还是草儿哭了？肖老师没有直接下结论，又把问题抛给了最初说出这句诗的那个不起眼的女孩。

"哭泣，哭泣的哭——"女孩低低地说完，躲闪着大家的目光。或许，她是害怕老师的否定、同学的嘲笑吧？

"我就知道你用的是哭泣的哭！"老师不失时机夸了一句，全班同学都开心地笑了。那位女生也是一脸灿烂，她的心中，是不是有花朵正在悄然绽放呢？

"其实，枯也好，哭也好，都有各自的妙处。一个写实，一个写意，总之，写诗，我们要锤炼语言，读读看，书上怎么说的呢？对，写诗，要注意语言的凝练，生动……"原来，语文的正确答案不止一个？真是如醍醐灌顶一般。借此机会，肖老师又把话题自然引入写诗对语言的要求上了。又是一轮精彩！

仿佛大海里的波浪，一浪高过了一浪，激起朵朵美丽的浪花。这灵动活跃的课堂，是智慧的点燃，也是诗情的绽放。诗意的感觉，真好！

此时正是深秋，却唤起了春天般的温暖与生机。这里有树叶上闪烁的雨珠，碧草上跃动的小虫，花朵上飞舞的蝴蝶，当然，还有坡上坡下那些悠然飘落的秋叶。

孩子们澄澈的眼神、沉静的神情深深打动了我，原来每一个孩子都是小诗人。肖老师用他的诗意课堂唤醒一颗颗诗心，引领孩子们找回了那散落一地的诗情。此时，台上，台下，会心的笑声散落一地……

请把身子俯得更低一些，好吗？

——听黄厚江老师讲《给我的孩子们》一课的点滴感悟

读了黄厚江老师《给我的孩子们（节录）》一课的教学实录（《语文教学通讯》2012年第3期），我真正感受到了黄老师讲课时的大家风范，更佩服他在解读教材时的独到眼光。黄老师给我印象最深的一点是他把"文本解读"的功夫做到了极致，在引导学生进行文本分析的过程中，轻轻打开了学生的生命情感之门，尽展语文课堂的精彩和魅力。

细细品读，我认为黄老师这节课有几个细节的处理需要斟酌。黄老师是知名的特级教师，我一直对他心生敬意。今天不妨班门弄斧，谈谈我对课堂细节的一点思考。

其一，黄老师在引导学生说出"鞠躬尽瘁"一词的出处后，是这样解释的："想想，这个成语一般用在什么情况下？——一个老师患了肝癌，还坚持上课，一直上到最后一天，才离开你们，这就是'鞠躬尽瘁'，是吧？这个成语都是形容那些为工作为事业不惜献出生命的人……"认真思考，首先我觉得这个成语的意思可以引导学生进行解读，老师不需越俎代庖把自己的解读直接加给学生。再则黄老师举的例子有些随意，不足以诠释"鞠躬尽瘁"一词的真正内涵。这只是一个细节问题，但我觉得这个成语可以解读得更完美一些。

其二，黄老师在引导学生解读文中"孩子们有什么特点"时，有一处说法我不敢苟同。我们先来看原文：

我每次剃了头，你真心地疑我变了和尚，好几时不要我抱。最是今年夏天，你坐在我膝上发现了我腋下的长毛，当作黄鼠狼的时候，你何等伤心，你立刻从我身上爬下去，起初眼瞪瞪地对我端相，继而大失所望地号哭，看看，哭哭，如同对被判定了死罪的亲友一样。

黄老师根据上文，设置了一个思考题：这个事件能表现什么呢？事实上，生

6通过对文本的分析和老师的引导，答出这件事是表现孩子的"直率、自然"。笔者认为这个解读比较到位，可能黄老师认为要深入分析才行，他是这样评价和归纳总结的："可以，但仍是重复刚才的概括。大家想，一个人喜欢就喜欢，不喜欢就不喜欢，你是我爸爸我就喜欢，你还是我爸爸，你变成黄鼠狼，我就不喜欢。（此时有同学说"立场鲜明"）对的，可以说是爱憎分明。"

这样，黄老师引出了一个答案"立场鲜明"，然后黄老师又进一步归纳为"爱憎分明"，我百思不得其解：文中孩子们的主要特点就是纯真可爱、直率自然，学生6的解读是多么值得肯定的说法！老师却淡淡地说了一个"可以"，还说是与前面"重复"，这种评价明显缺乏人文关怀色彩，不能对学生起到鼓励作用。或许黄老师追求的是深刻见解，但硬要说文中的孩子是"爱憎分明"，我觉得未免有贴标签之嫌。早在《学记》中，古人就倡导"导而弗牵"的教学方法，如果近似生拉硬拽出一个"爱憎分明"的解读，所谓"厚重"又有什么真正的作用呢？还是尊重学生的文本解读吧，此处的孩子是直率自然的，此处的学生也是直率自然的，作为教师，应该呵护学生的心灵。

其三，最后环节，我觉得黄老师的评价和课下延伸显得过于深奥，不够具体到位。下面是实录片段：

师：现在我想请同学回顾一下这堂课学习的内容，说一句话，好不好？今天这节课，我学到了什么，或者是懂得了什么？

生1：我觉得我们应该用一颗童心来对待现实生活。

生2：我觉得，在现实生活中，既要面对现实，同时也要保持着一颗童心，乐观豁达，而不是仇视一切。

师：我不再问下去了，我估计再问下去，从这头再问到那头，你们说的话题可能就是一个词——"童心"。我为你们的童心感到骄傲，我很佩服你们，我很喜欢你们，但我又隐隐地感到一点失望，大家知道我们今天是什么课？对，语文课！语文课中学到一点生活的道理，当然是对的，但我们主要的不是要学习生活道理。我们今天不是公民教育课，不是政治思想品德教育课，我们学什么呢？我们要学的是语文。这个问题大家回去要再想一想：从语文学习的角度，今天这节课学到了什么。下课。

上述环节，首先是黄老师对于学生1、学生2的回答，评价不够简洁明确。文章有"文以载道"的功能，首先应该肯定学生的回答，再引导从别的角度思考。黄老师最后要求："这个问题大家回去要再想一想：从语文学习的角度，今天这节课学到了什么。"黄老师可能觉得已经够到位了，我觉得仍是不够具体。笔者回去思索了半天，还是觉得有些不确定。对于初中学生，和他们谈"语文学习"，是不是有些笼统呢？我觉得黄老师的问题应该更加清楚明白一些，让学生明确应该怎样回答，能让学生积极思考并清晰地表达出来。如果问题难度太大，学生跳一跳还不能摘到果子，那又谈何求知的快乐呢？

黄老师是本色语文的践行者，他的课堂也颇具大语文色彩。但我觉得单就这一课来说，黄老师总归是站得太高了，尽管在这节课上他已经俯下身子，用心灵和学生交流和对话，但学生还是远远达不到这个既定高度。我想对黄老师说：初中学生的年龄、经历和他们的语文基础决定了他们还远远没有教师这样厚重的底蕴，请把身子俯得更低一些，好吗？

"丫叉"一词已经不堪重负

——对杨富志老师解读"丫叉"含义的一点思考

读了杨老师的《"丫叉"探微》一文（《中学语文教学参考》2012年第3期），我佩服杨老师解读教材时的独到眼光。在文中，杨老师以细致入微的解析，将教学中常常忽略的"丫叉"一词解出了动感，解出了深意，解出了它与"悲哀"一词的情感联系。杨老师认为，当时"国事"与"家事"时时刻刻"丫叉"在鲁迅的火热的胸膛里，他怎能不感到"悲哀"呢？读来觉得有理有据，令人耳目一新。细细品味，觉得解读《风筝》一文仅仅围绕"丫叉"一词来做文章明显有失偏颇。在笔者看来，决定这篇文章情感与主旨的主要因素应该是"风筝"以及与风筝有关的人和事，是它们触发了作者"悲哀"的情感，最终凸显了全文主旨。但是杨老师把"丫叉"的作用强调到了无以复加的地步，笔者觉得"丫叉"一词实在有些"不堪重负"。

我们先来看看《风筝》一文中"悲哀"的缘起。文章开头"北京的冬季，地上还有积雪，灰黑色的秃树枝丫叉于晴朗的天空中，而远处有一二风筝浮动，在我是一种惊异和悲哀"这句景物描写，《教师教学用书》把解读重点放在了"风筝"一词，而杨老师认为令鲁迅"悲哀"的是"风筝"，还有"丫叉"，这几乎是把二者相提并论了。事实上呢？由"而"字可以看出，作者本人的着眼点的也是"远处有一二风筝浮动"，而且也是由当前风筝联想到了二十多年前关于"风筝"的沉重往事，可见"风筝"才是"悲哀"之情的触发点。甚至我们还可以进一步理解为，作者看到风筝想起往事而心生悲哀，运用了景物描写，通过描写那些"灰黑色"的"凸树""丫叉"，渲染出一种压抑气氛，从而烘托出作者悲哀的心情。可是杨老师的解读为：鲁迅看到的色彩是冷色调的"灰黑色"，看到是树枝的形状是"变态"的"丫叉"，而且还是"秃"的。这一毫无生机的景色由眼入心，导致鲁迅的心间不禁'悲哀'起来！单从"丫叉"之景，就导致了心间的"悲哀"？这显然有点舍本求末，此时对"丫叉"的解读已经是有点旁逸斜出了。

再有，杨老师文中提及当时鲁迅先生与二弟周作人已经"分道扬镳"，除了"撇下弟弟，另寻他处下榻"之外，鲁迅也实在没有什么其他需要周作人"宽恕"的，果真如此吗？此种说法笔者不敢苟同。《风筝》一文写于1925年1月24日，在写本文五年之前，鲁迅还写过一篇散文《我的兄弟》，发表在1919年9月9日的《国民公报》上。这前后两篇散文，虽字句有所不同，但所叙反对小兄弟放风筝的事却是相同的。研究者们一致认为，文中的"小兄弟"是指鲁迅的三弟周建人，而这一点也从1956年秋天许广平在北京的一次谈话中得到了印证。据此来看，鲁迅先生文中所写自己毁坏风筝时受伤害者是当时年幼的三弟周建人，他的反思主要也是对《风筝》中写到的其人其事。单由作者当年毁坏风筝傲然走出"虐杀"了三弟周建人的童心，就认为鲁迅先生此文是反思自己"撇下弟弟（指周作人），另寻他处下榻"需要"宽恕"，这个说法是不能成立的。事实上在鲁迅先生和二弟周作人的矛盾中，鲁迅先生认为自己并没有做错什么，谈不上请求"宽恕"，况且当年兄弟反目后鲁迅先生从八道湾搬出来另买房子住也算不上是"撇下弟弟""傲然走出"。虽然鲁迅的文章多是隐晦曲折，但杨老师由"丫叉"探微出的这个说法，笔者觉得有些不合逻辑，也不符合鲁迅先生一贯的个性风格。

关于《风筝》一文的创作动机问题，历来说法不一。从鲁迅先生的角度来看，撕破一个风筝这样的区区小事令他心中内疚并倾诉于文字，可见他的自我反思精神。三弟周建人后来在回忆文章中曾经提及此事，他是这么说的："鲁迅有时候，会把一件事特别强调起来，或者故意说着玩，例如他所写的反对他兄弟糊风筝和放风筝的文章就是这样。实际上，他没有那么反对得厉害，他自己的确不放风筝，可是并不严厉地反对别人放风筝"（《略讲关于鲁迅的事情》）。看来鲁迅早年确实反对弟弟玩风筝，只是程度可能不如文章里写得那么严重，周建人的话印证了《风筝》一文中流露出鲁迅先生严于解剖自己、自我反省的意向。《风筝》一文中有"游戏是儿童最正当的行为，玩具是儿童的天使"这样的话，我们读出了作者尊重、关心儿童的一面，反映出了他民主的教育思想、伦理思想，而这些正是中国封建主义教育思想中所缺乏的，所以也暗含着对封建礼教的一种批判。至于鲁迅要向受害者道歉，请他原谅，小兄弟忘记此事遂无所谓原谅，于是鲁迅也就无从轻松，"我的心只得沉重着"。这里包含了亲情的成分，也有更为深切的人道主义情怀。因此，这篇文章的主旨虽然一直有争议，但是鲁迅严于解剖自己、反省自己是不容置疑的，文中渗透的亲情和作者流露出的民主思想也让读者为之动容。但杨老师把这些几乎全部略去不谈，而把《风筝》一文的写作动机解读为"他借'风筝'这一春天的使者，向弟弟发出了最后的一封'和解信'"，显然这里的弟弟指的是二弟周作人，这样的说法显然并不符合文章的意旨，难以令人信服。退一步来说，鲁迅和周作人曾经是最为亲近的兄弟，手足情深，自然会有很多往事可以怀念和追忆。假如作者真想借助一篇文章来表示自己想和二弟"和解"的话，那鲁迅先生完全可以写那些发生在自己和周作人之间的点滴往事来表示"和好"的愿望，实在没有必要用这种"声东击西"的策略。

杨富志老师是山东名师，他的博客我时时造访，他的"思辨教育"是我的行动指南，他的"本色语文，激情演绎"风格，也是我一直所崇尚的。就《"丫叉"探微》一文来说，杨老师对"丫叉"一词的解读极富张力，含义隽永，也有利于对教材的深刻挖掘，解得"文中味"，作为读者自然是受益匪浅。只是，我觉得杨老师对"丫叉"的探究有点"过"了。最后我想和杨老师商榷一下：文中"丫叉"一词不能承受如此之重，请给"丫叉"减减负，好吗？

到底是谁在误读"老王",曲解杨绛?

——听韩军老师讲《老王》一课的几点疑问

反复研读韩军老师执教《老王》一课的课堂实录（2015年第1期《语文教学通讯》），虽然佩服韩老师生动鲜活、别开生面的教学艺术，但困惑之处也有几处，如鲠在喉不吐不快。作为无名小辈，笔者冒昧地谈谈自己的一些看法。仔细梳理一下思路，我主要有以下疑问：

一问：老王的"善"哪里去了？

凡是认真读过《老王》一文的人，大概都能感知到老王这一形象的两个基本点："苦"与"善"。这个生活在社会底层的人力车夫，他身体残疾，住处破败，孤苦无依，让人心生同情。而就是这样的一个弱者，一个苦人，却有着一颗金子般的心。老王善良忠厚，热心助人，知恩图报，或许正是因为"苦"，这"善"就显得尤为可贵。卑微的尘埃里开出美丽的人性之花，这是老王这一形象能够打动人心的原因所在。仔细研读韩军老师执教的《老王》一课，只见老王之"苦"，未提老王之"善"，不知为何老王身上的"善良"被有意无意地忽略掉了，他只是作为一个苦人、一个命不好的人出现在学生面前。对此我颇为不解，老王这一形象不是因为他的"苦"才令人感动，而是那朴素的善良触动了读者心灵中最柔软的地方。只见其苦，不见其善，老王的形象并不完整，大大削弱了其艺术感染力。而一味渲染其"苦"，并从中引导出"运"之说，这对于学生无疑是一个误导。

二问：文中的"我"哪里去了？

很显然，《老王》一文中有个"我"在。不必说"我"一家和老王的交往是行文线索，也不必说老王的悲苦命运和善良品性都是从"我"的视角来加以展现，单是文中写老王与"我"最后一次见面时文笔是如此详尽细腻，就可见"我"在文中的重要性，更不要说，文章结尾是以"我"的感悟与自省作为结语并揭示主旨。只有一颗善良的心，才能感受到另一颗心的善良，所以老王和"我"一家人才能互相帮助、彼此关怀。而韩军老师所讲《老王》一课，除了开头引用杨绛的话，后来安排幸运的杨绛与不幸的老王进行对比，几乎再也不见文中"我"的出现。不见"我"的一颗悲悯之心，不见"我"对老王的深切关注，不见"我"的自省与愧疚，却莫名其妙让老王和市长展开一场所谓"心灵的对话"，抛开"我"的人文情怀，去呼吁，去控诉，或是去追究政府与时代的责任，感觉不过是舍本逐末的噱头而已。

三问：语文色彩哪里去了？

既然是语文课，就要围绕提高学生的语文素养做文章，并引导学生感受语言文字本身的魅力。《老王》一课是叙事散文，从散文教学的角度，应该适当设置朗读环节体会情感，进而感知老王这一形象，通过批注赏析等方法进行语言推敲、手法品鉴，并引导学生链接现实生活，加深感悟，启迪人生。而韩军老师的《老王》课堂，教学重点几乎都在研究老王的"苦"与人的"运"上，缺少必要的朗读指导，缺少有价值的问题探究，缺少精读细品的语言赏析。虽然也解读了"取缔""幸运"等词语的意思，甚至还引领学生对此进行"咬文嚼字"，但终究是没有抓住文章的关键词，偏离了既定轨道，最终也难以引领学生入文入情。引领学生解读《老王》这样一篇文章，却始终游离在文本之外，这和新课标的散文教学理念相差甚远。而一堂课没有很好地突出"语文性"，能说是成功的一课吗？

四问：中心真是一个"运"吗？

韩军老师这样归结：这篇文章其实从头到尾在谈一个"运"，不是谈别的。还由此谈及全文主旨——

> 对于人各有运的觉悟（觉察和感悟）
>
> 对于命运不平的叹惋（感叹和惋惜）
>
> 幸运者对不幸的愧怍（惭愧和惭怍）

对此，笔者并不赞同。文本解读应该立足文章本身，而不是可以随意漫游。韩军老师也承认本文最核心的那句话是"一个幸运的人对于不幸者的愧怍"一句，既然如此，那么文章由这一主旨句，由关键词"愧怍"，可见"我"不能不震惊于老王"命运"的不幸，惭愧自己当时招待弥留之际的老王不够周到，可见作者的良善与自省精神，这也是我们解读这篇文章的基点。可是韩军老师却自作主张，从杨绛的话中引出所谓的"运"，由此断定本文旨在谈"运"，显然是凭自己的主观意愿而发。或许杨绛确实谈论过人的所谓"运"，但这些话显然不是针对《老王》一文而发，韩老师由杨绛的两句话就断定文章的主旨，而不是从文本自身出发，显然有失偏颇。语文课不突出语文特色，却大谈有些玄虚的"运"，这明显背离了语文课堂的初衷。其实，即便是真的有所谓的"时运"，那也不是八年级的孩子应该懂得或者探究的内容，我们应该尊重孩子们的不知情权。如果文章真如韩军老师所言是感叹"命运"，那杨绛替老王感叹命运不公就可以了，又何必用很多笔墨写老王与"我"一家的来往，并一直耿耿于怀于自己当时的无意怠慢并心中"愧怍"呢？

五问：老王真的是要钱吗？

韩军老师这样说："老王弥留之际来看望杨绛，一方面，是老王知道自己大概不久于人世，于是与杨绛夫妇做最后的诀别——因老王一直敬仰杨绛夫妇，把他们当作知心人或亲人。另一方面，老王大概也在为自己的后事（埋葬）做准备，比如用鸡蛋、香油来换钱，买白布——老王是回民，死时，裹着白布。"并进一步补充说：老王来卖出香油、鸡蛋拿钱，不是义务赠送，丝毫也不"低俗"。

文章详细叙写老王到"我"家来送鸡蛋和香油的情景，至于老王本心到底想不想要钱？要钱做什么？文中并无明确交代。从文章结尾"我却拿钱去侮辱他"一句来看，杨绛认为老王临终送香油和鸡蛋，并无功利目的，他拖着已入膏肓的病体爬楼见"我"自然是重在情意，而"我"非要拿钱给老王是对他的一种侮辱，"我"因此惭愧对待老王有精神上的亏欠。但杨绛对此也并没有直说，只让读者自己去回味。老王内心的想法究竟如何，除了他本人，谁都不能为他代言。至于韩军老师说老王是要用鸡蛋、香油来换钱、买白布办身后事云云，并无任何依据。就连老王本人也没有直言，假如凭着一己想象认为老王是要换钱为自己准备办后事的白布，觉得有些过于主观了。

六问：杨绛一生"极完美"吗？

一个极圆满、完美、和谐、幸福、辉煌，

一个特残缺、悲惨、不足、不幸、凄凉。

一个和和美美、圆圆满满，一个凄凄惨惨戚戚。

一个事事如意、事事顺遂，一个事事不如意、事事不顺遂。

这是韩军老师对杨绛和老王两种不同人生的解读，这样巨大的反差，确实能触动学生的心灵，引起他们对老王的同情。但事实呢？其实杨绛先生在动乱时期长年挨批受斗，受尽屈辱，这对一个文人来说简直不堪忍受，又怎么谈得上"事事如意、事事顺遂"呢？更不要说"极圆满、完美、和谐、幸福、辉煌"等语，充满了主观色彩。而老王固然不幸，但毕竟还有杨绛一家在关心他，还有老主顾为了照顾他的生意自愿把自己降格为"货"，怎么能说老王是"事事不如意、事事不顺遂"呢？其实，"极"一字，不可随意如此使用。而"完美""辉煌"之类的字眼，也应慎用。为了一味突出老王的"苦"，韩军老师着力渲染杨绛的"圆满"，固然是吸引眼球，触动泪点，但缺乏严谨客观的立场。杨绛与老王，不是一个事事圆满，一个就非得事事不顺，只是谁更幸运一些的问题。应该让文本和事实说话，而不能为了追求惊人效果而主观臆断或是夸张失实。语文课固然不倡导一味咬文嚼字，但也要严谨求实，不能自说自话。

试凭高望远

昨夜西风凋碧树。
独上高楼，望尽天涯路。

——（宋）晏殊

未成曲调先有情　精心雕琢始成玉

——"快乐随笔"写作教学模式初探

摘要： 针对传统作文教学低效无趣的现状，以《义务教育语文课程标准》为立足点，以"让写作成为学生心灵的真情倾诉"为出发点，从设境激情、口语铺垫、下笔成文、交流评价、修改提升、展示舞台等多个环节着手，力求顺应学生自由发展的天性，让学生善于倾听、乐于表达，从而写出个性与精彩，让作文课堂变得鲜活亮丽起来。

关键词： 快乐写作　真情倾诉

试看今日写作课堂，很多都是低效而了无情趣的。教师批改作文负担沉重，学生创造之树枯萎凋零，想象之翼不能奋力高翔。其实，写作之于学生，应该是情感的宣泄、心灵的独白、生命的吟唱。语文老师应当挣脱传统写作模式的枷锁，让学生在课堂上自由自在地"舞蹈"起来，体味"我思故我在，我手写我心"的精彩。

如何让学生踏上绿色写作之旅呢？笔者通过多年的教改实验，推出了"快乐随笔"教学模式。通过设置各种情景，展开轻松的口语交际，引导学生随时随地、随意随心地把思考倾注于笔端，让情感流泻在纸上，然后互评互议，修改提升，最后评选出佳作，通过各种途径展示，真正实现作文课堂的"当堂达标"。其要诀是"求真、个性、创造、快乐"，这为师生表情达意、抒发心声选择了一条捷径。下面笔者简单介绍一下"快乐随笔"这一写作教学模式的主要环节。

一、设境激情

"文章不是无情物"，无论叙事、抒情还是议论，都要饱含作者的真挚情感。在写作教学中，教师有意识地创设一个具体情景，让学生置身其中，去观察、体验、感悟，撞击他们内心的情感，引起学生的情感体验，让他们的思维在"情境"这一空间纵情驰骋，随意舒展，从而唤醒他们心中那位沉睡的创造大师。

设置情景方法很多，例如游戏情景、故事情景、音乐情景、表演情景、想象情景、生活情景等。教师可根据教学实际，采用恰当方式引导学生进行写作训练。例如写作课例"体会黑暗"，开头设置游戏情景：引导全体学生闭上眼睛60秒钟，体会黑暗滋味；然后让学生二人，一人扮作"盲人"，一人扮作"爱心天使"，结伴而行，一起走过黑暗，超越黑暗，去拥抱外面的阳光和花朵。这个游戏，使一直生活在阳光之下的学生，感受到了黑暗的滋味，给了他们一个体会生活、感悟人生的机会，激发了学生的写作灵感，使他们有话可说，有情可抒，发之于口，付之于笔端，不仅提高了语言表达能力，更是对人文素养的一种提升。

创设写作情境，让学生的情感尽情挥洒，方能激发他们强烈的写作意愿。这样，即使平时在写作上平淡无奇的学生，也能焕发勃勃生机，给写作课堂平添几许缤纷的色彩。

二、你说我说

作文其实很简单，无非是说话而已。口头表达能力强的学生，一般写起文章来也会洋洋洒洒，下笔千言。写作课上，要让学生的嘴巴"动"起来，用心倾听，善于表达，这对写作大有裨益。

在写作课上设置情景之后，我适时引导学生进入"你说我说"环节，让他们畅所欲言，通过"听说"中介作用，学生眼有所见，耳有所闻，心有所感，自然会有话可说，有情可诉。如作文课例"一片落叶撩起情思"，先让学生捡几片叶子拿到教室，仔细观察，展开联想，让他们自由发表感受和见解。此时课堂是活跃的、开放的，学生叙述着、描绘着，有的说"我想到了它坠落时的舞蹈，一片一片落叶铺满小路的诗意"，有的说"落叶在等待，等到明年春天，那个欣欣向荣的季节，再重新来过"，有的说"我看到落叶绕树干飘荡半圈后才依依离去，缠绵在大地的怀抱里。看似飘落，不是飘落，是一份缠缠绵绵的牵挂"……就这样，学生充分调动自己的情感体验和生活积累，在不经意间就度过了写作难关。通过"你说我说"环节，学生在轻松的"聊天"中打开了思路，积累了优美生动的语言，并用善于发现的眼睛看世界，对作文产生了浓厚的兴趣，真是一举多得。

三、秀出个性

语文课程标准指出："要减少对学生写作的束缚，鼓励自由表达和有创意的表达，提倡学生自主拟题，少写命题作文。"由此，我运用自主多元化的写作形式，突破传统写作在题材和体裁上的限制，使写作成为学生展现个性的一个平台。

例如写作案例"我有一个宝宝"，首先让学生展示气球宝宝并谈及自己的感受，然后适时地点拨：你准备怎样构思行文，记录自己领养气球宝宝的经历和感悟呢？没想到，学生的答案真是精彩纷呈：

生1：我要写我们班的宝宝秀，描绘同学们展示宝宝的欢快场景，选取几个典型宝宝，采用分镜头的形式，展示宝宝和小主人的风采。

生2：我准备采用日记体，用几则日记连缀而成，记录我和宝宝的动人故事，表达自己辛苦而快乐的真切感受。

生3：我要以《一个气球宝宝的心声》为题，以气球宝宝的语气来描写自己被领养、被呵护的经过，表达对小主人的感恩和爱。

生4：我准备运用欲扬先抑的手法，先写领养宝宝带来的麻烦和郁闷，然后再写宝宝给我带来的充实和快乐，突出自己情感的巨大变化。

……

我把写作自主权还给学生，任由他们选择自己喜欢的行文思路。正是这种近乎"作文超市"式的开放课堂，使学生写出了美不胜收的生活图景，写出了奇思迭出的诗意结构，写出了酣畅淋漓的生活体验，写出了深刻厚重的人文底蕴。写作成为一道亮丽的风景线，展现出了精妙绝伦的文学"奇观"。

四、晒晒亮点

下笔成文之后，全班学生分成几个小组，在组长的领导下评阅作文，并推荐优秀作品，写好推荐语当堂展示。此时，教师巡视并和学生交流，对各组的优秀作文及其不同风格做到心中有数，为展示时的评价环节做好铺垫。

需要注意的是，学生评阅前，教师必须教给他们必要的批阅知识，引导学生从立意、选材、手法、语言等方面进行评价，可以把批阅要点整理成"批阅小贴士"出示在屏幕上，让学生明确要求后再行动，这样才会更加简洁高效。下面的"批阅小贴士"，是我在作文课例"生命的抉择"中整理的批阅要点：

> 错字圈点出来，病句试着标出；
>
> 精彩处画一画，找亮点赞一赞；
>
> 批注赏析手法，不忘写个总评。

除小组推荐，还引导学生毛遂自荐，寻找自己习作中的精彩之处。当学生通过自我品读找到作文中的闪光点后，要珍视那些闪烁着个性光彩、富有表现力的亮点，鼓励他们在小组内、班级中自我展示，将习作中的亮点有声有色地诵读给同学听，说出"亮"在何处，和同学一起交流。这样一来，几乎人人有亮点，篇篇有亮点。每个学生都会得到全身心的满足和快乐，从而体会到成功的喜悦。

五、雕"璞"成"玉"

语文新课程标准明确指出："在习作教学中要重视引导学生在自我修改和相互修改的过程中提高写作能力。"写作需要一个精心打磨、加工润色的过程。由此我改变了传统教学中教师批改作文这种单一的评价方式，通过老师面批、学生自改、互评互改等方式引导学生积极参与其中，把自己的作文雕琢成"玉"。

工欲善其事，必先利其器。在修改提升的教学活动中，教师要扮演好导演的角色，给学生创设自主修改的广阔空间，让全体学生都唱主角，积极参与修改作文这一活动，在修改中提升自我、展示自我，感受写作的幸福和快乐。例如写作课堂"春天在哪里"的修改环节，一个学生在文中这样写道："春天来临，小草发绿了，河水解冻了，花儿开放了。"我通过面批加以引导：你能用修饰词语生动描绘出小草、河水和花儿吗？你能运用比喻、拟人等修辞手法形象描绘出它们的情态吗？你能够引用古典诗词增强文学意蕴吗？你能运用人体感官从不同角度来进行描写吗？你能够在描绘景物中融入自己对春天的情感吗？经过点拨，这位学生茅塞顿开，终于写出了文笔生动、情景相生的精彩篇章。

六、展示风采

要让学生写出彰显个性的特色作文，还需要为他们提供展示才情的舞台。因此，有效利用学校的多种资源、设备设施，多渠道搭建能够提升学生文学素质的写作展示平台是非常有必要的。

　　课堂展示。学生在写作课堂中的展示不容忽视，应预留足够时间，给学生展示空间，让学生将自己所写的成果尽情展示，这无疑是写作教学取得成功的最好诠释。同时，还可以通过在教室、走廊张贴优秀习作，定期编写班级专集等方式，让学生在班级这个小舞台进行"练兵"，充分体验写作的乐趣和价值。

　　公开发表。推荐师生优秀习作到更大舞台去进行"检阅"，如在校刊《古槐飘香》上定期发表，利用校园网创建"作文博客"，发表"网络日志"，这都为学生的习作展示提供了一个平台。对于特别优秀的学生作品，则会推荐到《语文报》《文学校园》《作文与考试》等报刊公开发表，使学生拥有展示自我的广阔空间。截至目前，我校已有200多篇优秀佳作在各级语文报刊中发表。师生尽享用心创作的快乐，写作教学也由此驶上绿色的快车道，尽展用心创作的精彩。

　　"快乐随笔写作教学模式"研究犹如春风拂面，给当前写作教学带来勃勃生机。在不断探索中，我成功推出了"猜猜我是谁""心的翅膀""纸条传传传""生命的抉择"等系列精彩作文课堂，点燃了学生的创作激情，激发了学生写作的灵感和创造的萌芽。作文不再是一种负担，体现着心灵的快乐与自由；写作教学不再单调，流淌着生命的真实与自然。几年来，在不断尝试、不断实践的写作教学过程中，我感动于学生自然而然的真情流露、不加雕琢的本色之美、洋洋洒洒的文字功夫。感动之余，我把点滴经验化成了上面的文字，与大家共勉。我期待所有的语文同仁们都行动起来，以写作教学改革为突破口，用心探索，勤于实践，还给学生一片蓝天碧海，让写作成为心灵的吟唱，让语文成为生态园里最有生机的那一片绿叶！

参考文献

[1]邓爱.中学作文教学的有效途径分析[J].文学教育，2011（11）.

[2]张华清.作文的"能教"和"不能教"[J].语文建设，2012（2）.

[3]胡立根."基于研究"的写作教学模式[J].中学语文教学，2013（3）.

[4]刘正文.巧妙链接生活，尝试快乐写作[J].课外语文，2017（7）.

多元解读，请你慢些走

——浅谈影响文本解读的几个因素

摘要： 新课改后，多元解读的问题开始引起重视。有时一味注重多元，反而不利于学生对文本的正确把握。有的解读甚至明显偏离了文本，这对学生会产生一定误导。笔者认为，我们既要尊重多元解读，又要做到"多元有界"，应把多元解读与准确解读结合起来。这样才能使"多元解读"这一理念在新课改中保持应有的张力。

关键词： 个性 文本 多元 因素

传统的课堂是教师提出问题，引导学生异口同声地回答，这无疑漠视了学生的主体性和个性差异。针对此种情况，新课改将实现学生充分的、有个性化的发展放到突出地位，鼓励多元化解决问题，这给沉闷的语文课堂带来了生机和活力。可是，有时教师因为过于注重多元，使学生对文本的理解出现了种种明显牵强的说法，甚至是误读误解，这导致语文课堂几乎要从一个极端走向另一个极端。

为什么多元解读面临着这样尴尬的境遇呢？说到底，是很多人对此存在着误解。他们认为人的思维走到哪里，多元解读就能随时漫游到哪里。殊不知，多元解读是有一个"界"的。简单地说，这个界就是指我们在与文本对话的过程中应该遵循的原则。因此，我们不能随心所欲地把文章随意解读，越过了这条虽然模糊但确实存在的界限，阅读也就"犯规"了。下面，笔者简单谈谈构成多元之界的几个因素：

第一，所读文本的本身便是一个界限。 这是因为作品和寓含在作品中的"作品意图"是读者能读出意义的基础，它自然也就成了多元解读的边界。说得通俗点，虽然是"一千个读者就有一千个哈姆雷特"，但这一千个都只能是哈姆雷特，而不应该读成孙悟空或是其他什么形象。举个例子，《羚羊木雕》一文展示了两种内心世界："我"珍惜的是友情，把羚羊木雕送给朋友万芳；父母心中珍视的是羚羊木雕的金钱价值，由此逼"我"把羚羊木雕要回来，这样就起了冲突。这种矛盾是亲情与友情之间的矛盾，说到底主要还是一个"代沟"和"沟通"问题。可是，有的老师却把文章主题解读成了"比大海更深的是父母的恩情"。我始终认为这位老师没有引导学生真正走入文本，不然，学生应该是沉浸在文章所营造的那种浓浓的氛围中，又怎会产生"不忘父母恩情"这样牵强的解读？

第二，阅读者也构成了一个"多元之界"。众所周知，人的认识是带有主观色彩的。面对同一事物，因认识的角度、方法、目的等差异，往往会产生不同的结果，这就是所谓的"仁者见仁，智者见智"。例如同样是看到了秋天的景象，马致远写下了"夕阳西下，断肠人在天涯"的悲伤愁苦；刘禹锡则抒发了"自古逢秋悲寂寥，我言秋日胜春朝"的豪迈情怀；而毛泽东，却感悟到"怅寥廓，问苍茫大地，谁主沉浮"的崇高境界！其实，即便是同一个人，阅读同一文本，随着时间的不同，往往也会产生不同的感受：看曹雪芹的《红楼梦》，小时候可能只读到了其中的一个断面，不明白为什么林妹妹总是那么喜欢流泪；长大了重读，才发现宝黛的爱情故事是一个多么令人伤感的悲剧；人到老年再读，不由得对人生、对世事感慨万千，真是"别有一般滋味在心头"了……看来，面对特定的学生，教师应该引导他们在其可以理解与领悟的范围内进行解读。至于有些比较复杂的内容，就不要提前设桥铺路非让学生去认知了，这也是对学生"不知情权"的一种尊重。

第三，语文课堂的特殊性，成为多元解读的另一界限。这里，语文教学作为一种特殊的具有明确目的与追求的活动，是以语文知识体系为基础的，它应该在尽可能短的时间内，寻找到此时所能获得的最合理的或者尽可能好的意义。例如有人不从愚公的精神入手，非要引导学生探讨"愚公应该挖山还是搬家"；有人不顾《丑小鸭》是一则童话，非要质疑"丑小鸭本来就是一只天鹅，变成天鹅有什么稀奇"？我曾经听一个老师讲《陈太丘与友期》，整节课主要就让学生讨论了两个问题：期日中科学不科学？元方入门不顾是否无礼？学生热烈探讨，老师也在一边推波助澜，最后还是没有得出一个明确的说法。其实，"期日中科学不科学"准确地说应属科学范畴，而后者明显是思想道德问题。虽说语文与其他学科有着不可分割的联系，但它毕竟还是语文，语文课必须姓"语"。因而像上述问题的探讨点到为止即可，不必一味在这些细节上浪费时间。要知道，语文课如果不围绕"语文"二字来做文章，只会使多元解读误入歧途，落个一无所获的结局。

最后，**产生的那个"元"是否有意义，又是一条界线。**可以肯定地说，今天我们提倡多元，最终目的并不在于得到"元"本身，而是要大力提高学生对文本的解读和对话能力。明白了这一点，教师无疑应有意识地对学生进行正确引导，使学生在解读时要有价值取向。比如《盲孩子和他的影子》这篇童话写了一个盲孩子在影子的关心、帮助下重见光明，他的影子自己也获得生命的故事。上课时，一个学生非坚持说这样的事在现实中是不可能实现的，觉得虚假。我没有生气，而是引导学生：既然在现实生活中不是真的，那作者为什么还要这样写、这样进行想象呢？学生议论纷纷，明白了文章是想借这个故事告诉我们人生的道理。我又进一步引导：那么你从中受到了什么启发呢？学生通过深思，懂得了"对待像盲孩子这样孤单弱小的人，我们应该关爱他们，这样他们才会感到生活的光明与美好""影子最后也获得了生命，说明给别人带来幸福，自己也能得到幸福"的道理。这样一来，学生没有在故事的真假上过多浪费时间，而是体味到了作品本身的美与价值，并从中受到教育。

总之，多元解读是要有一个界限的。只强调多元，否定规范、否定导向是对教育的误解和对受教育者个体发展的不负责任。因此，教师在鼓励学生进行多元解读的同时，更要注意对学生的正确引导。尤其是学生在认识、情感上出现了偏差时，教师必须要予以矫正。更重要的是，我们自己也要端正态度，不要自以为是，更不能为了片面追求所谓的"元"而带有某种功利的心理。只有这样，才能真正让学生与文本展开对话和交流，在思想的碰撞中张扬个性，从而挣脱心灵的束缚，翱翔于那片湛蓝的天空！

参考文献

［1］何方."多元有界"与"界中多元"［J］.语文教学通讯，2005（8）.

［2］周远喜等：多元解读教师引领作用必不可少［J］.中国教师报，2006（8）.

［3］方相成：论文本多元解读的四个维度［J］.中学语文，2012（10）.

［4］陈强.课堂引导与多元解读文本［J］.中学语文教学参考，2016（36）.

画眉深浅入时无?

——提高作文评语有效性的几点做法

唐代诗人朱庆馀担心自己的诗文不一定符合主考的要求,于是作《近试上张水部》一诗,巧用比喻,借"画眉深浅入时无"一问征求张籍的意见,隐隐透出忐忑不安之情。其实,学生写完一篇作文之后同样期待着老师的肯定与赞许。作文批语,就是师生心灵交流的一个平台。在这个平台上,师生运用语言文字这一特殊符号进行沟通和交流。富有个性化的批语,无疑可以起到有效的激励作用,其意义远远超出了评语本身。那么,如何让作文批语多一些个性与诗意,从而能够有效指导学生的写作呢?笔者在长期的作文教学实践中,归纳出如下几点做法:

一、多一点真诚鼓励

心理学家威廉·詹姆斯说:"人性中最深切的禀质,是被人欣赏的渴望。"可见,得到别人的赞许是一种心理需求,对于中学生来说,这种需求就更为强烈。当学生看到自己作文的闪光点被老师及时发现并加以赞赏时,往往会产生一种成就感,这种良好的精神状态极易升华为写作的动力。

评语不是无情物,一字一句总关情。实践证明:在教学中,老师所给的作文批语具有激励性,极有可能会成为影响学生的一个重要变量。例如,我班陈青同学写过一篇名为《小事不小》的作文,文章以小见大,颇有见解。我在她的文后批道:"以小见大有深度,催人警醒好笔力。"接着,针对其书写有些潦草、成绩忽上忽下的不足,我又写出鼓励性的话语:"如果你能把字写得工整一些,我想大家会更喜欢你的文章。努力,是金子总会发光的!"发作文时,她看了批语,显出很激动的样子。后来经过修改,那篇作文在校报上发表了,而且在全市作文竞赛中获得一等奖。这极大地鼓舞了她的信心,她写作的兴趣越来越浓厚,并以此带动了其他学科的学习，成绩稳步上升。

可见，面对学生作文，我们应用赞赏的眼光来看待，并且要把培养学生的自尊和自信作为第一要素，从而大力激发他们的写作热情。当然，这并不是说老师对学生作文中缺点、失误视而不见，毫无原则地一味加以赞扬，而是应从爱护、扶持的角度，以真诚热忱的态度指出，并引导学生及时改正。

二、多一点幽默情趣

学生初学作文，难免会出现语言不通、用词不当，乃至不知所云的情况。这时，老师不要急躁，更不能板起面孔生硬地说教，不妨来点善意的幽默，使他们在微笑中接受批评，并觉得作文和语文老师同样富有情趣。

记得有一次，有个学生的作文从头到尾就一大段，而且如流水账一般。明明刚刚讲了写好作文的要点嘛，我一时生气，拿起红笔，就想写"好没记性"这类的话，并决定罚他重写。写完"好"字，却不禁犹豫起来：学生会接受这样的批语吗？还有没有其他的解决方法？沉吟间，我灵机一动：为什么不换一种更有效的表达方式呢？这样一想，我就为他提供了几篇范文，批语也变成了"好长一大段，结构不美观。范文有几篇，请君细细看"这几句顺口溜。结果，学生受到感染，在读了范文后，又主动重新写了一篇。看到这篇结构美观、书写工整的作文，我大为感动：看来学生是透过批语读出了老师的善意批评，也理解了老师的良苦用心。如果是"好没记性"这样的话语，除了会伤害学生的尊严，还期望能有什么别的效果吗？

从那以后，无论面对怎样的作文，我都尽可能地把批语写得生动活泼、兴味盎然：有的开篇冗长，批上一句"千呼万唤始出来"，使学生明白了开门见山的重要性；有的不够字数、内容空洞，批上一句"短文复短文，短文何时休"，让学生懂得了文章要言之有物；还有的文章中句号变成了一个"黑点"，一句"句号向你抗议：还我本色！"从而引起学生的注意……如此生动有趣的批语，使学生对作文产生了浓厚兴趣，写出精彩无限。

三、 多一点个性创意

学生性格不同，基础不同，写出的文章也各具特点。因此，老师在写批语时，应该因人而异，写出对于学生个体具有指导性的批语，从而鼓励学生写出富有创意的文章。相反，如果作文批语千篇一律，动辄"句子通顺"，张口"中心突出"，这无疑抹杀了学生的个性。

具体到教学实践中，学生的作文多姿多彩，教师的批语也要千变万化。例如，当看到一篇立意高远、构思巧妙的佳作时，我会兴奋地写上：看似平常的文字在你的笔下都具有了灵性，真是字字珠玑有神韵啊！也有的文章，开头并不怎么吸引人，可越往后读，越觉得精妙，我会情不自禁地批上：刚刚讲过了欲扬先抑，你就能学以致用，为你点赞！当读到那些语言畅达、风格清新的文章时，我忍不住送上一句：如小溪般清新流畅，如花开花落一样自然优美。……有时也会遇见不尽人意的文章，不妨用宽容幽默的方式，给学生以巧妙提醒。不过写这类批语要把握好分寸，在含蓄委婉地批评之后，要多给予学生关心和鼓励。

个性化批语的力量是巨大的。只是短短的几句鼓励，就可以使学生郁积了多日的愁绪云开雾散；只是稍加点拨，就能使学生冥思苦想的疲倦一扫而空；只是一个小小的期待，就可以使学生陶醉其中并为之而不懈努力。从这个角度说，个性化的批语就如一朵小花，只有教师用真情实感去浇灌，这朵小花才会开得娇艳动人。

总之，写好作文评语是一门艺术。作为一个语文老师，在写批语时要本着"以人为本"的原则，并讲究一定的技巧，做到和善而不伤其自尊，诚恳而不虚与委蛇，热情而不浮于表面，与学生真诚沟通，用心交流。长此以往，不仅会激发学生的写作积极性，而且会达到教书育人的目的，我们有什么理由不去尝试一下呢？

参考文献

［1］杨雪.初中语文作文批语浅尝［J］.考试周刊，2014（64）：45—45.

［2］钱冰山.语文味教学法在作文点评中的应用［J］.中学语文教学，2015（3）.

［3］杨晋闯.巧借"评价"来助力，作文不难上青天［J］.中学语文教学参考，2015（7）.

［4］黎新爱.如何提高作文评语的有效性［J］.师道：教研，2016（7）：58.

让言语生命之花悄然绽放

——"快乐随笔"写作教学的实践与思考

写作到底是什么？它就是开心时狂呼的那声"欧耶"，是忧伤时发出的那声叹息，是看到海市蜃楼后的惊奇，是经历人生挫折后的深切反思。写作，是捕捉拂过脸颊的那一缕清风，是感慨吹落花朵的那一阵风雨，是撒播空谷幽兰一般的芬芳，是展现鹰击长空一样的自信。写作是倾诉、反思、成长与升华，是与自己的心灵对话；写作是关爱、分享、鼓励与包容，是与他人交流的心桥。喜怒哀乐，尽情传递；悲欢离合，尽在其中。

潘新和在《语文：表现与存在》一书中指出："人的言语欲求、言语意识、言语才情、言语智慧、言语能力、言语抱负和言语信仰，是从每一个人的鲜活自由的内在生命中生长、绽放出来的花朵。"而对于初中学生来说，要唤醒他们固有的言语生命意识和言语潜能，激发和呵护他们言语生命的成长，并使他们的言语能力得到发挥和张扬，最有效的方式便是写作教学。在传统作文教学中，学生往往是在教师命题下被动写作，思维受到抑制，言语潜能被压抑，创造之花枯萎凋零，因而写出的东西苍白空洞，变得无诗也无歌。这样一来，最直接的后果就是导致学生畏惧作文，既而也厌倦了语文这门学科。

语文教师如何唤醒学生的言语生命，激发他们的言语意识和写作灵性呢？笔者认为，初中写作教学应该贴近学生生活，引领学生深入生活源泉，关注、感受生活，学会体验和表达，使言语学习和言语活动真正成为他们的自发需要和自觉追求，让作文过程成为真实、自由、快乐的生命之旅，在体验中激发兴趣，在快乐中创新升华。在这一理念指导下，我进行了"快乐随笔"写作课堂实践研究，取得了初步成果。

所谓"快乐随笔"，就是在作文教学中创设生活化情境，引导学生在双向互动的口语交际中培养出侧耳倾听、清楚表达、自然应对的能力。在此基础上，培养学生综合运用语文知识、准确生动地表达思想感情的语文素质。从本质上说，这是一种以写作为重点的综合性语文学习活动，它要求语文教师用自己的言语人格魅力，去引领学生的言语生命、诗意人生。要变革传统的作文教学方式，通过研究、归纳、总结，探索出行之有效的写作教学模式，引导教师把语文教学和作文教学当成优良的言语生命意识的播种、仿制和衍生，使语文教育目标与人的言语生命欲求相契合，真正做到以"人"为本。"快乐随笔"作文教学的创新之处在于转变学生以往被动的写作方式，使他们积极主动地观察、感悟生活，从而培养创新思维的灵活性、求异性和独创性。其特点主要表现在以下几个方面：

一、贴近生活。《语文课程标准》指出："写作教学应贴近学生实际，让学生易于动笔，乐于表达，应引导学生关注现实，热爱生活，表达真情实感。"其实每个学生的生活都是一部内容丰富的书，现实生活与真实体验就是写作的源头活水。任何艺术的创造都必然植根于现实的土壤，教师要引领学生在广阔的生活天地中找"米"，引导他们记熟悉的人，叙经历的事，绘眼前的景，状身边的物。同时挖掘生活中的习作资源，营造口语交际场景，为学生提供活生生的原生态的体验环境，引导学生把自己看到的、听到的、想到的或亲身经历的事情写下来。人际交往中往往都有沟通、表达、交流等情感需要，写作就是这种实际需要的自然表达。没有基于生活的真情融入其中，任何技巧也不可能打动人心。我们要经常组织学生参加生活实践活动，让学生获得真实的情感体验，并在体验中积累写作素材，为说真话、抒真情提供写作基础。同样，好的文章能够扫去人们心灵中的阴霾，给我们带来希望、勇气和力量，从而传递正能量，改变一个人的心态，改变一个人的精神世界，最终可能会改变一个人的生活。在这里，写作不再是为了考试和分数，而是"言为心声"，记叙所见、所闻、所感、所思，真正成为孩子们生活的一部分。

二、体验快乐。写作是一种唤醒和激励，能够引领学生为生命的美丽而倾诉、而快乐。即使抛开"文以载道""立功立德立言"这样的写作理念，仅从审美角度来看，作文也可以通过构建意境、塑造人物、描绘景物、抒发情感等手段，使读者沉浸于美好的意境之中。海塞说过："没有什么比沉浸在创作的欢乐与激情中挥笔疾书更美，更令人心醉的事了。"作文也可以像音乐、舞蹈、绘画、摄影等艺术一样，给人们的心灵带来美的愉悦和精神享受。"快乐随笔"写作课堂，通过设置各种生动活泼的情景，使学生对写作充满兴趣，激发出写作热情，并从中获得独到的快乐体验。在这个过程中，言语表达和随笔习作都成为趣味盎然、其乐无穷的事情。教师要有一颗宽容的心，学会"蹲下来"，从学生的角度去感受事物、去思考问题，善于捕捉学生作文中的亮点，并毫不吝啬地进行激励和赞赏。学生在这种愉悦轻松的氛围中神游，自觉把自己的快乐体验用语言文字倾注于笔端，使写作真正成为生命的一部分。

三、随时随意。 随笔就是随时、随地、随意地写。所见所闻、所思所感，及时用笔记录下来便是作文。日记、书信、游记、随感、反思、博客等，都可以称之为写作。"快乐随笔"写作课堂，学生可以随时随地写下自己对生活的见解和感受，题材、文体不受局限，可记叙，可说明，可议论，可抒情，随心所欲，不拘一格；字数也不受限制，有话则长，无话可短，尽兴而写，随意而止。这种类似于日记式的随感，源于个人的真实生活，倡导"我手写我心"，强调人的本能天性。这种写作方式解放了学生的心灵，由过去的"老师命题"变成了学生"自由抒发"，由过去的"为老师写"变成了学生"为自己写"，孩子们感到作文不再神秘——无非就是把自己想说的话诉诸笔端，既可以与别人交流，也可以自我欣赏，何乐而不为呢？他们自由抒写，轻松作文，利用平台和大家展开交流，于是无数的精彩纷至沓来，写作开始返璞归真，课堂上有了欢声笑语。随笔写作成为孩子们生命成长的倾诉，成为生命之间表达和沟通的首要选择。

四、个性创新。 与以往那些立意相似、表达雷同、内容空洞的作文不同，随笔作文不追求像流水线产品那样"整齐划一"，而是主张顺其自然，写出真性情，写出灵动感，写出百花齐放绚丽多彩的个性。这个"自然"，就是内存于人的生命本能中的言语欲求和言语天赋。"灵感"远比"技巧"更重要。语言教育要唤醒学生固有的言语生命意识和言语潜能，使之得以良好的养护和培植，使他们的言语才得到积极主动的发挥和张扬，从中感受到成功的愉悦与满足，并最终成为言语上自我实现的人。由此，"快乐随笔"写作课堂在每个学段都安排了观察、想象、迁移、发散等多种思维能力的训练，尤其是凸显了观察、想象等创造性思维能力的训练，鼓励学生在思维形式上趋向于创新性、求异性，使学生学会从不同角度、不同视点、不同层面去思考问题，用批判的眼光去学习和借鉴他人的观点学说，从而获得不同的感受和体验，使他们的思维更加灵动飞扬，敢于标新立异，并逐步形成独特的写作风格。

真正的写作，在于关注生命、以人为本，这里的"本"就是"言语生命"。

语文教师应当是学生言语生命意识的激活者、唤醒者、呵护者。而在"快乐随笔"写作理念的指导下，教师主要从以下几点入手来实施作文教学策略：

读写结合。心理学家认为：阅读是吸收，写作是输出。阅读是理解和吸收语言文字及思想感情的精髓，写作则是运用语言文字表达思想感情的途径。阅读和写作是互为因果的紧密联系在一起的事物，是不可分割的整体，它们相辅相成，相得益彰。如何将当代美文、中外经典名著散落在孩子成长的要道？如何引领学生适时与经典相遇？如何培养孩子健全的人格和丰富的精神世界？这都是急需解决的问题。叶圣陶先生说过："文章犹如溪水，泉源丰盈而不枯竭，溪水自然活活泼泼的流个不停。"我们倡导阅读的自由灵动，把学生牧养在言语的沃野上，让孩子在文学、文化的大自然中尽情徜徉，让孩子在最美丽的生命花期尽情吸纳，获得心灵的滋养和精神的沐浴。我们倡导"在阅读中提炼出属于自己的东西，读书在于读自己，发现别人的时候发现自己，更要读出自己的人生思考，读出自己的人生成长"的阅读理念。孩子们长期接受阅读的浸润，不断感受这种美好语言对心灵的颤动、撞击，从而拥有"腹有诗书气自华"的高雅气质。在语文教育中，引领学生走上言语人生和诗意人生之路，使人的言语上的发展成为一种生命自觉，才会有真正意义上的人的发展。

巧妙引领。随笔写作文体不限，内容不限，字数不限，鼓励学生多观察、多思考，展开想象，打开思路，冲破束缚，大胆倾诉。从表面上看，随笔写作是无序的。但随笔写作并非天马行空，既要遵循写作规律，也需要教师悉心指导。课堂上教师的指导是有序的，围绕"精心设境—展开对话—下笔成文—慧眼识珠—修改提升—秀出风采"等步骤展开，一气呵成，重在读、评、改、展等特定环节。需要指出的是，写作情境的创设要巧妙自然，引导学生与学生、学生与生活展开对话，使学生有感而发，不吐不快。评价与展示环节同样不可忽略，缺少必要的评价提升，随笔就失去了方向；缺少必要的展示环节，写作就达不到分享共进的目标。由此可见，随笔写作虽然看似随意，但要符合学生的言语表达规律，要在"抒发性灵"的前提下讲求技法，要在修改推敲的基础上增添文采。这里的写作，不仅仅是表达与交流的自然需要，还是思想和语言的结合、提炼与传播的技能，这是反映学生语文学习能力的一个重要标志。

灵活评价。写作的关键从来就不在技巧手法，也不在遣词造句、谋篇构局，其核心应该在心灵体验、感悟。写作教学中教师大多采用写评语的方式进行评价，不但加重了工作负担，也不利于提高学生修改作文的能力，套话连篇的评语也激不起学生的兴趣。因此，"快乐随笔"写作在评改中采取学生自评为主、小组内互评为辅、教师点评引路的方式。教师选择几篇不同风格的文章进行评析，目的是教给学生评价和修改作文的方法。最重要的是给学生提供一个展示的平台，可以展览在教室里，投稿在校刊上，可以发表于"微博"，还可以引导学生自编文集，让每位同学为文集起个富有诗意的名字，在扉页写下自我寄语，编写目录和前言，后面写后记，并于封面上注明"×××著"的字样。当学生能够通过随笔倾诉心声、展示自我风采时，写作的关键问题已经轻松解决。

"快乐随笔"作文教学追求的是一种主体取向的评价，评价过程是一个民主参与、协商交流的过程。教师评价学生作文时要包容，力争在每篇习作中都能发现闪光点，比如有的开头新颖，有的立意深刻，有的语言生动，有的论证严密……对于学生习作中的精彩之处，教师要采取多种形式加以鼓励，让学生体验到成功的愉悦。教师在关注学生习作的同时，还要关注学生的整个写作过程，看他们是否掌握了观察、选材、构思、评价等方法，是否满怀激情地投入写作过程，是否能够与小组内同学开展有效的合作与交流，是否有了进步并对写作充满兴趣和信心。这样，写作才能够面向每一个学生，并促进每个学生的个性发展与素养提升。

注重人文。相对于自然科学，语文学习具备突出的人文学科特点，它不是以认知为主，而是以体验、感悟、熏陶为主，充满了浓郁的人文关怀色彩。而写作的本质特点之一就是人文性。作品是心灵的精华，语文老师应该充分利用、合理挖掘文本中蕴含的人文价值，在教学中渗透人文精神，让学生领悟作品中的美，说真话，诉真情，从而触动孩子们的心灵，培养健全人格。"快乐随笔"写作课堂以发挥学生的主体性、激发学生的主动性为目标，引导学生在生活中寻找真、善、美，在各种口语实践活动中陶冶情操，提高精神境界。在这里，做人与作文是统一的，境界的高低将直接影响到文章品味的高下。从这一角度来说，关注学生的生命成长，用情感点亮生命，用爱心感动生命，这是人性的回归，是教育的回归，更是语文本质的回归。

总之，快乐随笔写作训练拓展了学生的想象空间，点亮了他们的创新思维，激发出他们的写作热情，使学生视随笔为需要，以随笔为乐趣，让写作表达成为生命的常态和每天的必修课，为孩子们生命的成长注入了勃勃生机，生活化的作文教学也因此充满不竭的生命活力。快乐随笔，活力无限，引领着莘莘学子走进文学这座美丽的百草园。

古韵声声处　谦谦君子风

——语文教学中弘扬传统文化的方法策略

摘要：传统文化是一个民族的精神财富。作为传承传统文化的重要载体，语文学科有着十分重要的意义。民族文化的传承、发展和创新，很大程度上依赖于语文学科。作为语文教师，应该义不容辞地担当起弘扬传统文化的历史使命。如何将传统文化与语文教学完美结合，不断提高学生的文化素养和思想修养呢？本文分析了语文教学思路和教学手段的变化，从而提出掌握与弘扬传统文化的方法：一是知识积累；二是精神熏陶；三是素养提升。在语文教学中有意识地融入传统文化知识，从而使学生积极探索本民族的传统文化，让传统文化在语文教学中扎根。

关键词：语文教学　传统文化　精神熏陶

当今社会，浅俗文化、网络文化充斥着人们的生活。在这种大环境下，很多孩子居然不知道传统文化为何物。有的孩子热衷于过圣诞节、愚人节等西方节日，却不知端午节、重阳节等传统节日的文化内涵；有的学生热衷于一些网络热词，写作文时却不会使用成语，更别说名言警句了。这是传统文化的悲哀，亦是文明古国的伤痛。语文教学与传统文化已经渐行渐远，很多青少年失去了静心品读、仔细推敲的耐性，失去了"宁静致远""家国天下"的人生境界。这些现象在一个有着五千年文明的泱泱大国出现，难道不值得我们深思吗？

《语文课程标准》强调语文学科在弘扬民族优秀文化、提高国民素质方面的作用，提出语文学科要培养学生热爱中华民族优秀文化的感情。语文教学应该让学生背诵经典诗词、精读名家名篇、研究古文字法，以丰厚底蕴、陶冶情性、涵养心灵，体会中华文化的博大精深，从而追求高尚的情趣，提高道德修养，承担起传承祖国优秀文化的重任。作为一名语文教师，我们要努力营造语文课堂的文化气氛，深入挖掘教材的文化内涵，让学生在品读经典中感受祖国语言文字的魅力，受到祖国优秀文化的熏陶。那么，应该如何在语文教学中渗透文化教育、弘扬传统文化呢？笔者从以下几点谈谈自己的做法。

一、经典诵读，培养语感

当我们走近语文，捧起一部部经典著作时，也就走进了中国文化。古人在学习语言时并不强求理解文章，而是强调诵读和记忆。钟为永先生在《语文教育心理学》中说："朗读有利于加深对课文的理解、感受和领悟；有利于提高阅读能力、欣赏水平和表达能力。朗读是诵读的前期阶段，反复读以至成诵，则达到更高层次——诵读的境界。"中国是诗的国度，诗经、楚辞、汉赋、唐诗、宋词、元曲……我国的文学经典里，蕴藏着一座巨大的知识宝库，这座宝库正等待我们去探索。我们要将经典与诵读完美结合，引导学生多读、多背，沉淀积累，激活思维，丰富学生的文化底蕴。

经典是内容，诵读是形式，只有将内容和形式完美地结合在一起，才能达到最佳效果。国学大师南怀瑾先生说："常有人问我：'为什么能有这么好的学问？'我都实实在在地告诉人家，这都是我十三岁以前熟背这些古书的效果。背书，就如练字、练拳、练舞，熟能生巧，巧必由烂熟而出。好文章背诵得多，灵巧的修辞，畅达的语句，铿锵的声韵，周密的谋篇，口诵心惟，不知不觉，变成自己能力的一部分，加上泛览博览，深思精研，将古人的感受，比照当今的情景，印证永恒的人性人情，于是自己的境界又可层楼而上。"在诵读过程中，把典雅语句转化为学生自己的语言，对经典中那错落有致的节奏与新奇严谨的结构拥有深切体验，能够进入文中的美妙境界，形成文言语感。可见，经典诵读能够有效增强学生的语言积累，且使学生终身受益。

经典诵读重在"读"，可以充分利用课堂、课余的时间开展自由读、表演读、配乐读等不同形式的诵读。每年的校园艺术节、书香文化读书节，安排经典诗文配乐诵读节目，为学生提供一个自我展示的舞台，为全校师生提供经典诗文诵读的视听盛宴。通过丰富多彩的活动，学子们获得独特的诵读体验，提高了诵读实效。经典诵读之所以符合语感培养规律，主要有两方面的原因：一是由于经典内容的深刻性，使得学生不断加深感悟乃至终身受用；二是由于经典诗文的美妙性，使得学生对其兴趣大大提高，从而能够内化为自己的素养。宋灏江先生在

《古为今用，贵在取舍》中如此评价诵读法的作用："这种方法是人们准确把握语文教学规律的具体表现，诵读激活思维引起联想，增强语感，陶冶情性。"

二、引导积累，学会运用

新教材有关传统文化知识的选文语言生动、文质兼美，在平时的教学实践中，要设法挖掘教材蕴含的文化内涵:可以从课文注释、阅读提示入手，挖掘有关文化常识；可以从课文内容、表达主题入手，挖掘优秀的传统美德和文化意蕴；从课文关键词句、相关提示入手，挖掘相关的文化背景、文化意趣。荀子说过："不积跬步，无以至千里；不积小流，无以成江海。"要引导学生把精彩片段、名言名句进行摘抄，归类整理。通过诵读、摘抄、演讲等系列活动，不断进行语言积累。天长日久，孩子们就能在潜移默化中逐渐掌握传统文化知识的运用规律，熟悉其语言环境，把握其感情色彩。

传统文化运用范围广泛，包括字词、语法、修辞、阅读等等。相关训练要不拘形式，我们不仅要教会学生如何积累词句，更重要的是通过夯实语言基础、丰富语言形式、强化语言运用等方法，培养学生的语言运用能力。例如在班级中组织"品读《三国演义》"主题活动，可以从以下活动入手：讲述《三国演义》中的故事情节；解读《三国演义》中的个性人物；用文言小话剧模拟《三国演义》中的古典场景；从某一特定的角度再读《三国演义》……指导学生分组查找资料、研究讨论，围绕三国文化进行多种形式的探究交流，吸引学生主动参与到活动中来。同时，引导学生品悟《三国演义》中的诗词歌赋、精彩词句，增强学生的语言鉴赏能力和语言驾驭能力。

三、涵养心灵，潜移默化

语文教材中的古诗文，有的记述名人事迹，有的抒发家国情怀，有的传承传统美德，不仅积淀着丰富的古代文化知识，也积淀着博大精深的民族文化。每一个汉字都仿佛是一个舞动的灵魂，彰显着泱泱大国的智慧与风骨。从这一角度来说，诵读经典不仅可以使学生学到古典知识，更重要的是让他们受到传统文化陶冶，传承中华民族的传统美德。这就要求教师在传授语言文学知识的同时，还要注重挖掘教材中的传统文化内涵，并通过灵活多样的方式传递给学生，让学生感受到传统文化的"奇绝壮绝的景致"，真正认识到传统文化的人文价值。

古诗文语言优美、意境悠远，蕴涵着丰富的人文内涵，可以浸润心灵，启迪人生。品读《论语》经典，能够体悟孔子坚守信念、心怀天下的执着坚贞；走进《岳阳楼记》一文，可以仰望范仲淹"先天下之忧而忧，后天下之乐而乐"的高尚情操；诵读《过零丁洋》一诗，能够感受文天祥"人生自古谁无死，留取丹心照汗青"的英雄气概；品悟《桃花源记》一文，可以感知"世外桃源"中美丽古朴、和谐富足的意境……在古典诗文的浸润之下，孩子们倾心接受经典熏陶，在耳濡目染中获得人文修养的提升。作为一名语文教师，我们不仅要让课堂成为传播传统文化的阵地，还要善于营造情景与氛围，例如把古色古香的书法作品、经典诗文、人物画像等张贴在教室、走廊以及班级宣传栏中，让学生在浓郁的人文环境中接触经典、感悟经典。这不仅可以丰富积累、开阔视野，还可以沉淀思想、滋养精神，让学生感受到古典文化的独特魅力。

四、随笔写作，涵养风骨

能够学以致用，这是弘扬传统文化的最有效途径。经典篇目在行文结构、谋篇布局上往往具有独到特色，学习时要加以体会，并借鉴其中的写作手法。例如学习《爱莲说》中托物言志的技巧，借鉴《唐雎不辱使命》中人物描写的方法，仿写《五柳先生传》里"不戚戚于贫贱，不汲汲于富贵"等名句等。为了学习古人的精神风骨，可以通过随笔练习来抒发自己的感悟。例如从孟子《鱼我所欲也》一文中学习"舍生取义"的献身精神，从李白"安能摧眉折腰事权贵，使我不得开心颜"中学习洒脱不羁的个性，从杜甫"安得广厦千万间，大庇天下寒士俱欢颜"中学习家国情怀……随笔写作，用民族文化的精髓滋养着学生的心田，奠定了孩子们的人生根基。

学生具有了一定的文言积累，可以尝试着通过抒写古诗或是简短的文言文来写人叙事、表情达意。用文言文写随笔，重要的是古语的意义与语法要符合文言习惯，内容不要故作高深。因学生的文言积累不够丰厚，教师要加以引导，帮助他们修改提升。对于中学生来说，写古诗要相对容易一些。下面一起欣赏出自学生之手的几首小诗：

春 意

丁博文

不觉春已到，蜂蝶迎风舞。

鸟兽尽欢喜，万木皆葱茏。

春 归

刘成铭

昨夜一阵风，今朝暖融融。

门前柳色绿，原野草青青。

春日观书

王 越

东风轻拂面，柳絮飞满天。

正是读书时，书香天地间。

咏 春

王雨婷

鸟语花香柳色新，东风扑面春意浓。

大地回暖万物苏，总把冬衣换轻装。

春 景

郭媛媛

待到三月暖意浓，百花园中舞蝶蜂。

雨声沙沙草莹莹，正是家乡好风景！

春日观书

耿焕阳

又是一年春来到，莺歌燕舞柳花飘。

劝君莫要恋美景，须趁此时吟华章。

若君不惜春日时，落花零落空叹息。

当然，传统文化博大精深，其中也有不符合当代发展潮流与价值观的瑕疵。教师在指点学生诵读积累时，要扬长避短，吸取精华，摒弃文化糟粕，留住传统文化的精髓。在语文教学中弘扬传统文化任重而道远，我们要不断提高自身的文化底蕴，让传统文化在语文教学中静水流深，让文化经典丰富学生的美丽旅程，浸润学生的如玉人生。

用心去捕捉那一个动人瞬间

——初中语文单元阅读与随笔写作整合模式例谈

摘要： 在阅读与写作整合教学中，经典课文是写作的基石，可通过确定一个主题把几篇课文整合为一个阅读单元进行教学，引领学生进行研读式阅读，化零为整，加深感悟，从而激发孩子们倾诉的欲望，写出生动鲜活、富有个性的好文章。面对中考作文题目，可联系相关课文深入挖掘，将写作思维的引线点亮，从不同角度寻找写作借鉴，将课文阅读和考场写作密切结合起来，写出个性与精彩。长此以往，整合阅读与随笔写作达到和谐统一，学生的语文综合素养也会得到全面提升。

关键词： 主题单元 情动瞬间 读写整合

在很多学生心目中，写作犹如一座险峻的巍巍高山，可望而不可即。作为语文教师，我们如何才能铺就一个个读写"台阶"，引导学生快乐前行，循序渐进，最终达到"会当凌绝顶，一览众山小"的境界呢？我认为可从整合教材入手，引领学生进行研读式阅读，化零为整，加深感悟，从而激发孩子们倾诉的欲望，写出生动鲜活、富有个性的好文章。具体来说，教师不再是一课一课地教，而是通过确定一个主题把几篇课文整合为一个单元进行教学。这样，课堂的学习方式不再是一篇文章的零敲碎打，而是由一个主题进行发散拓展，通过阅读、品鉴、随笔等形式，使他之言出自我之口，他之情出自我之心，使学生的认知得到深化，知识得到内化，情感受到熏陶，个性得到张扬。长此以往，整合阅读与随笔写作达到和谐统一，学生的语文综合素养也会得到全面提升。下面笔者就以人教版部编语文教材中的几篇课文为例，简单谈一谈初中语文"主题单元读写整合"的教学策略。

首先我把《皇帝的新装》《美丽的颜色》《背影》《藤野先生》等课文组成

一个阅读单元，引导学生认真阅读并进行思考：这几篇课文中，最让你震撼的是哪一个瞬间呢？学生初步交流如下：当没穿衣服的皇帝举行游行大典，一个小孩说出真相时；在那个美好的夜晚，当居里夫妇热切地望着镭发出蓝色的光芒时；当父亲爬过铁道去买橘子，儿子看见父亲那笨重而蹒跚的背影时；在日本学医的鲁迅发现一群围观中国人被杀的青年学生正在拍掌欢呼大声叫好时……此时进一步引导学生：为什么这一个瞬间打动了你的心灵？请仔细品读有关片段，写出你此时的真切感悟。学生通过阅读、思考，凝眸文中那一个"瞬间"，有感而发，畅所欲言。下面是赵硕硕同学写的一个精彩片段：

"可是他什么衣服也没穿呀！"一句简单的话，瞬间却如霹雳一般，戳穿了发生在人世间的一幕人间丑剧，让那个愚蠢的皇帝惊恐，让那些官员们惶惶不安，也让所有自以为"聪明"的大人们汗颜。当所有人都集体失言时，是他，一个单纯如纸、无私无畏的小小孩童，让真相暴露在光天化日之下，唤醒了没有勇气说真话的人们。"他实在没穿什么衣服呀！"听！所有的百姓都勇敢站了出来。不屈服于专制的淫威，挣脱了心灵的桎梏，人们挥臂呼喊着，那声音震撼天地，直冲云霄……

朋友，当你周围的人被蒙昧遮住了心灵，像那个皇帝一样犯下愚蠢的错误时，你是否会记起《皇帝的新装》里那个小小孩童，并能够像他那样对周围的人们说一声"不"呢？

看来学生已经领略到文本中"瞬间"的魅力，我趁势对他们进行启发：具有"精彩瞬间"的课文，绝不仅仅只写"情动"一瞬。那么文中除了叙写这一瞬间，还写了哪些内容？师生一起破译这几篇"情动瞬间"的课文，发现了文章的情感表达密码：文题并没有"瞬间"二字，但文中有情动的那一瞬间；文章绝不只写一瞬，或有情动的铺垫，或有情动的延绵。例如情动父爱的《背影》一文：奔丧、赋闲、送别（前文铺垫）——爬过铁道去买橘子（描写瞬间）——境遇、写信、思念（后有深化）。又如情动家国的《藤野先生》：留学生赏樱花学跳舞、"物以稀为贵"的优待（巧作铺垫）——匿名信事件、看电影事件（捕捉瞬间）——与恩师惜别、回国后的怀念（后续升华）。由上可见，经典文章常常源自精彩瞬间，而这一个个瞬间并非孤立存在，往往是前有蓄势铺垫，后有深化升华。这样，师生一起寻到了此类文章立意、构思、选材的诸多写作技法。此时，我不失时机地引出了写作主题：其实，生活中有许许多多动人的瞬间。如果以

"那一刻，我的世界春暖花开"为题作文，你会想到生活中的哪一个温暖瞬间？那个瞬间你有着怎样的心理感受？

教室里的气氛活跃起来，学生纷纷发言作答：有的说回想起朋友晚上对自己轻声说一声"晚安"时的感动，有的说回忆起老师的悉心关怀让曾经叛逆的自己瞬间心生温暖，有的说记起街上一位修车师傅有次在下雨天免费为自己修车的场景，有的说想到了自己心情失落时一位陌生人递过来一杯奶茶时的温暖……于是我进一步引导学生："一刻"，就是瞬时。"我的世界"，即"我"内心的世界。"春暖花开"，表明是阳光愉悦的情感。我们可以运用比喻、联想等手法，对那一个特定瞬间进行浓墨重彩的细节描绘，把那温暖瞬间展现出来，写出自己那一刻的真切感受。让我们一起来欣赏张习月笔下的动人片段：

"妹妹！"一个年轻店员向我跑过来，她关切地说："外面下着这么大的雨，快进来躲一会儿吧！"我点点头，这才发现自己已经被雨水浸湿。店内有阵阵暖风吹来，接过姐姐递过来的一杯草莓奶茶，耳畔响起句句亲切的话语。这一刻，犹如一阵春风拂过心田，我感觉到了丝丝温暖，一滴晶莹的泪水轻轻划过脸颊。只是一杯奶茶，却揉进生命里一股美好的情愫，我露出了这些天来第一个灿烂的笑容。透过雨幕望去，我恍若看到了一片花海，仿佛那一滴滴雨水都带着淡粉色的感动……

学生笔下那一个个温暖瞬间，深深打动了师生的心灵。我把握时机，指点学生学以致用：不仅要学会撷取一个"情动瞬间"，还要溯源生活，叙写"情动瞬间"的前因后果。现在就以这一"瞬间"为中心，参照例文"开头""前铺""后续""深化"这一思路构思全文，并运用关键词句列出写作提纲。听完我的要求后，学生纷纷忙碌起来，在巡视过程中我发现孩子们神情专注，思维灵动，神情愉悦，和以往他们在写作课上愁眉苦脸的表现大不一样。为了使这次写作更加精彩，学生列好提纲后，我又及时进行点拨：一篇文章的开头和结尾尤其关键，虽说文无定法，但恰当运用写作技巧无疑会使文章生辉。同学们能不能紧扣"那一刻"与"春暖花开"等关键词，写出一个精彩的开头与结尾呢？要求要有自己的创意，下面几种写作技法可以借鉴。

开头技巧

1. 开门见山，揭示主题。2. 景物描写，渲染气氛。

3. 巧作铺垫，埋下伏笔。4. 先声夺人，呼之欲出。

5.设置悬念，笔生波澜。6.引用好句，增添文采。

结尾技巧

1.自然收束，水到渠成。2.卒章显志，画龙点睛。

3.首尾呼应，结构严谨。4.抒发情感，引起共鸣。

5.巧妙发问，启迪思考。6.含蓄深远，余味悠长。

此时，学生开始沉思、构想，沉浸在美好的文学世界之中。短短20分钟后，他们便交出了一份漂亮的答卷。尤其是刘子涵同学的佳作，可谓字字珠玑：

开头：春寒料峭，冬意尚未褪尽。那天放学，天气不错，蓝色的空中飘浮着大朵白云，树木抽出嫩芽，吐露着生命的芬芳。可爱的小路两旁，开满了一树树的美丽杏花。多美啊！大自然赐予这个世界如此丰厚的礼物，难道我不应该为此而欢呼雀跃吗？可是，面临中考的我，此时却满腹惆怅，一个人孤零零地走在回家路上……

结尾：回学校时，我依然是一个人，心头却满载幸福。我冲路边的小花微笑，向空中的小鸟问好。在这样一个杏花满路的春天，我幸福地与温暖不期而遇。至今回想起来，心头满满的还是温暖……

看到时机成熟，我让学生重新修改一下自己所写的温暖瞬间、开头结尾和写作提纲。然后趁热打铁，给每个同学发了一张作文稿纸，要求他们以《那一刻，我的世界春暖花开》为题，写一篇不少于650字的完整记叙文。孩子们跃跃欲试，大约45分钟后，全班同学都轻轻松松完成了任务。这次写作训练，涌现出一篇篇富有创意、生动感人的佳作，体现着心灵的快乐与自由，流淌着生命的真实与自然。我确信：用点心思，将课文学习和写作随笔密切结合起来，就是一道别有洞天的语文风景。

纵观这几年全国各省市的中考作文，其实有不少题目都需要我们去捕捉生活中的一个"情动瞬间"，写出那一个"瞬间"的丰富意蕴。例如2016年辽宁沈阳卷《最后一分钟的_____》、2017年山东滨州卷《那一刻，我流泪了》、2018年江苏扬州卷《我心雀跃》和江苏镇江卷《那一刻，我没有回头》等。这些文题的写作，都能借鉴语文教材经典篇目中的诸多手法和上述读写整合训练的教学策略。可见，在主题式读写整合教学中，经典课文是写作的基石，里面有叙事要义、写人秘诀和行文技巧，我们可以从不同角度寻找写作借鉴，将课文阅读和写作随笔密切结合起来。面对中考作文题目时，我们可以联系课文深入发掘，只需将思维的引线点亮，平常的话题会涌现出无限新意，行文手法可幻化为神奇的考场技艺，从而写出文采飞扬、底蕴厚重的精美篇章。

【写在后面】

如何让阅读与写作结合起来，使之真正成为学生学习语文的双翼？由此笔者确立了一项研究课题——初中语文阅读与写作课程整合研究。此项课题的重点是确立阅读与写作有效结合的课堂模式。而《用心去捕捉那一个动人瞬间》这一案例，就是一次有益的尝试。从这一案例受到启发，我们立足教材上的单元写作训练主题，重新编排每单元的阅读篇目，增加了大量与写作主题相关的名家名作、时文美文，按照"文海泛舟—牛刀小试—秀出风采—快乐随笔"的环节进行编订，而在"文海泛舟"环节，又把四篇美文分类层进编排，分为"小扣柴扉—独辟蹊径—曲径通幽—跬步千里"四个阶梯，由读而写，以读促写，形成了读写课堂的初步模式。经过群策群力，我们制定了语文新教材读写指导的编写计划，并编订出课外读本——《师生同写一本书》系列。读写整合训练是一个长期渐进的过程，必须立足新课标，有目标、有计划、系统化地进行，并且深入学生进行有序整改，才能做到有的放矢、逐步完善，发挥学生学习的自主性、能动性和创造性，为语文教学带来生机与活力。

从神坛到人间

在横眉与俯首之间

我认识了你

中国和世界都认识了你

——鲁小鹰

浅读·美读·精读·悟读

——引领孩子们读点鲁迅

日本知名作家大江健三郎曾经说过："我一生的写作，就是为了向这个人致敬，就是为了靠近他。"大江健三郎说的"这个人"就是鲁迅先生。鲁迅作为中国现代文学的奠基人，曾经伴随几代人的成长。不同时代、不同年龄的人，总能从鲁迅作品中读出独到的韵味。有人认为鲁迅的文章已经过时，尤其是不适合小读者看。那么，今天的学生，还要不要读点儿鲁迅呢？

对此，作家曹文轩有亲身体会。他说小学五年级时没什么书好看，只有读鲁迅作品的单行本，看着看着就看进去了，初中时达到了痴迷的程度。试想，既然当年才读小学的曹文轩能够读懂鲁迅，为什么现在的孩子会读不懂呢？好的作品在哪个时代都适合阅读，我们不应把责任归结到鲁迅的文章难读，而应反思孩子们的阅读趣味和境界。由此看来，"当代学生要不要读鲁迅"的答案是肯定的，那就是学生必须读一读鲁迅作品。说到具体原因，不外乎下面几点：

读点鲁迅，还给孩子们一方文学净土。当前，一些俗文学、"黑童话"悄然侵入文学这片本来纯净的沃土，而庸俗、搞笑、恐怖、暴力等类快餐文化充斥着文学市场。在这种阅读环境下，很多孩子已经养成碎片化轻松阅读的习惯，而孩子们可读、能读的作品越来越少，适合孩子们的经典读物一片荒芜，长此以往，恐怕会使我们的孩子一个个变得"弯腰驼背"，变成营养不良的"畸形儿"，这不能不引起有识之士的担忧。时代呼唤鲁迅，呼唤经典。没有了鲁迅的经典作品，我们的中国文坛还会留下什么呢？鲁迅曾经高度赞美过那些"中国的脊梁"，现在他和他的文学，也要继续担当救国救民的民族脊梁，让那些经典之作滋养孩子们的精神，让我们的孩子将来能够挺起脊梁做人。"少年盛则国盛，少年强则国强"，少年们强大了，我们的民族和未来才有希望。

读点鲁迅，教给孩子们点滴创作方法。其实，鲁迅作品在中学语文教材中之所以长盛不衰，并不仅仅因为其中的反思和战斗精神，首先还是因为其语文功用和艺术魅力。学生如果想写作文，最好的老师就是鲁迅先生。他的文章体裁多样、题材丰富、结构严谨、文笔灵动，那意蕴丰厚的思想内容，简约严明的诗意语言，字字推敲的炼字功夫，层次严谨的构思技巧，都具有一种感人至深的力量，显示着一代文豪在文学上的无穷魅力。仔细品读鲁迅笔下的文字，或生动活泼，或亲切有味，或幽默风趣，或犀利辛辣，真是字字珠玑，句句经典，读来如坐春风。鲁迅的文章实在是作文技法运用中的精品。让孩子们读读鲁迅的经典作品，引导学生从品味一词、一句、一段入手，用心赏析借鉴，真正做到学以致用，久而久之，学生自然会写出文笔流畅、结构美观的好文章。

读点鲁迅，引导孩子们关注当今社会。选入中学教材的鲁迅作品，文中所表达的情感、愿望、忧思，很多与今天是息息相通的。读读鲁迅，可以让孩子们变得深刻一点，睿智一点，能清醒地认识自己并认识这个世界。鲁迅先生笔下展现的是中国特定历史中的社会生活缩影，是特定的历史条件下特定人物命运的真实写照。那个时代，能够像鲁迅先生一样关注国民、富有担当精神的作家不多。虽然鲁迅先生的时代距离我们已经遥远，可是他在文中所揭示的那些人性弱点，在今天的人际关系、社会生活中依然存在着：阿Q的精神胜利法还有市场，祥林嫂的悲剧命运还在一些地方上演，大批庸俗麻木的看客们依然存在，人性的自私阴暗也并没有从我们的生活中消失。当今社会，现实的生活态度和享乐主义的泛滥，让很多人失去了对这个社会揭露鞭挞的勇气和自我解剖的清醒，缺乏像鲁迅先生一样能够关注现实、鞭挞社会的作家。鲁迅先生的作品就像他的人，本是带着服务于时代、召唤国人精神的初衷，时至今日却早已成为不朽的经典。读读鲁迅作品，可以引导孩子们关注社会现实，可以赋予孩子们一种勇于担当的精神。只有静心品读、聆听，才能走近那颗伟大而孤独的心灵，在他的精神长河里漫溯，汲取思想营养，接受灵魂的洗礼。

读点鲁迅，引领孩子们感受精神风骨。我们对于鲁迅作品"撤退"的忧虑，源于鲁迅的经典无人能够代替。鲁迅先生是一个有骨气的文人，他的勇于担当，他的心系天下，他的忧患意识，他的爱憎分明，他的无私奉献，他的自我剖析和勇于批判精神，无不诠释着一个知识分子的铮铮铁骨。而长久以来，我们很多人欠缺的恰恰就是这样一种精神风骨。当今文坛充盈着很多"轻灵"作品，但我们的文学更需要鲁迅的厚重经典作为支撑。如果没有了鲁迅这个"民族之魂"，我们的孩子要靠什么来滋养呢？阅读鲁迅经典，意义在于"树人"。而"树人"，就在于塑造孩子们的风骨精神。值得一提的是，复活鲁迅之魂，我们需要的不仅是教科书上的那几篇文章，而是以教材为契机，指导孩子们多读一些适合阅读的鲁迅作品，从中感受山高水长的"先生之风"，让鲁迅作品成为滋养我们精神的有力支撑。

由上可见，让现在的孩子们读点儿鲁迅的理由是充分的。现在面临的问题是，面对误读、误导鲁迅作品的现象，面对"神化""政治化"下的鲁迅，面对很多人一味地对鲁迅文本追求深刻解读、一元解读的现象，作为语文教师，我们应该如何引领孩子们读读鲁迅呢？针对以上问题，下面谈一谈我的几点做法。

对策之一：浅读，尊重学生的不知情权

这里的"浅阅读"，不是说阅读鲁迅作品就要囫囵吞枣、不求甚解，而是指阅读时可以适可而止，不必故作高深。很多人习惯性地以成人化的阅读要求来强加给孩子，一味地把鲁迅文章解读得过于深刻沉重，言必称"揭露""批判""虐杀""解剖"，或是"匕首投枪""拯救国民"等，令人望而生畏。如今学生失去了这些情感体验的环境氛围，"精神""战斗"这样的字眼只会让人产生距离感，语文的鲜活生命也会黯然失色。我们为何不能让学生读得浅显易懂一点儿呢？深入浅出，注重引导，使鲁迅的作品贴近生活、贴近时代、贴近学生的心灵，我们的语文课堂才能真正演绎精彩。

面对同一作品，不同年龄的读者，读出来的感觉和韵味肯定不同。例如同样是面对鲁迅的《故乡》，孩子们会觉得少年闰土十分可爱，像个勇敢的小英雄；中年人会读出"我"回望故乡时的那种感慨，那种要创造新生活的热切；老年人会看透社会变迁中的沧海桑田，感到物是人非的苍凉之感。新课改提倡"一切教都是为了学生的学"，面对特定的学生，教师应该针对他们的年龄特点、思维特点，引导他们在其可以理解与领悟的范围内进行解读。例如《风筝》一文，引导学生概括出"我"当年作为长兄毁坏小兄弟的风筝这一事件，引导他们体会蕴含在字里行间的那种手足亲情，感悟"我"多年后开始觉醒的自我反省与深深自责。此时我们不必紧紧抓住"虐杀"一词不放，不必非让学生去认知对于他们来说比较复杂的内容。等学生年龄大了，自然会懂得"游戏是儿童的天性"，以及"我"因对儿童的精神扼杀所感到的"悲凉"与"肃杀"。

对策之二：美读，挖掘作品的独到趣味

莫言说过："鲁迅的作品故事情节本身并不复杂，但每次读来都津津有味，因为他的文体本身提供了巨大的审美空间，这也是鲁迅最伟大之处。"看来，鲁迅先生的文章本身就具有美感，要想让学生读出美的感觉，读出情趣，我们必须从学生的视角来阅读鲁迅，从文字、韵律、情感等角度来挖掘鲁迅作品中的兴趣点，而不是非要给每篇文章都带上深沉的面纱。

先说说鲁迅其人，鲁迅小时候喜欢"恶作剧"，被大人们称为"胡羊尾巴"，这是一个多么富有情趣的称呼。著名学者陈丹青也认为，就文学论，就人物论，鲁迅先生是百年来中国第一好玩的人。在鲁迅先生的经典作品中，又有多少美妙的情趣蕴藏在其中呢？你看，百草园里泥墙根一带的无限趣味，江南的雪那滋润美艳的高雅神韵，《故乡》中"飞"出来的天真孩童宏儿，《社戏》里那个难忘的"憨豆"阿发，阿长那成为一个"大"字的个性睡姿，"圆规"那细脚伶仃的奇怪形状，是不是一幅幅美妙动人、意趣盎然的画面？你听，那鸣蝉隐居树叶、高声长吟的激昂乐音，那油蛉低唱、蟋蟀弹琴的低低音韵，那水声潺潺、清越欢快的船头激水，那宛转悠扬、令人沉迷的横笛之声，那一声"哈！这模样了……"的尖利怪叫，那咸亨酒店里传出来的一阵阵哄笑，是不是一段段高低起伏、余韵无穷的旋律？不必多举了，我们已然读出了一颗充满情趣的心灵，他笔下的文字是如此灵动活泼，带给读者诸多奇思妙想。教师如果能够引导学生读出这些情趣，无疑会使课堂变得活力四射。

对策之三：精读，赏析文本的语言风格

精读，即精细深入的阅读。这种阅读方法，要求"字求其训，句索其旨"，把文章的字字句句都读明白，旨在达到"使其言皆若出于吾之口，使其意皆若出于吾之心"的融会贯通的理解水平。可见精读不仅仅是以理解文章内容、积累知识为目的，更重要的是对文章的语言、结构、写作方法等进行细琢细磨的研读，从而举一反三，触类旁通，掌握阅读方法，发展学生的阅读能力。

鲁迅先生的作品，是我们心中最经典的语文标本。单就这些文字而言，任谁评说都是当之无愧的典范之作。因此，教学鲁迅的文章，需要静心品读，不能脱离文本和语言本身。为了引导学生赏析鲁迅作品中的精妙词句，我经常用的是符号批注法，就是要求学生在阅读文章的时候，对自己感兴趣的字、词、句、段进行圈点勾画，写出自己的理解、赏析、评价和疑问，然后一同交流鉴赏并进行探究解疑。不妨以《从百草园到三味书屋》一文为例，在教师的引导下，学生咬文嚼字，做的批注各种各样：有的品悟"肥胖的黄蜂伏在菜花上"一句中"伏"字的妙用，有的由"Ade，我的蟋蟀们！Ade，我的覆盆子们和木莲们！"一句读出了"我"的深情眷恋与依依不舍，有的点评师生一起读书时那种人声鼎沸的场景，还有的对"似乎"和"确凿"两词连用提出质疑……在交流展示的过程中，学生的发言十分精彩，富有个性，取得了意想不到的效果。

对策之四：悟读，再现鲁迅的大师风范

第八届中国作家榜榜首江南曾转发微博致敬鲁迅："这是一个痛苦的灵魂，令人敬畏，镜中的人沉默地看着你，比孤独更孤独，比偏执更偏执、比绝望更绝望，唯有不断奔跑，心才能在狂跳中平安。"这世上没有比文字本身的魅力更动人的，也没有比一个人的心灵更深邃的东西。今天的孩子们阅读鲁迅，最重要的是走近这位文学大师，静听他心中的声音，走近他那伟大、深邃而炽热的灵魂。

鲁迅先生是一个有担当的知识分子，他能够直面人生，心怀天下，关注国家之兴亡，揭露国民之愚昧，他用自己的笔作为武器，发出了一声声振聋发聩的呐喊。在他笔下的文字中，也有浓浓亲情、悠悠乡情，有对芸芸众生的悲悯情怀，有对劳苦大众的温情关注。读《孔乙己》，引领孩子们读出作者在"看"中的忧思与悲悯；读《中国人失去自信力了吗》，引领孩子们读出鲁迅在批判中的担当与期待；读《阿长与〈山海经〉》，引领孩子们感动于鲁迅对阿长的敬爱与怀念之情……就这样，我们只需带领孩子们隔着岁月，用心谛听，去感受一个真实的"人间鲁迅"。不必仰视，不必神化，更不必故作惊人之语。用心去读，真实的鲁迅就在里面，就在这些厚重灵动的经典文字中。如果我们能够做到这一点，还怕学生不能理解领悟他的热切忧思、他的呐喊彷徨、他的冷峻外表之下深藏着的火热灵魂吗？

鲁迅其人其文都是一部厚重的书，无论是今天的成年人还是孩子们，都应该静心读读鲁迅。钱理群说过："在鲁迅面前，你必须思考，而且是独立思考。正是鲁迅，能够促使我们独立思考，激发我们的想象力和创造力。"今天我们读鲁迅的意义正在于此。读点儿鲁迅，方能够用一颗热切的心灵去关注社会，从而懂得"无穷的远方，无数的人们，都与我有关"；读点儿鲁迅，方能够用反省的眼光来反思自身，从而明白如何去重塑一个"更自由和更有主体性和创造力的自我"。最后，借用著名诗人何三坡的话作为本篇文章的结束语：亲爱的鲁迅，不在教科书，不在纪念馆，不在神坛上，他在这些冷酷、讥讽、悲伤的不朽经典中。

还原一个真实的他

——让鲁迅的形象变得温暖起来

冷峻的面孔，犀利的文字，沉重的思考，再加上相隔久远的时代，有些学生和鲁迅之间产生了心理的距离。与此相应，鲁迅作品在中学语文教学中的地位也成为不可回避的话题，备受争议。近年来，甚至有人提议要让鲁迅的文章在中学教材中"下课"。

先生的文章，果真是像有些人所说的艰涩深奥和不受学生欢迎吗？答案显然是否定的。统观中学语文教材中收录的鲁迅作品，几乎每一篇都是如此的熟悉亲切、可读可感：《阿长与〈山海经〉》让我们感动于作者与保姆阿长的挚爱真情，他甚至把对母亲都吝啬的爱倾注到了一个连名字都没有的阿长身上；《社戏》里那一群可爱的农家少年一个个鲜活地走进了学生心里，依稀有着自己儿时朋友的影像；《故乡》写的是故乡人和故乡情，那是一个长期在外漂泊的游子对故土家园的深情凝眸；《中国人失掉自信力了吗》用铿锵有力的语言驳谬论、鼓士气，在沉郁激昂的战斗中令人豪情顿生……细细品悟，鲁迅先生的作品不但不遥远，而且是如此温暖可亲，并带给学生深刻的人生思考。品读他的散文，明白如话且韵味悠长，有着感激、怀念和淡淡的忧伤；感悟他的小说，于呐喊、彷徨中，深深体会到的是他那一颗热切的忧世情怀；欣赏他的那些如匕首、投枪般的杂文，虽说带上了强烈的时代色彩，但却是他全部作品中极具特色、极具生命力的一部分，鼓舞人心，激发斗志，使学生在谛听高昂的战斗交响曲中感受到鲁迅的一颗赤子之心。遐想中，书中的人物一个个向我们走来：闰土、双喜、长妈妈、孔乙己、范爱农，还有那位严谨正直、没有狭隘民族偏见的藤野先生……多么生动鲜明的形象，让我们的心头感到了阵阵温暖。就连祥林嫂、阿Q这样的悲剧人物，也仿佛跨越了时间和空间，就像生活在我们周围的某个人那样熟悉真切、具体可感。文如其人，我们只有静心品读、聆听，才能走近鲁迅，走近那颗伟大而孤独的心灵，在他的精神长河里漫溯，汲取思想营养，接受灵魂洗礼。

鲁迅的文章在中学教材中有了争议，很大程度上并不在于鲁迅作品本身，而是缘于这些年来我们在教学鲁迅作品时存在着某种误区。记得在传统教学中，《从百草园到三味书屋》被单一理解成是揭露和批判腐朽的脱离儿童实际的私塾教育，《风筝》一文的关键是要把握住"精神的虐杀"这个中心，孔乙己是封建科举制度下被传统"吃人"文化围剿的牺牲品，《雪》表达的是对冰冷严酷的冬天的憎恶之情……有人这样理解也不是错，问题是要求所有人都这样单一解读，令人感到沉重压抑，还隐隐带有一种血腥的信息。这样，或许本来简单的问题就复杂化了，本来带有温情的鲁迅也被生生裹上了冷峻的外衣。别说是学生，又有谁会喜欢伴随这样的感情体验呢？试想：我们为什么不去指引学生在《从百草园到三味书屋》中寻觅那美丽动人的童真童趣，让多姿多彩的百草园更加让人流连，让枯燥的三味书屋也变得兴致盎然？我们为什么不引导学生去探讨《风筝》里的手足情深，让他们去感受字里行间的那种挚爱真情，去聆听那一曲悠远绵长的亲情之歌？我们为什么不去引领学生谈谈造成孔乙己悲剧的诸多原因，讨论他性格上的弱点，并由此启发学生要做一个有用的读书人呢？我们为什么不去启发学生去领略《雪》中那萌动着青春活力的江南雪景图，感悟其思想内涵，并在江南的雪与北方的雪的映衬中收获艺术的美感？

学生对作品的理解效果如何，关键在于教师自身对教材的体会和把握。可以说，有什么样的教师，就有什么样的课堂，就会有什么样的鲁迅形象留给学生。既然新课改提倡"一切教都是为了学生的学"，那么我们就要尊重学生的不知情权，针对他们的年龄特点、思维特点，强调从学生的视角来阅读鲁迅，挖掘鲁迅作品中的兴趣点，而不是非要给每篇文章都带上深沉的面纱，让学生望而却步。教学实践证明，只有贴近当今时代和学生的实际生活，引导学生自主多元地理解文本，才能真正引领学生走近鲁迅，亲近鲁迅，才能使学生真正喜欢上鲁迅先生的作品，这远比有些教师一味追求讲解深刻以致让学生望而生畏效果要好得多。如果我们能够做到这一点，还怕学生不能理解领悟他的忧思、他的呐喊彷徨、他的冷峻外表之下深藏着的火热灵魂吗？

值得庆幸的是，近几年来，中学语文教材中对文本的引导不再用从前那种单一而生硬的方式，倡导多元解读，用语上也多了些人文色彩。比如《风筝》的阅读提示语是"在温馨与和美中有亲情，在误解和冲突中也有亲情。本文讲述的就是这样一个故事",显然旨在引导学生通过课文感悟人间亲情,而不把文章中心放在"精神的虐杀"上。还有《从百草园到三味书屋》《藤野先生》等课文对文章中心的把握,不仅课前提示中有引导,课后练习题中均提供了好几种理解,并不强求唯一答案,自成一家之言即可,这无疑会激发学生探究课文的主动性和积极性。同样,教师教学用书也不再搞"一言堂",留给教师一个自我发挥的空间。例如对《故乡》一文中作者情感态度的理解,教学参考明确地说可以有多种认识:因为中国农民的活力被封建社会扼杀而悲伤;对中国封建社会农民的苦难轮回无可奈何;为纯真的人性被扭曲而痛苦;对理想的人与人关系的渴望等。这样多角度、多方位的解读,无疑像一阵清新的风,给语文课堂带来了春天的气息。作为一名教师,庆幸之余,就要勇于投身到新课改的潮流中去,争当文本解读的弄潮儿,让鲁迅作品的解读变得多元和靓丽起来。

　　每次品读鲁迅先生的文章,那意蕴丰厚的思想内容,简约严明的诗意语言,字字推敲的炼字功夫,层次严谨的结构技巧,都让我感受到一种经久不衰的无穷魅力。或许正因为如此,历经时光的洗礼,鲁迅作品仍在中学语文教材中稳占首席之地,成为语文课堂上一道道生动亮丽的风景。记得郁达夫在《怀鲁迅》里说过:"没有伟大的人物出现的民族,是世界上最可怜的生物之群;有了伟大的人物,而不知拥护、爱戴、崇仰的国家,是没有希望的奴隶之邦。"我们的民族幸运地出现了鲁迅这样的文化伟人,我们要学会崇仰,学会用心灵和他去交流、去对话。试想:在这个有些浮躁喧嚣的社会,如果没有了鲁迅的作品,我们的现代文学还留下什么?如果没有了鲁迅的文章作为奠基,我们的语文教材中还有什么?我们还期望学生在语文学习中收获什么呢?最后,我想向各位同仁大声呼吁:课改的路颠簸坎坷,我们要学会坚守、学会引导。请把鲁迅先生的那些精美篇章当成滋养学生的精神食粮吧,让鲁迅温暖孩子,让孩子温暖世界!

曲终意未尽　心底有回声

——我这样教学鲁迅作品

　　鲁迅先生的作品，思想深刻、文笔峻拔，是对学生进行语言熏陶的极好范本。初中语文人教版教材共收录鲁迅的散文、小说、散文诗、杂文9篇，外加名著导读《朝花夕拾》一篇。由于鲁迅与当今社会隔了久远的年代，其作品意蕴丰厚又比较隐晦，学生不易理解，教起来具有一定难度。在传统教学中往往关注的是教师的教，教师要做的只是设法把自己的理解传达给学生，却较少注重对文本自身的解读，没有引导学生在学习过程中去联系生活，因而导致学生失去了发展与创新的契机，也扼杀了学生的探究兴趣，以致学生一见鲁迅作品就心生畏惧。针对这种现状，笔者试以自己的教学实践为例，谈谈教学鲁迅作品的几点做法。

一、再创造的意识

　　鲁迅作品博大精深，很多教师往往把教参的解读灌输给学生，但教师的包办代替远远不能挖掘出学生的内在潜能。真正的教学就是根据学生已有的认知结构和水平，对教材进行有效修整、组织，选择恰当的教学方法，引导学生将知识内化，外化出与内化知识相关的能力、方法，乃至相应的品格。这就要求教师的教学设计一定要站在学生认知的高度处理问题。如果我们在教学鲁迅作品中把握和处理好已知与未知，恰当地解决好学生的认知链问题，以学生的认知心理为核心，巧妙地设计认知桥梁，就能发掘出学生的潜力，提升他们整体感知文本的能力。

　　鲁迅先生的文章难在富于思想深度，又比较重视行文技巧，我们教学设计时要化难为易，充分从学生角度思考问题。例如《藤野先生》一文我们通常按明线与暗线两条线索来讲述，但是文中时间、地点变换却为理解形成障碍。为了更好地引导学生深入课文，我引导学生运用倒叙手法，从"每当夜间疲倦，正想偷懒时，仰面在灯光中瞥见他黑瘦的面貌，似乎正要说出抑扬顿挫的话来……"开始叙述,以教材的故事、语言为基础,重新编组了这篇课文,师生读到的就是另外一篇经过再创造的《藤野先生》。同样,教师可以引导学生通过变换视角来改写课文。例如《孔乙己》一文,我引导学生用小伙计、短衣帮、老板甚至丁举人的视角来叙写故事,激发了他们的写作潜能和创造精神。通过改编,小说以全新的面貌出现在师生面前,读来自有一种千折百回的意味。

二、解读文本底蕴

王富仁先生说过:"鲁迅的思想无法表述,因为它是精神性的。"从某种角度上说,我们对鲁迅的思想性认识并不深入,有相当一部分来源于教学资料,流于人云亦云的境地。我们以认知理论来解读鲁迅作品就会发现,鲁迅作品的教学效果如何与教师对教材的处理有极大的关系。教师要脱离教参的束缚对鲁迅作品进行个性独到的解读,对鲁迅作品的教学才会更加鲜活有效。

教师引领学生解读时要找到文本的突破点,并善于捕捉课堂契机,引领学生走进作品、走近鲁迅。比如教学《社戏》,我引导学生从夏夜行船、船头看戏、月下归航等情节入手,感受那富有江南气息的水乡美景,认识那些淳朴善良、友爱无私的农家少年,体悟文中洋溢着的风景、风情、人情之美。又如学习散文诗《雪》,通过范读、自读、分组朗读等,读出诗情,读出意蕴,读出力量和美,这无疑在师生的心灵上下了一场大雪。解读《故乡》中的闰土,我引导学生对比人物:少年闰土是何等朝气勃勃,中年闰土却失去了往日活力,只剩下苦痛与麻木,这是"变"的一面。但人物有没有不变的一面呢?学生找到文中有关描写后领悟:闰土们在沉闷封闭的环境中,在昏沉阴暗的天地中,没有新生,没有创造,只有一代代地走下去——或许他们会改变一些什么,但永远不变的是他们那种与生俱来的淳朴和善良,这也给那昏黄阴沉的天地带来一抹亮色。学生在闰土的"变"与"不变"的探讨中,碰撞出思维的火花,加深了对人物的理解和认识。

不同年龄的人,总能够从鲁迅作品中品出不同的韵味。有的文章,因为学生的年龄和心理现状,理解起来确实有一定难度。比如《风筝》中的"虐杀"一词,学生读来觉得有些沉重。而对本课的主题,学生也有好几种看法,如"亲情""反思""游戏"等。对此,我首先肯定他们的质疑精神,引导他们在其可以理解与领悟的范围内进行多元解读。至于有些比较复杂的内容,就不再提前设桥铺路非让学生去认知了,这是对学生"不知情权"的一种尊重。

三、借鉴行文技巧

鲁迅的文章实在是写作技法运用中的精品。教学时，要让鲁迅作品的自身魅力去吸引学生，感染学生。

首先，他的文章中心鲜明，叙事完整。教学时可引导学生有条理地复述故事，如"我"如何毁坏了小兄弟的风筝，迅哥儿的故乡如何发生了巨大变化，孔乙己如何受人嘲笑、隐身消失等，使学生领悟到选材立意、写人叙事的表达技巧。

其次，他的文章注意剪裁，详略得当。凡与中心无关的内容绝不提及，但又十分注意使主题在含蕴百迭中得到升华。如《孔乙己》一文的结尾没有直接写孔乙己之死，但对孔乙己命运身世的介绍，他的最后一次出场以及他周围冷酷麻木的人情世态，又明明暗示了他最终的悲剧命运。教学时有意识地引导学生探究孔乙己最后的结局，并辩论造成其悲剧的根本原因，使学生在深思中有所感悟。

再次，他的文章讲究技法，自成风格。鲁迅先生是大家手笔，小说如此，散文如此，杂文更是如此。例如《故乡》一文中的对比手法，《孔乙己》一文中的环境描写，《阿长与〈山海经〉》一文中欲抑先扬的手法，《中国人失掉自信力了吗》一文中的反语、仿词等，教学这些经典作品，引导学生进行技法赏析，加以借鉴运用，写出引人入胜、富有个性的好文章。

四、学会批注赏析

教学鲁迅的文章，不能脱离文本和语言本身，更需要静心品读。为了引导学生赏析鲁迅作品的精妙词句，我经常用的是符号批注法，就是要求学生在阅读文章的时候，对自己感兴趣的词、句、段进行圈点勾画，并加以批注，写出自己的理解、评价和疑问，然后一同交流并解疑。常见的批注符号有以下几种：

1. 赏析词语用三角号：△ △

2. 批注语句用波浪线：～ ～

3. 质疑问难的词句，用直线加问号：——？

4. 产生共鸣的词句，用直线加叹号：——！

以《社戏》为例，学生做的批注各种各样。有的赏析"乐土"一词的妙用；有的由"我的很重的心忽而轻松了，身体也似乎舒展到说不出的大"一句读出了"我"的愿望实现后的轻松、兴奋之情；有的喜欢"那航船，就像一条大白鱼背着一群孩子在浪花里蹿"的欢快浪漫；还有的对结尾"真的，一直到现在，我实在再没有吃到那夜似的好豆，也不再看到那夜似的好戏了"一句感到困惑从而提出疑问。在交流的过程中，学生发言十分积极踊跃，精彩纷呈。

批注是我教学鲁迅作品最基本也最常用的阅读方法。长期坚持能促进阅读能力提高，有利于发展学生的个性，在潜移默化中提高学生的语文综合素养。

五、多角度来分析

鲁迅先生的作品有着丰厚的内涵，文中有很多经典的人物形象，例如闰土、杨二嫂、双喜、长妈妈、孔乙己、藤野先生等。可惜学生对人物的解读往往肤浅牵强，没有深入文本，也没有走进人物的内心世界。要想全面深刻地把握人物形象，应该引导学生多角度、多方位地解读。例如教学《孔乙己》时，我引导学生运用"这是_____的孔乙己"这一句式，从孔乙己的得名、外貌、性格特点、所处环境、内心世界、悲剧命运等方面入手，至少说三句话构成排比，再把全班同学的解读列在一起，从而把握这一悲剧形象。结果学生从不同的侧面来解读孔乙己，角度独到，不一而足：

这是被大家遗忘了名字的孔乙己；

这是宁死也不肯脱下长衫的孔乙己；

这是好喝懒做而又借酒消愁的孔乙己；

这是自命清高而又迂腐麻木的孔乙己；

这是渴望尊严而又常常挨打的孔乙己；

这是热衷科举却又屡试不中的孔乙己；

这是生活困窘却又热心善良的孔乙己；

这是给人带来笑声却可有可无的孔乙己；

这是被黑暗社会吞噬却至死不悟的孔乙己；

这是生前倍受摧残死后不值十九个钱的孔乙己；

……

通过交流，学生对孔乙己的形象有了深刻理解，而且对这篇小说的主题有了进一步理解。孔乙己，就是这样一个矛盾的悲剧命运统一体，当师生一步步走近他时，分明感受到那种刻骨之悲，不由发出"哀其不幸，怒其不争"的感叹。

六、巧妙联系生活

经验证明，教学鲁迅作品的关键就是要找到鲁迅作品与学生的生活经验或生命需求之间的联系。找到了沟通点，让鲁迅走近孩子，让文本真正成为孩子对话的对象，整个教学就会鲜活灵动起来。

教学鲁迅作品，教师需要对鲁迅的作品和思想有一个全面了解，对学生的生活和他们所遇到的问题有所了解，并在二者之间搭建一座心灵的桥梁。例如我教学《从百草园到三味书屋》一文，先引领学生走进百草园，引导学生找景点、当导游，运用精彩的导游词引导大家畅游百草园，并现场采访学生在百草园一游的感受，由此引导：你小时候有没有这样的一个"乐园"呢？再引领学生走进"三味书屋"，其中的"师生朗读""对课练习"等情景，我总是和学生一起在课堂现场"直播"一下，使学生感受到旧时学堂里那种求知的氛围和乐趣。尤其是"对课"这一场景，我和全体学生互动：我出"风"，他们对"雨"；我说"杨柳风"，学生对"杏花雨"；一直到最后，我出句是"檐前点点飞花雨"，学生群策群力对出"窗后阵阵杨柳风"。这样一直到下课，学生还意犹未尽。又如在教学《阿长与〈山海经〉》时，我安排学生现场表演不认字的阿长为"我"买《山海经》的故事，阿长和书店老板的精彩对答引发了一阵阵笑声，在笑之余，学生由阿长买书的困难，感受到她伟大的"神力"，从而体会到她对"我"的挚爱深情。这样，整个课堂凸显了"爱"的主旨。

至于《朝花夕拾》中的一些经典篇目，我则通过专题阅读联系到现实生活中去。比如我把《五猖会》选入"父子情"专题单元，把《藤野先生》一文编入"难忘师恩"专题，把《狗·猫·鼠》一文选入"动物看世界"阅读专题等。和这样真情的文字接触，孩子们的心底会油然而生一种"久违的相遇相知"。他们会走近鲁迅，亲近鲁迅，并把他当作指导自己写作和做人的良师益友。

鲁迅是一部大书，鲁迅作品是民族的精神之魂，足以让我们一生都读之不尽。作为语文老师，首先要自己读鲁迅，常读常新。更重要的是，我们还要化繁为简，化难为易，引领孩子们去感受鲁迅其人其文的魅力，在他们的心底产生回响。值得一提的是，鲁迅的作品是需要一生去解读的，所以中学生现在读鲁迅不必一味追求厚重。作为一名语文教师，要把鲁迅先生的那些精美篇章当成滋养学生的精神食粮，今天在学生的心中播下一粒小小的种子，相信明天就会适时萌发、茁壮成长，将蔓延成为一片枝繁叶茂的精神之林。

那些花儿，在生命的角落静静开着

——《朝花夕拾》整本书阅读指导

【学情分析】

本班学生一直喜欢阅读课外读物，在学习《从百草园到三味书屋》时，学生走近了鲁迅，通过多种途径积累资料，了解鲁迅的生平事迹、主要作品。从散文诗《雪》到小说《社戏》，孩子们都读得津津有味。《朝花夕拾》是人教版七年级上册的必读书目，十三四岁的孩子接触社会、认识世事的能力有限，而鲁迅文章一向以凝重深刻著称，学生在阅读中难免会遇到一些深奥、难以理解的章节。除了鼓励他们善于质疑、上网查询验证，还有必要对鲁迅其人及其作品进行更为详细深入的解读，以利于学生了解鲁迅其人其文，感知鲁迅的文字功夫与人格魅力，并从中汲取对我们有益的东西，学习写作的技法，完善自身的人格。由此，我特意设计了一节《朝花夕拾》读书交流会。

【设计意图】

曹文轩说过，阅读浅显时尚的读物，也许是无害的，但却并不能提升学生的精神。阅读，是关乎学生精神成长的大事。在浅阅读泛滥的这个时代，引导学生读鲁迅的作品，无疑是智慧的选择。鲁迅的厚重，并非只学习几篇课文就可以悟到。真正的体悟，需要广泛的阅读和深入的思考。学生正处于培养阅读兴趣的关键时期，进行有品位的阅读，离不开教师的引导和鼓励。如何深入浅出、选择恰当的角度来解读鲁迅作品、感知鲁迅的人格魅力呢？这是本次读书交流会需要解决的问题。我根据七年级学生的年龄特点和读书现状，有针对性地安排了这次读书交流活动。本次教学重在激发学生的阅读兴趣，引导学生尝试用多种阅读方法进行交流，从不同角度发现《朝花夕拾》的意趣，感悟鲁迅笔下的人物形象，使学生能够学有所思，真实地表达阅读经典的个性体验。

【活动目标】

1. 通过对鲁迅其人及《朝花夕拾》有关知识的介绍，激发学生了解鲁迅、阅读鲁迅作品的兴趣，感受鲁迅先生的人格魅力。

2. 通过摘抄积累、批注赏析、对话交流、演课本剧等方式，撷取《朝花夕拾》中的人、事、景，引发思考，启迪人生。

3. 推荐学生课外精读《朝花夕拾》和《呐喊》，交流阅读心得，感受鲁迅先生的语言之美与写作风格。

教学重难点：鉴赏《朝花夕拾》的语言之美与写作风格，感受鲁迅先生的人格魅力。

【活动准备】

学生了解鲁迅其人，阅读《朝花夕拾》，选取有感悟的句段进行摘抄和圈点批注；师生共同设计教学课件、进行课本剧的编排。

【课时安排】

课下自由阅读：一周时间。课堂交流：2课时。

【教学过程】

一、导入新课

出示对联，引导学生猜下联应填名著：《朝花夕拾》。

上联：吴敬梓冷眼观世，《儒林外传》讽丑恶

下联：周树人深情怀旧，＿＿＿＿＿＿忆往昔

二、走近鲁迅

引导学生多角度看鲁迅：

陌生人眼中的鲁迅：严肃、冷峻；

学生萧红眼中的鲁迅：率真、热情；

儿子眼中的鲁迅：宽厚、和蔼；

人民眼中的鲁迅：战士、民族之魂。

三、走进经典

1. 书的内容

前有《小引》，后有《后记》，正文包括10篇散文，分别是《狗·猫·鼠》《阿长与〈山海经〉》《二十四孝图》《五猖会》《无常》《从百草园到三味书屋》《父亲的病》《琐记》《藤野先生》和《范爱农》等。

2. 撷取花瓣

经典作品，常读常新。不同的人读《朝花夕拾》，会读到不同色彩不同形态的花瓣。你采撷到了哪些美丽的花瓣呢？

（1）撷取童趣

引导学生用聊天形式讲讲书中趣事，例如《狗·猫·鼠》中小隐鼠在桌上吃剩饭菜、吃墨汁的情形，《五猖会》中所写"买一个用一点儿烂泥、一点儿颜色纸、一支竹签和两三支鸡毛所做的吹起来会发出一种刺耳的声音的哨子……"，《阿长与〈山海经〉》中长妈妈的"睡姿"，《从百草园到三味书屋》中雪地捕鸟的情趣等等。

（2）撷取温暖

《朝花夕拾》是鲁迅作品中最温暖的一部，书中有着令人难以忘怀的人和事。在阅读中，你发现哪些人曾经给作者带来过温暖呢？回忆文中人物，用下面的句式来说句话：

例句：在（成长）的岁月里，（善良慈爱）的长妈妈，给了"我"（温馨）的记忆。

仿句：在（留学）的岁月里，（严谨治学、公正无私）的藤野先生，给了"我"（温暖）的记忆。

仿句：在（求知）的岁月里，（方正博学）的寿镜吾先生，给了"我"（深刻）的记忆

学生表演长妈妈买《山海经》一书、藤野先生热情指导"我"学习的场景。阿长和藤野先生在鲁迅的精神家园里充当了重要角色。一个在鲁迅的童年时期给了鲁迅人生的暖色，一个在鲁迅的青年时代给了鲁迅人生的亮色，这两种颜色成

为鲁迅精神家园的底色，让他在以后的人生中充满温情与力量。

（3）撷取精神

语文教材主编温儒敏先生说，既弥漫着慈爱的精神与情调，又内蕴着深沉而深刻的悲怆，这形成了《朝花夕拾》的特殊韵味。鲁迅先生在文中常常发表议论，抒发对一些现状的不满之情，把回忆往事与抨击时弊结合起来。可启发学生：你在读这本书的时候，读出了作者的什么情感、什么态度？

此环节可以设置浅显一些，师生一起探讨，能够说出"我"对封建孝道的反感与批判、对愚昧庸医误人性命的憎恶、对封建教育思想的否定、对社会上某类虚伪、心术不正的人的揭露等，读出鲁迅的情感态度，与鲁迅先生进行心灵的对话，读出自我。

（4）撷取技法

为了引导学生赏析《朝花夕拾》中的精妙词句，要求学生在阅读文章的时候，对自己感兴趣的词、句、段进行圈点勾画，予以批注，写出理解与赏析，课堂上和同学一起交流共享。批注符号如下：赏析词语用三角符号；批注语句用波浪线；引发共鸣的词句，用直线加叹号；产生疑问的地方，用直线加问号。这样，学生对文本进行"咬文嚼字"，从遣词造句、写作技法、思想情感等角度进行品读赏析，初步品读出鲁迅其文其人的魅力。

四、余味悠长

最是书香能致远。在这样一个浮躁喧嚣的时代，静静地手捧经典阅读，让它慢慢地滋润心灵，成长的力量在这里积蓄，青春的朝气在这里勃发。由一本《朝花夕拾》带动《呐喊》《野草》以及更多经典作品的阅读，感受鲁迅作品中的脉脉温情和那种永恒的精神力量。

你我亦是梦中人

满纸荒唐言，一把辛酸泪。
都云作者痴，谁解其中味？

——（清）曹雪芹

浓淡由他冰雪中

——一个浅淡如菊的美丽女子

　　一部《红楼梦》，是公认的大家手笔。书中写人物出场的诸多片段，更是浓墨重彩、精彩纷呈。例如第三回中聚焦写贾宝玉亮相的瞬间，由貌而神，刻画出人物的个性精神；写王熙凤"未见其人，先闻其声"的华丽登场，更是先声夺人、气场非凡。唯独有一个人的出场，可以说是若有若无、淡如云烟。她，就是出身清贫的邢家女儿——邢岫烟。

　　在第49回中邢岫烟正式出场，文中写道：

　　那婆子丫头都笑道："奶奶的两位妹子都来了。还有一位姑娘，说是薛大姑娘的妹妹，还有一位爷，说是薛大爷的兄弟。我这会子请姨太太去呢，奶奶和姑娘们先上去罢。"说着，一径去了。宝钗笑道："我们薛蝌和他妹妹来了不成？"李纨也笑道："我们婶子又上京来了不成？他们也不能凑在一处，这可是奇事。"大家纳闷，来至王夫人上房，只见乌压压一地的人。

　　然后宝玉忙忙来至怡红院中，向袭人、麝月、晴雯等笑道："你们还不快看人去！谁知宝姐姐的亲哥哥是那个样子，他这叔伯兄弟形容举止另是一样了，倒像是宝姐姐的同胞弟兄似的。更奇在你们成日家只说宝姐姐是绝色的人物，你们如今瞧瞧他这妹子，更有大嫂嫂这两个妹子，我竟形容不出了。老天，老天，你有多少精华灵秀，生出这些人上之人来！可知我井底之蛙，成日家自说现在的这几个人是有一无二的，谁知不必远寻，就是本地风光，一个赛似一个，如今我又长了一层学问了。除了这几个，难道还有几个不成？"一面说，一面自笑自叹。

　　邢岫烟出身贫寒，她一出场便是和父母投奔姑妈邢夫人而来，这使她成为人们眼中一个可有可无、轻淡如烟的角色。本来她就在来贾府的一群人之中，可是不仅贾府的婆子丫头都没提她，就连对女子特别钟爱的宝玉也完全忽视了她。宝玉极口称赞同来的薛宝琴、李纹、李绮等人，甚至连薛蝌都被称赞了一番，却单单忽视了她。其实宝玉并不是势利之人，他之所以对邢岫烟视而不见，想必一是岫烟的美淡雅娴静，不是触目惊艳的类型，乍一看未必能感受得到。二是她的衣着朴素寒酸，身在花团锦簇的那一群美丽女子和器宇轩昂的薛蝌之中，她又怎么会引起他人的注意呢？

内秀的她，没有薛宝琴惊艳的外表，没有薛宝钗的富贵家世，没有李绮、李纹的官宦背景，偏偏有着一对糟透了的父母，有着讨人嫌的姑妈邢夫人。贾母对薛宝琴等四人均有热情安置，到邢岫烟这里就变成淡淡的一句"园里住几天，逛逛再去"。邢夫人将岫烟交与凤姐儿，便不在意。凤姐儿便把岫烟送到迎春一处，心中盘算的是"倘日后邢岫烟有些不遂意的事，纵然邢夫人知道了，与自己无干"。迎春懦弱无能，连自己都照顾不好，又怎会想到照顾邢岫烟呢？可怜的岫烟，没有人关心、呵护，这个贫苦无依的女孩，她该如何在这富贵繁华而又有些势利的贾府生存呢？

下雪的大观园，景色是别样美丽，增添了些许诗意，引出一场靓丽的"时装秀"。身处其间的邢岫烟又该如何？且看文中的描写：

正说着，只见他屋里的小丫头子送了猩猩毡斗篷来，又说："大奶奶才打发人来说，下了雪，要商议明日请人作诗呢。"一语未了，只见李纹的丫头走来请黛玉。宝玉便邀着黛玉同往稻香村来。黛玉换上掐金挖云红香羊皮小靴，罩了一件大红羽纱面白狐狸里的鹤氅，束一条青金闪绿双环四合如意绦，头上罩了雪帽。二人一齐踏雪行来。只见众姊妹都在那边，都是一色大红猩猩毡与羽毛缎斗篷，独李纹穿一件青哆罗呢对襟褂子，薛宝钗穿一件莲青斗纹锦上添花洋线番羓丝的鹤氅；邢岫烟仍是家常旧衣，并无避雪之衣。一时史湘云来了，穿着贾母与他的一件貂鼠脑袋面子大毛黑灰鼠里子里外发烧大褂子，头上带着一顶挖云鹅黄片金里大红猩猩毡昭君套，又围着大貂鼠风领。

第五十回"芦雪广争联即景诗"这一场景中，写众人赏雪，大家都有做工讲究、时尚保暖的避雪之衣，那是雪地里一道道靓丽的风景。而邢岫烟在冰天雪地之中却"仍是家常旧衣"，作为众人的陪衬而存在着，在平儿眼中更是"拱肩缩背，好不可怜见的"。此时的她好像一只可怜的丑小鸭，置身于这个原本不属于她的富贵热闹的世界。但她处之泰然，毫无自卑之态，从容站在华丽的人群之中，与大家一起欣赏雪景、吟诗作对。她吟咏出"易挂疏枝柳""空山泣老鸮"这样闲淡新奇的诗句，更写出了气度不凡、诗风高远的《咏红梅花》：

咏红梅花 得"红"字

桃未芳菲杏未红，冲寒先已笑东风。

魂飞庚岭春难辨，霞隔罗浮梦未通。

绿萼添妆融宝炬，缟仙扶醉跨残虹。

看来岂是寻常色，浓淡由他冰雪中。

看当时三人所作之诗，薛宝琴、李纹的诗明显囿于闺阁之风。而邢岫烟笔下的梅，魂飞庚岭，梦牵罗浮，是不惧严寒、笑傲东风的花中君子，气象格局明显高出薛、李二人。但是"众人看了，都笑称赏了一番，又指末一首说更好"，而这末一首的作者，就是深受贾母喜爱的薛宝琴。众人都称赞薛宝琴所写的诗，岫烟再次成为被众人忽略的对象。当然，能够写出"看来岂是寻常色，浓淡由他冰雪中"的她，自然不会把这事放在心上。都说诗如其人，她全然一副泰然自若、宠辱不惊的姿态，小门小户的女子，却有着大家闺秀之风度，顿觉可敬可叹。

邢岫烟的尴尬与难堪，远远不止这些。第52回中，平儿丢了虾须镯时，首先怀疑的就只是邢岫烟的丫头，理由居然是"本来又穷，只怕小孩子家没见过，拿了起来也是有的……"本来性情良善的平儿，此时也不能免俗，用"一双富贵眼"来看人。结果邢岫烟的丫头小篆并没偷拿，偷拿东西的是富贵公子贾宝玉的小丫头坠儿。坠儿恐怕是见过世面的吧？这实在是一个莫大的讽刺。贾府里的人对穷人的轻视与鄙薄，由此可见一斑。在第62回中，宝玉、宝琴、平儿互庆生日，却独独忘记了邢岫烟。后来在湘云的提醒下，大家才知道岫烟居然和宝玉等人的生日是同一天。探春是何等聪敏细心之人，这次连她都忽视了岫烟的存在，可见岫烟的不起眼了。这位贫家女子，且不说父母是身份低微、没有志气之人，姑母邢夫人也是愚钝自私、为人吝啬，毫不顾念她的处境，以致弄到岫烟要典当衣服的难堪地步。

然而就是这个贫寒的女子，却从不自卑自怜，或是自叹自怨。她在接受平儿赠送那件大红羽纱雪衣时的不卑不亢，在宝钗要求她不佩戴碧玉佩时的明理通达，都让人感到她的从容淡定、达观隐忍，还有一种"云无心而出岫"的淡然从容。她善良随和，与众人相处和谐，文中两次写到她去看黛玉，可见她的明朗温暖。她如一股清流，用自身的宁静美好、淡然雅致，涤荡着这世上的尘埃。这是一种怎样的气度？她让周围的人们，包括那些曾经忽略甚至轻视她的人，在懂得了她的好后，态度都慢慢地有了改变。"凤姐儿冷眼敁敠岫烟心性为人，竟不像邢夫人及他的父母一样，却是温厚可疼的人"，因此"凤姐儿又怜他家贫命苦，比别的姊妹多疼他些"，就连一直与邢夫人不睦、待人刻薄的王熙凤（王熙凤看人这一双眼真是了得，不得不佩服她有眼光），也看她温厚可疼，更别的姊妹多疼她些。薛宝钗对她关照有加、诚心帮助，平儿送她衣服，厚待她、称赞她。探春平时轻易不怎么关心别人，也送岫烟一件碧玉佩饰品。而薛蝌，仅是与她偶然相遇一路同来贾府，便对她心生好感。第57回中，就连薛姨妈也对她极口称赞，说是"端雅稳重"并择为侄媳，成全了岫烟与薛蝌的一段良缘。所有这些，足以看出邢岫烟的人格魅力。当然，主角贾宝玉对邢岫烟的认识转变，更是小说中不可忽略的一笔：

宝玉听了诧异，说道："他为人孤癖，不合时宜，万人不入他目。原来他推重姐姐，竟知姐姐不是我们这般的俗人。"岫烟笑道："他也未必真心重我，但我和他做过十年的邻居，只一墙之隔。他在蟠香寺修炼，我家原寒素，赁的是他庙里的房子，住了十年，无事到他庙里去作伴。我所认的字都是承他所授。我和他又是贫贱之交，又有半师之分。因我们投亲去了，闻得他因不合时宜，权势不容，竟投到这里来。如今又天缘凑合，我们得遇，旧情竟未易。承他青目，更胜当日。"宝玉听了，恍如听了焦雷一般，喜的笑道："怪道姐姐举止言谈，超然如野鹤闲云，原来有本而来。正因他的一件事我为难，要请教别人去。如今遇见姐姐，真是天缘巧合，求姐姐指教。"说着，便将拜帖取与岫烟看。

上述文字出自第63回，宝玉不知道如何回妙玉"槛外人妙玉恭肃遥叩芳辰"的帖子，在去问黛玉的路上遇见邢岫烟。而岫烟凭着自己对妙玉的了解，对宝玉热心指点，方有了"槛内人宝玉熏沐谨拜"的回帖，可见她的聪敏与才情。细品这段文字，岫烟从容谈起与妙玉的贫贱之交、半师之分那一段过往，坦然说到自己家的贫困，毫无掩饰，更不矫情，可见她的真实自然。妙玉自视甚高、目无下尘，"万人不入他目"，但她独与岫烟合得来，能与贫寒的岫烟相知相交，十年来一直相伴而且还教岫烟认字，可见岫烟清雅脱俗的一面。用宝玉的话来说，"超然如野鹤闲云"。此时，读者不难读出宝玉对岫烟的由衷惊叹。宝玉曾经不懂岫烟之美，直到此时方体会到她的清新脱俗、自然纯朴。由最初的忽视，到现在的诧异和赞叹，岫烟就是这样让她周围的人开始刮目相看。

这就是邢岫烟，一个如山谷轻烟、闲云野鹤般的女子。岫烟的为人，不是宝琴的年轻心热，不是宝钗的世故圆和。她与妙玉知己，却没有妙玉的放诞诡僻、目无下尘；她与黛玉相知，却没有黛玉的自叹自怜、自悲自苦。即使别人太过耀眼的光芒完全遮住了她的存在，她仍是不改沉静淡然的本色，泰然处之，安之若素。她就是她，轻灵飘逸的她如一抹云烟，看似平淡却自带光芒，一个活出了自己本真的如烟女子。这不是灰姑娘逆袭的童话，是她的达观安然、温暖明媚，才使她得到人们的关注与爱，最终成全了自己的人生。试想：如果是一个自怨自艾、事事抱怨的邢岫烟，或是一个不知自重事事低头的邢岫烟，恐怕人人都会避之不及了吧？

在《红楼梦》一书中，邢岫烟从一出场的若有若无，到其个性风采渐渐鲜明，从开始人们对她的忽略与轻视，到后来人们对她的称许和关爱，无不闪现着她在人格上的夺目光辉。面对不堪的命运和他人的忽视，她淡然自守，笑容明媚，心中自有山的幽远、海的博大、梅的高洁、莲的芬芳，让周围的人都看得见她的好。她宛如空谷一株幽兰，清新淡雅，散发着淡淡的芬芳，袅袅不绝，余韵悠长。于是生命里的风清云暖，也轻轻而至……

岫烟之美，不是薛宝琴的出场惊艳，而是一种淡淡的美，时间愈久愈见其美。岫烟之才，不是林黛玉的文采精华，而是新奇浅淡之风，格局境界却与众不同。这样一个浅淡如菊的女子，她的最终命运如何呢？是最终与有情人薛蝌相守一生，还是阴差阳错会成为薄命司的一员呢？未来人生里的种种设想，其实并不重要。重要的是，这个从贫寒中走来的如烟女子，始终宁静淡然、坚守本真。无论外界环境如何，最终结局如何，她本身就已经活成了一道亮丽的风景。

芸芸众生中的一粒浮尘

——《红楼梦》中的那些小人物

《红楼梦》一书中写到的小人物很多，虽只是寥寥数语，却个个鲜明生动，给读者留下了深刻印象。冯渊、娇杏、刘姥姥、石呆子……他们是碎为微尘的众生，每个人都背负着自己或光鲜或卑微的宿命。细读红楼，对里面的这些小人物有了一份悲悯的情怀。这里略举一二，一同去体会其中意味，感受书中的人情冷暖和世态炎凉。

谁还记得那个"二丫头"？

小说中有个"二丫头"，文中几乎是一带而过，但那个可爱鲜活的少女形象像乡野间一朵自然奔放的花，似山谷中一阵清新和煦的风，读来让人念念不忘。且看《红楼梦》第15回中关于二丫头的片段：

那庄农人家，无多房舍，妇女无处回避。那些村姑野妇见了凤姐、宝玉、秦钟的人品衣服，几疑天人下降。凤姐进入茅屋，先命宝玉等出去玩玩。宝玉会意，因同秦钟带了小厮们各处游玩。凡庄家动用之物，俱不曾见过，宝玉见了，都以为奇，不知何名何用。小厮中有知道的，一一告诉了名色并其用处。宝玉听了，因点头道："怪道古人诗上说：'谁知盘中餐，粒粒皆辛苦！'正为此也。"一面说，一面又到一间房内。见炕上有个纺车儿，越发以为稀奇。小厮们又说："是纺线织布的。"宝玉便上炕摇转。只见一个村妆丫头，约有十七八岁，走来说道："别弄坏了！"众小厮忙上来吆喝。宝玉也住了手，说道："我因没有见过，所以试一试玩儿。"那丫头道："你们那里会弄这个，站开了，我纺与你瞧。"秦钟暗拉宝玉道："此卿大有意趣。"宝玉推他道："再胡说，我就打了！"说着，只见那丫头纺起线来，果然好看。忽听那边老婆子叫道："二丫头，快过来！"那丫头丢了纺车，一径去了。

宝玉怅然无趣。只见凤姐儿打发人来叫他两个进去。凤姐洗了手，换衣服抖灰，问他们换不换。宝玉不换，只得罢了。家下仆妇们将带着行路的茶壶茶杯，十锦屉盒，各样小食端来，凤姐等吃过茶，待他们收拾完毕，便起身上车。外面旺儿预备下赏封，赏了本村主人。庄妇等来叩赏。凤姐并不在意，宝玉却留心看时，内中并无二丫头。一时上了车，出来走不多远，只见迎头二丫头怀里抱着他小兄弟，同着几个小女孩子说笑而来。宝玉恨不得下车跟了他去，料是众人不依的，少不得以目相送，争奈车轻马快，一时展眼无踪。

从文中的描写来看，宝玉是在赶赴秦可卿出殡的路上，到一户庄户人家临时停歇时遇到了二丫头。豪门贵族到了庄户人家，按说没见过世面的二丫头应该吓得战战兢兢就了吧？有一个小道士听到贾府来势浩大吓得到处乱窜，还冲撞了王熙凤被打，幸亏贾母发话才得以解脱。二丫头是个女孩，又能有多大的胆量呢？但她偏偏就有胆量，不仅人前落落大方，还敢训斥贾宝玉，原因是这位好奇心重的公子乱动了她的纺车。文中写贾宝玉和秦钟看到纺车觉得很好奇，按捺不住上手去摇，结果这个"二丫头"出场了，制止他："别动坏了。"当知道宝玉不是故意破坏而是好奇时，二丫头就说："你们哪里会弄这个，站开了，我纺与你瞧。"这个场景鲜活生动，读来十分亲切自然。可能人们不懂为何这个二丫头为了一辆纺车而怒向宝玉，其实，在当时的农村，纺织可是女孩生活中的家常工作，纺车的重要性不言而喻。"二丫头"作为农村女孩，自然看重纺车纺线，在她朴素的意识里，肯定会把自己的家常生活看得比豪门客人的一次到访更为重要吧？性格直爽的她，干脆就直接出面制止陌生人乱动她家的重要物件了。好一个二丫头！

"二丫头"身上有一种独特之美，出场大大方方，说话可爱爽利，十几岁的孩子自然本真，不畏权贵，自尊独立。这显然和宝玉平常接触到的那些少女不一样，无论是黛玉宝钗那样的贵族小姐，还是袭人、麝月那些丫头，都不同于"二丫头"的清新淳朴。即便是活泼爽利的晴雯，还有与二丫头同是农家女儿的刘姥姥家的青儿，也是大不相同。难怪宝玉会喜欢她，文中写宝玉离开出来走不多远时，迎面看到"二丫头"怀里抱着她的小兄弟，同着几个小女孩说笑而来，简直恨不得下车跟了她去。可见，瞬间宝玉几乎就要秒变"二丫头"的粉丝啦！

只是偶然间相遇，宝玉对二丫头已然恋恋不舍。以后他还会想起曾经与她相遇的场景、想起她的音容笑貌吗？虽则后40回续书再无二丫头的只言片语，但仔细品读《红楼梦》的相关章节，我一直在想：曹公本意，是仅仅暗示了巧姐以后耕纺农家的命运，还是安排以后宝玉落魄之后会和她再度相逢呢？没有答案，我宁愿宝玉家败后还能再遇到她，不知又是怎样的一番情景？而如果宝玉和"二丫头"从此真的相忘彼此，又何尝不是一种别样的美丽？

富丽豪门中的寂寞身影

她的出场极少，书中唯一的一次单独行动是在第35回，贾母带着众人探视宝玉，吃饭时王夫人便令丫头忙先去铺设座位。那时赵姨娘推病，只有她与众婆娘丫头们忙着打帘子，立靠背，铺褥子。除此之外，她出场寥寥，而且都是跟在赵姨娘身后行事，几乎被贾府所有的人所忽视。她是谁呢？人们称她"周姨娘"，她本是荣国府二老爷贾政的侍妾。在这部洋洋巨著中，周姨娘的出场极少，甚至她自始至终不曾说过一句话，仿佛只是这偌大贾府中一个微不足道的陪衬，留给读者一个若有若无的身影。

学生时代读红楼，我对周姨娘居然没有任何印象。近几年再读，不经意间看到她的名字，不禁从心底发出一声叹息。周姨娘，一个几乎被所有人忽略的小人物。她无儿无女，身份低微，自然是比不得贾政的正妻王夫人。王夫人背景强大，在家中掌有实权，而且和贾政之间也可以说是相敬如宾。贾政的另外一位姜侍是赵姨娘，赵姨娘生下了女儿探春和儿子贾环两个孩子，当时的社会母以子贵，外加赵姨娘又是作妖生事、蝎蝎蛰蛰的个性，自然存在感特强。而周姨娘恪守本分，不争不抢，认认真真做好自己应做的事情，默默饰演着一个地位低下的半个主子的角色。按道理说，周姨娘应该受到人们的尊重、得到好一点儿的待遇。可是，偏偏是她活成了一个可怜的影子。整部小说，没写她和贾政之间的任何交集。别说他人，就是丈夫贾政也似乎已然把她彻底忽略。

古代的姜室地位低下，第25回中写宝玉被烫伤，周姨娘和赵姨娘去看望，"李宫裁、宝钗、宝玉等都让他两个坐。独凤姐只和林黛玉说笑，正眼也不看他们。"看起来，别人表面还保持着一点礼貌，但像凤姐这样有些权力的晚辈并不把她放在眼里，可以在人前公然加以蔑视。不过周姨娘也有被人主动想到的时候。第43回，贾母提议给凤姐攒金庆寿，在场的人纷纷出钱，凤姐就提出："还有二位姨奶奶，他出不出，也问一声儿。尽到他们是理，不然，他们只当小看了他们了。"这二位姨奶奶，就是周姨娘和赵姨娘。当时尤氏都说凤姐狠心"拉上两个苦瓠子作什么"，凤姐却说："他们两个为什么苦呢？有了钱也是白填送别人，不如拘来咱们乐。"平日里，周姨娘哪有资格参与贾府的大型活动呢？可到了出钱的时候，凤姐却没有忘记她，还派丫头专门去问。她只能拿出了二两银子——这是她一个月的工资。估计周姨娘也就靠这二两银子来应付自己的各种开销了吧？想想她该有多无奈呢？幸好东府的尤氏懂得她的苦，后来私下把二两银子还给了她，而她居然还不敢收。"不敢"二字里面包含着多少无奈与辛酸！

不知道周姨娘为何会成为贾府主人的妾侍，可无论如何，她肯定是曾经年轻过、美丽过。如今，她却活成了贾府富丽繁华中的一个装饰。没有关爱，没有儿女，没有未来与希望。不知在一个个孤寂的长夜中，她是否会为自己叹息过？是否叹息自己这一生悲苦的命运？她是否会为当初的选择后悔过？是否后悔自己不该做妾侍误了终身？或许，她也会从内心里羡慕赵姨娘的吧？——羡慕赵姨娘有儿有女、性格泼辣，羡慕赵姨娘活得那么生动用力、个性张扬。而她自己呢？一生不曾活出自我，惨淡的结局仿佛已经注定——在寂寞中孤独死去，始终无人在意。有她，也只是老实本分地辛苦做事活得像个影子；没有了她，人家也还那样过，整个贾府恐怕都是平静如水、波澜不惊。

小说中仅有几回提到周姨娘，不过是与赵姨娘一起出现在家宴、游玩等场合，多数时候只能侍立一旁，做些打帘子、立靠背、铺褥子这些丫头仆妇的活儿。赵姨娘固然是愚蠢可笑，上蹿下跳有时像个小丑，可赵姨娘自有她的那一套生存法则，她又哭又闹、又争又抢，遭人嫌弃但也极为抢镜，让周围的人忽视不得。况且，赵姨娘不仅有儿子贾环，更有个精明能干的女儿探春。她与很多下人婆子也有来往，且与几个大丫鬟关系很好，跟几位管家娘子也都能说上话。赵姨娘被人嫌恶着，却也被人忌惮着。而周姨娘，她的处境比起赵姨娘自然差了很多。她没有地位，无儿无女，几乎过着奴仆一样的生活，甚至文中也没有提到她有亲人（赵姨娘至少还有弟弟赵国基）。又有谁会在意她、忌惮她呢？一无所有的她，静默无声，不被任何人放在眼里，好像她是一粒沙，风过扬尘，随风逝去，不曾留下一丝痕迹。

整部书中，她从未说过一句话，也几乎无人能想起她、关注她。唯有一次，当赵姨娘大闹怡红院的时候，探春劝母亲时貌似称赞了她："你瞧周姨娘，怎不见人欺他，他也不寻人去。"仔细想来，是人们不欺负她，还是她实在没有值得欺负的资本呢？这样一想，不禁为她悲叹一声。一部浩繁的红楼，上演着多少悲欢离合的人生故事。这其中有忧伤也有欢乐，有痛苦也有美好。哪怕是林黛玉的悲剧人生，无论如何也曾经爱过、活过、多姿多彩过。可唯有这个周姨娘，她的身影是如此孤寂苍白、惨淡悲凉，想想都是一把辛酸泪！

忽一转念，这世间的人和事、是与非又有谁能说得清呢？赵姨娘貌似什么都有，但整日怨天尤人、牢骚满腹，动辄害人生事；周姨娘看似什么都不曾拥有，却能如此安静，淡然面对，安心做好自己的事。想到这里，顿时觉得周姨娘有些亲切可敬了。哪怕她卑微如一粒浮尘，也曾给读者心头留下一个隐忍安静、安守本分的身影。大概是因为曹公曾经亲身经历过始于富贵终于贫穷的生活，从昔日的锦衣玉食、富贵繁华，到后来的茅椽蓬牖、历尽艰辛，使他有机会体验到下层人们的悲苦辛酸，才能够描写得如此穷形尽相、入骨三分吧？

呆霸王亦有真性情

——话说薛蟠这个富二代

《红楼梦》中描写了一干纨绔子弟，他们举止豪奢，不求上进，仗势欺人，斗鸡走狗，整日只知道吃喝玩乐而已，简直就是社会的蛀虫。薛宝钗的哥哥薛蟠，就是其中的一个典型。

薛蟠出身于皇商之家，是个典型的富二代外加败家公子哥，文中说他"性情奢侈，言语傲慢，虽也上过学，不过略识几个字，终日惟有斗鸡走马、游山玩景而已"。不学无术的薛蟠，硬是把"唐寅"说成是"庚黄"。偶尔风雅一下，也净是作些"一只蚊子哼哼哼，两个苍蝇嗡嗡嗡"之流的粗俗之诗，让人哭笑不得。这位呆哥不懂文雅，不懂诗赋，不懂经商，甚至"一应经纪世事全然不知"，他就这样坐吃山空，不思进取，靠吃家底砸钱。既蠢且俗的薛蟠，自恃有祖上留下来的家世背景和丰厚财富，欺男霸女、无恶不作，时常惹是生非，被称为"呆霸王"。第4回"薄命女偏逢薄命郎 葫芦僧乱判葫芦案"中，"霸"字在薛蟠身上体现得淋漓尽致：

薛蟠素闻得都中乃第一繁华之地，正思一游，便趁此机会，一为送妹待选，二为望亲，三因亲自入部销算旧帐，再计新支，——其实则为游览上国风光之意。因此早已打点下行装细软，以及馈送亲友各色土物人情等类，正择日一定起身，不想偏遇见了拐子重卖英莲。薛蟠见英莲生得不俗，立意买他，又遇冯家来夺人，因恃强喝令手下豪奴将冯渊打死。他便将家中事务一一的嘱托了族中人并几个老家人，他便带了母妹竟自起身长行去了。人命官司一事，他竟视为儿戏，自为花上几个臭钱，没有不了的。

遇见喜欢的东西（恐怕薛蟠当时并没有把英莲当一个"人"看），薛蟠立意必定得到，因此抢走英莲，打死冯渊。人命关天，薛蟠却扬长而去，不逃不躲，公然带着家人上京城投亲访友，在人前大肆招摇，仿佛什么事情也没有发生似的。在这位富二代的意识里，反正他家有的是钱，而且自有贾、王这样有势力的亲戚帮他摆平此事，此等事情实不足惧。如此"有钱任性"，也是世上罕见。难怪读者从内心对此人颇为憎恶，觉得薛蟠这样的人简直是十恶不赦。但掩卷细思，这个"呆霸王"好像并不是一无是处，有时他也有着率真重情的一面。且看第26回中的一个片段：

薛蟠道："要不是我也不敢惊动，只因明儿五月初三日是我的生日，谁知古董行的程日兴，他不知那里寻了来的这么粗这么长粉脆的鲜藕，这么大的大西瓜，这么长一尾新鲜的鲟鱼，这么大的一个暹罗国进贡的灵柏香熏的暹猪。你说，他这四样礼可难得不难得？那鱼，猪不过贵而难得，这藕和瓜亏他怎么种出来的。我连忙孝敬了母亲，赶着给你们老太太、姨父、姨母送了些去。如今留了些，我要自己吃，恐怕折福，左思右想，除我之外，惟有你还配吃，所以特请你来。可巧唱曲儿的小么儿又才来了，我同你乐一天何如？"一面说，一面来至他书房里。

这位呆哥只会用"这么粗""这么长""这么大"来形容别人送的好东西，有点呆萌可爱。薛蟠得了好东西知道先送给母亲和长辈，可见他也懂得孝敬尊长的礼节。而"如今留了些，我要自己吃，恐怕折福，左思右想，除我之外，惟有你还配吃，所以特请你来"这样的话，表现了薛蟠率真可爱的个性。就是薛蟠这样一个看似可恨的人，也有着温情的一面。且看第25回中的片段：

别人慌张自不必讲，独有薛蟠更比诸人忙到十分去：又恐薛姨妈被人挤倒，又恐薛宝钗被人瞧见，又恐香菱被人臊皮，——知道贾珍等是在女人身上做功夫的，因此忙的不堪。忽一眼瞥见了林黛玉风流婉转，已酥倒在那里。

这里写因宝玉、凤姐两人之病弄得贾府一片忙乱的场景，把薛蟠与别人进行对比，"忙到十分"突出他的忙乱，三个"恐"字写出他对家人的爱护，"忙的不堪"则活现出他手忙脚乱的样子，简直如见如闻。而第35回中的一个场景，更是让我们感受到了薛蟠的真情流露：

薛蟠道："我若再和他们一处逛，妹妹听见了只管啐我，再叫我畜生，不是人，如何？何苦来，为我一个人，娘儿两个天天操心！妈为我生气还有可恕，若只管叫妹妹为我操心，我更不是人了。如今父亲没了，我不能多孝顺妈多疼妹妹，反教娘生气妹妹烦恼，真连个畜生也不如了。"口里说着，眼睛里禁不起也滚下泪来。薛姨妈本不哭了，听他一说又勾起伤心来。宝钗勉强笑道："你闹够了，这会子又招着妈哭起来了。"薛蟠听说，忙收了泪，笑道："我何曾招妈哭来！罢，罢，罢，丢下这个别提了。叫香菱来倒茶妹妹吃。"宝钗道："我也不吃茶，等妈洗了手，我们就过去了。"薛蟠道："妹妹的项圈我瞧瞧，只怕该炸一炸去了。"宝钗道："黄澄澄的又炸他作什么？"薛蟠又道："妹妹如今也该添补些衣裳了。要什么颜色花样，告诉我。"宝钗道："连那些衣服我还没穿遍了，又做什么？"一时薛姨妈换了衣裳，拉着宝钗进去，薛蟠方出去了。

谁会想到，薛蟠这样一个呆人也会有如此深刻的反思呢？他对着妹妹宝钗左一个揖、右一个揖赔不是，而且还细心地想到要为妹妹炸项圈、添补衣服，是一个暖心的哥哥。而作为这个家中唯一的男子，他认为自己应该照顾好母亲和妹妹，可见也有着作为男人的责任感。先是说着"滚下泪来"，这是真情流露。后来见母亲哭了，薛蟠"忙收了泪"，这是对母亲的体贴。这个本来粗线条的男人，居然如此孝敬体贴，可见也有着重情重义、关心家人的一面。此时他的真诚反省，读来真实动人，足以令人心生感动。

第48回中，写薛蟠被柳湘莲痛打之后愧见亲友装病在家，后来躲羞外出经商，说明他有着一个人最起码的羞耻之心。从这里也能看出，薛蟠这个人的情商还算正常，而且"初心"尚未完全泯灭。第67回中他外出经商回来，还记得给母亲和妹妹带回两箱子东西，也可见他的孝心和对亲情的看重。薛蟠对自己的亲人真情关切并不奇怪，难得的是，他还为另一个人流过泪。那个人是谁呢？让我们一起品读第67回中的相关片段：

母女正说话间，见薛蟠自外而入，眼中尚有泪痕。一进门来，便向他母亲拍手说道："妈妈可知道柳二哥尤三姐的事么？"薛姨妈说："我才听见说，正在这里和你妹妹说这件公案呢。"薛蟠道："妈妈可听见说柳湘莲跟着一个道士出了家了么？"薛姨妈道："这越发奇了。怎么柳相公那样一个年轻的聪明人，一时糊涂了，就跟着道士去了呢？我想你们好了一场，他又无父母兄弟，单身一人在此，你该各处找找他才是。靠那道士能往那里远去，左不过是在这方近左右的庙里寺里罢了。"薛蟠说："何尝不是呢。我一听见这个信儿，就连忙带了小厮们在各处寻找，连一个影儿也没有。又去问人，都说没看见。"

薛姨妈说："你既找寻过没有，也算把你做朋友的心尽了。焉知他这一出家不是得了好处去呢。只是你如今也该张罗张罗买卖，二则把你自己娶媳妇应办的事情，倒早些料理料理。咱们家没人，俗语说的'夯雀儿先飞'，省得临时丢三落四的不齐全，令人笑话。再者你妹妹才说，你也回家半个多月了，想货物也该发完了，同你去的伙计们，也该摆桌酒给他们道道乏才是。人家陪着你走了二三千里的路程，受了四五个月的辛苦，而且在路上又替你担了多少的惊怕沉重。"薛蟠听说，便道："妈妈说的很是，倒是妹妹想的周到。我也这样想着，只因这些日子为各处发货闹的脑袋都大了。又为柳二哥的事忙了这几日，反倒落了一个空，白张罗了一会子，倒把正经事都误了。要不然定了明儿后儿下帖儿请罢。"薛姨妈道："由你办去罢。"

柳湘莲因为尤三姐自尽而出家，跟随疯道人飘然而去，不知何往。薛姨妈和薛宝钗正在谈论此事，薛蟠自外而入，一进门便说及柳湘莲的事。细读"我一听见这个信儿，连忙带了小厮们各处寻找"一句，"连忙"一词可见薛蟠一听出事了马上就开始寻人，行动迅速；"带了小厮们"是说薛蟠亲自带领很多人去了很多地方寻找柳湘莲，可见这个粗人的用心；"眼中尚有泪痕"，可见他为此流下了真情的泪水。这里所说的柳湘莲，在第47回中曾经痛打薛蟠，后来薛蟠经商路上遇到强盗被柳湘莲所救，二人结拜为异姓兄弟。现在听说柳湘莲出家，他竟是如此伤心。及至薛蟠听从母亲之言办酒席宴请众人时谈及此事，原来极喜欢饮酒作乐的薛蟠竟然又是皱眉，又是叹气，"长吁短叹无精打彩的，不象往日高兴"，以致于"不过随便喝了几杯酒，吃了饭，大家散了"。这个本来没心没肺的薛蟠，自与柳湘莲结拜之后，便掏心掏肺地把柳湘莲当作手足看待。如此重情重义，令人对他的恶感亦消失了几分。

都说男儿有泪不轻弹。薛蟠为亲人流泪，尚且属于人之常情。这个人称"呆霸王"的薛蟠，能够为朋友、为恩人流下真挚的泪，让人在感动之余，不禁开始思考：薛蟠，到底是坏人还是好人呢？说他是好人，他曾经打死冯渊，虐待香菱，不堪之事一出接一出上演，可以说是无恶不作。说他是坏人吧？他又生性磊落，性格豪爽，有着重情重义的一面。可见，薛蟠并非天生的恶人，只是被母亲薛姨妈娇惯纵容坏了，又自恃有着"贵族特权"，对他人的生命与法律尊严缺乏敬畏之心，于是"善"的一面便被渐渐抹杀。如果一直教育得当，薛蟠未必就如书中所写的这样无恶不作、无法无天。

不知薛蟠的最终结局如何，但根据文中暗示，再通过薛家母子一贯的表现来看，薛蟠已然在放纵、残忍、毁灭的道路上越走越远，以致好几次失去痛改前非、重新做人的良机。至于续书中所写他再次行凶杀人之事，恐怕也是在预料之中的吧？记得《触龙说赵太后》一文中有"父母之爱子女，为之计长远"这样的话，建议孩子们的家长都读一读。本性不算太坏的薛蟠之所以走向歧途，与薛姨妈的目光短浅、纵容溺爱有着不可推卸的关系。薛蟠为当今的一些富二代们敲响了警钟，而站在他们背后的薛姨妈们更当深思！

林妹妹的灵气慧根哪儿去了?

——浅论林黛玉形象前后的不统一性

她本是灵河岸上一株仙草,在《红楼梦》前80回中品貌风流、灵秀可人,鲜明的形象跃然纸上。可是在后40回续书中,却好像换了个人一样,顿觉俗气无趣、灵气尽失。作为一个读者,读之实在是如鲠在喉不吐不快。下面我结合原著中的相关片段和自己的阅读体验,谈谈《红楼梦》中林黛玉这一形象。

先说外表气质。前80回中描写黛玉,不重外表衣着,只写神韵风度。例如第3回写林黛玉初到贾府,小小年纪的她,在众人眼中的印象是"年貌虽小,其言谈举止不俗,身体面庞虽怯弱不胜,却有一段自然的风流态度",王熙凤称赞她说"天下真有这样标致的人物",更不要说贾宝玉眼中的神仙妹妹林黛玉:

> 厮见毕归坐,细看形容,与众各别:两弯似蹙非蹙罥烟眉,一双似喜非喜含泣目。态生两靥之愁,娇袭一身之病。泪光点点,娇喘微微。闲静时如姣花照水,行动处似弱柳扶风。心较比干多一窍,病如西子胜三分。

黛玉的那眉毛,那眼睛,那体态,那神韵,光彩夺人,飘逸若仙,真是荡人魂魄。难怪众人见了称赞,宝玉见了欢喜,就连呆霸王薛蟠有一次见了风流婉转的黛玉,也"酥倒在那里"。更妙的是,书中直接写黛玉外貌的地方极少,只写众人眼中的她;写黛玉的衣着处也极少,只写她的神韵风度。可是续书中却好几次直接写林黛玉的外貌衣着,例如第85回中,写黛玉过生日,"随意换了几件新鲜衣服""打扮得宛如嫦娥下界,含羞带笑的出来见了众人",这些描写真是大煞风景。先看装扮——"打扮得宛如嫦娥下界",这样的陈词滥调,貌似刘姥姥这样的农村老妪口中才会如此夸人。再看神态——"含羞带笑的出来见了众人",气度全无,这哪是雍容华贵、有着通身气派的大家闺秀?明明是出自平民的小家碧玉才会有这种神态。续书中描写林黛玉服饰较为细致的一处是在第89回:

身上穿着月白绣花小毛皮袄，加上银鼠坎肩；头上挽着随常云髻，簪上一枝赤金匾簪，别无花朵；腰下系着杨妃色绣花锦绣裙。真比如：亭亭玉树临风立，冉冉香莲带露开。

"世外仙姝寂寞林"应当有一种缥缈若仙的感觉，此处刻意描写黛玉贵族化的服饰，黛玉居然头戴赤金簪子头饰，身穿杨妃绣花锦裙，这明明像王熙凤的着衣风格。而"冉冉香莲带露开"一句，比喻既香且艳，没有绛珠仙子的缥缈美幻，却有一种妖媚香艳的俗气。这不是在读《红楼梦》，倒是《金瓶梅》的行文风格，实在亵渎了读者心目中的那个"质本洁来还洁去"的林妹妹。

再看人物个性。前80回中的黛玉，虽然有时候好使小性，说话尖刻，但充满了灵气，讨人喜爱。且不说黛玉魁夺菊花诗的才华横溢，单看她思维敏捷、妙语连珠，就很灵秀可爱。第22回中，宝玉因得罪史湘云和林黛玉，自以为了悟，一时感忿。书中写道：

三人果然都往宝玉屋里来。一进来，黛玉便笑道："宝玉，我问你：至贵者是'宝'，至坚者是'玉'。尔有何贵？尔有何坚？"宝玉竟不能答。三人拍手笑道："这样钝愚，还参禅呢。"黛玉又道："你那偈末云，'无可云证，是立足境'，固然好了，只是据我看，还未尽善。我再续两句在后。"因念云："无立足境，是方干净。"宝钗道："实在这方悟彻。当日南宗六祖惠能，初寻师至韶州，闻五祖弘忍在黄梅，他便充役火头僧。五祖欲求法嗣，令徒弟诸僧各出一偈。上座神秀说道：'身是菩提树，心如明镜台，时时勤拂拭，莫使有尘埃。'彼时惠能在厨房碓米，听了这偈，说道：'美则美矣，了则未了。'因自念一偈曰：'菩提本非树，明镜亦非台，本来无一物，何处染尘埃？'五祖便将衣钵传他。今儿这偈语，亦同此意了。只是方才这句机锋，尚未完了结，这便丢开手不成？"黛玉笑道："彼时不能答，就算输了，这会子答上了也不为出奇。只是以后再不许谈禅了。连我们两个所知所能的，你还不知不能呢，还去参禅呢。"宝玉自己以为觉悟，不想忽被黛玉一问，便不能答，宝钗又比出"语录"来，此皆素不见他们能者。自己想了一想："原来他们比我的知觉在先，尚未解悟，我如今何必自寻苦恼。"想毕，便笑道："谁又参禅，不过一时顽话罢了。"说着，四人仍复如旧。

贾宝玉自以为顿悟，聪慧的黛玉问得宝玉一开始是茫然不解，后来茅塞顿开。这明明是一个蕙质兰心、鬼灵精怪的黛玉。她敏感自尊，虽然从她的谈话里、诗词中不时流露出伤春悲秋的悲苦，但透露出来的是一种"我本无依，孤苦伶仃"的心灵折射，带着绛珠仙草的孤傲与高贵。续书中的她，不是讪讪，就是含羞，仿佛全然失去了"雨露清愁"之灵秀。不妨看第83回中的有关描写：

话说探春湘云才要走时，忽听外面一个人嚷道："你这不成人的小蹄子！你是个什么东西，来这园子里头混搅！"黛玉听了，大叫一声道："这里住不得了。"一手指着窗外，两眼反插上去。原来黛玉住在大观园中，虽靠着贾母疼爱，然在别人身上，凡事终是寸步留心。听见窗外老婆子这样骂着，在别人呢，一句是贴不上的，竟象专骂着自己的。自思一个千金小姐，只因没了爹娘，不知何人指使这老婆子来这般辱骂，那里委屈得来，因此肝肠崩裂，哭晕去了。紫鹃只是哭叫："姑娘怎么样了，快醒转来罢。"探春也叫了一回。半晌，黛玉回过这口气，还说不出话来，那只手仍向窗外指着。

看看此处的黛玉，又是大叫一声，又是"一手指着窗外"，还"两眼反插上去"，半晌还"说不出话来"，而且"那只手仍向窗外指着"。这动作神态，呆呆痴痴，哪有一丝灵气？往前推好几年，周瑞家的送宫花时，那时年龄尚小，黛玉的言行如何？焉得长大了反而如此做派？这还是本来的林黛玉吗？后40回中，续作者用很多笔墨写林黛玉的呆傻俗气、疑神疑鬼，世外仙姝的人格魅力，自然就大大打了折扣。

回到精神层面。毋庸置疑，小说重在写黛玉与宝玉这一对心灵知己的爱情悲剧。前80回中，黛玉和宝玉是精神知己，至情至性，有着"木石前盟"的前缘，彼此心意相通，令人动容。第32回"诉肺腑心迷活宝玉"中，宝玉说了一句"你放心"，而黛玉此时已经明白宝玉对自己的感情。以后，宝黛之间没再有过误会，二人心心相印，高度默契。第42回中写道："宝玉和黛玉使个眼色儿，黛玉会意，便走至里间，将镜袱揭起。照了照，只见两鬓略松了些，忙开了李纨的妆奁，拿出抿子来，对镜抿了两抿，仍旧收拾好了。"宝玉的一个眼神，黛玉立即就能会意，可谓"心有灵犀一点通"。而经过"金兰契互剖金兰语"，黛玉从此便将宝钗当亲姐姐。薛宝琴来了，黛玉赶着叫妹妹。宝玉看着心中纳罕，便找了黛玉想问，第49回中的原文如下：

宝玉笑道："我虽看了《西厢记》，也曾有明白的几句，说了取笑，你曾恼过。如今想来，竟有一句不解，我念出来你讲讲我听。"黛玉听了，便知有文章，因笑道："你念出来我听听。"宝玉笑道："那《闹简》上有一句说得最好：'是几时孟光接了梁鸿案？'这句最妙。'孟光接了梁鸿案'这五个字，不过是现成的典，难为他这'是几时'三个虚字问的有趣。是几时接了？你说说我听听。"黛玉听了，禁不住也笑起来，因笑道："这原问的好。他也问的好，你也问的好。"宝玉道："先时你只疑我，如今你也没的说，我反落了单。"黛玉笑道："谁知他竟真是个好人，我素日只当他藏奸。"因把说错了酒令起，连送燕窝病中所谈之事，细细告诉了宝玉，宝玉方知缘故，因笑道："我说呢，正纳闷'是几时孟光接了梁鸿案'，原来是从'小孩儿口没遮拦'就接了案了。"

在曹公笔下，宝玉委婉发问，黛玉立刻心领神会、解释原委，真是灵气十足。宝黛二人彼此懂得，意味尽在这其中了。可是在续书中，林黛玉时时发痴思嫁，居然梦见宝玉挖心给她看，宝玉和黛玉再也没有灵魂层面的相知相惜。第81回中，写宝玉因贾迎春误嫁中山狼而难过，他无精打采来到潇湘馆，刚进了门就放声大哭。请看此时宝玉和黛玉的一段对话——

黛玉才梳洗完毕，见宝玉这个光景，倒吓了一跳，问："怎么了？和谁怄了气了？"连问几声。宝玉低着头，伏在桌子上，呜呜咽咽，哭的说不出话来。黛玉便在椅子上怔怔的瞅着他，一会子问道："到底是别人和你怄了气了，还是我得罪了你呢？"宝玉摇手道："都不是，都不是！"黛玉道："那么着为什么这么伤起心来？"宝玉道："我只想着咱们大家越早些死的越好，活着真真没有趣儿！"黛玉听了，更觉惊讶，道："这是什么话，你真正发了疯了不成！"

接下来宝玉就絮絮不止地解释自己为何伤心。而黛玉听了这番言语，"把头渐渐地低了下去，身子渐渐的退至炕上，一言不发，叹了一口气，便向里躺下去了"。看二人的对话，黛玉不停地追问宝玉，还说宝玉"真正发了疯了"，这分明就是怡红院大丫头袭人的语气。袭人不懂宝玉，可能以为宝玉说疯话。可是黛玉，她懂得宝玉的心，何须如此追问？再者，那宝玉言行浮夸、无智无趣，黛玉躺下去之前，还有渐渐低头、渐渐退身子、叹了口气这一系列的动作，说不出的生硬、虐心，这里的黛玉哪里像一个贵族少女？宝玉和黛玉，哪里是彼此相知相契的恋人？读了这样拙劣的文字，不知读者有何感受？

最重要的是，贾宝玉对功名利禄深恶痛疾，而林黛玉，是最懂宝玉心思的那个人。为什么薛宝钗走不进宝玉的心里去？为什么宝玉厌恶史湘云谈什么"经济学问"？原因就在这里。前80回中黛玉仅有一次调侃地提到"折桂"，这一听就是黛玉的玩笑话，宝玉也是一笑了之。可是在续书之中，黛玉不时说起宝玉口中那些迎合众人的"混账话"。请看第82回中的相关片段：

> 黛玉微微的一笑，因叫紫鹃："把我的龙井茶给二爷沏一碗。二爷如今念书了，比不的头里。"紫鹃笑着答应，去拿茶叶，叫小丫头子沏茶。宝玉接着说道："还提什么念书，我最厌这些道学话。更可笑的是八股文章，拿他诓功名混饭吃也罢了，还要说代圣贤立言。好些的，不过拿些经书凑搭凑搭还罢了，更有一种可笑的，肚子里原没有什么，东拉西扯，弄的牛鬼蛇神，还自以为博奥。这那里是阐发圣贤的道理。目下老爷口口声声叫我学这个，我又不敢违拗，你这会子还提念书呢。"黛玉道："我们女孩儿家虽然不要这个，但小时跟着你们雨村先生念书，也曾看过。内中也有近情近理的，也有清微淡远的。那时候虽不大懂，也觉得好，不可一概抹倒。况且你要取功名，这个也清贵些。"宝玉听到这里，觉得不甚入耳，因想黛玉从来不是这样人，怎么也这样势欲熏心起来？又不敢在他跟前驳回，只在鼻子眼里笑了一声。

宝玉下了学去看林黛玉，这里黛玉不仅"微微一笑"有些诡谲，还让紫娟倒龙井茶，说是"比不得寻常，二爷开始读书了"，这茶居然是对宝玉读圣贤书的犒劳与奖赏。后来居然还说"我们女孩儿家虽然不要这个"这样的话，前面宝玉明明说过："林姑娘从来说过这些混账话不曾？若她也说过这些混账话，我早和她生分了。"如果只有这一处或许还可认为黛玉是事出偶然，但续书中这林黛玉，简直就是科举功名附身的魔鬼一般，比贾政还贾政，比宝钗还宝钗。再看第94回中的一段描写：

> 贾母道："这花儿应在三月里开的，如今虽是十一月，因节气迟，还算十月，应着小阳春的天气，这花开因为和暖是有的。"王夫人道："老太太见的多，说得是。也不为奇。"邢夫人道："我听见这花已经萎了一年，怎么这回不应时候儿开了，必有个原故。"李纨笑道："老太太与太太说得都是。据我的糊涂想头，必是宝玉有喜事来了，此花先来报信。"探春虽不言语，心内想："此花必非好兆。大凡顺者昌，逆者亡。草木知运，不时而发，必是妖孽。"只不好说出来。独有黛玉听说是喜事，心里触动，便高兴说道："当初田家有荆树一棵，三个弟兄因分了家，那荆树便枯了。后来感动了他弟兄们仍旧在一处，那荆树也就荣了。可知草木也随人的。如今二哥哥认真念书，舅舅喜欢，那棵树也就发了。"贾母王夫人听了喜欢，便说："林姑娘比方得有理，很有意思。"

花儿早开，探春都晓得这不是好兆头，"心较比干多一窍"的黛玉，却说什么"二哥哥喜欢读书，舅舅高兴"这样的蠢话来奉承，贾母王夫人还十分喜悦。读到这里，黛玉全然变成了一个开口闭口必谈"经济学问"之人，而且讨好奉承的手段貌似比薛宝钗还要技高一筹。此时的黛玉，她和贾宝玉的精神基础已完全消失，与端庄正统的薛宝钗已经没有什么区别，还谈何"心有灵犀""木石前盟"呢？有人用钗黛合一作为辩解的理由，我认为即使钗黛合一，那也仅仅是黛玉和宝钗在某个方面或某些方面有着类似，但黛玉变成宝钗绝不可能。换句话说，薛宝钗永远也不会变成多愁善感、春悲秋怨的林黛玉。而林黛玉呢？永远也不会变成心机深藏、虚伪世故的薛宝钗。

通过以上比较，原著和续书是不是高下立判？至于续书中还有林黛玉弹琴、宝玉黛玉相见时对着傻笑这样的蹩脚情节，恕不一一指出，更不做任何评价。

读《红楼梦》前80回，曹公的文字简约优美、气象万千，曹公笔下的人生广袤深邃、难掩悲欢，读来往往沉浸其中、意犹未尽。为了追求完整读了后40回，可是我心中的红楼被生生毁灭。断臂的维纳斯，谁说不是一种残缺之美呢？有时候生拼硬凑的结果，恰恰会导致美的毁灭。《红楼梦》续书中对林黛玉的形象刻画，就生生毁灭了这种艺术之美。

后记

脚踏一方土，不曾忘记仰望星空

一个从小痴迷文学的孩子，长大后成了一名语文老师。这是多么幸运的事情！而我，就是这样一个幸运者。

记得谢觉哉说过："最好不是在夕阳西下的时候幻想什么，而要在旭日东升的时候即投入工作。"而我呢？旭日东升时精神百倍投入工作，夕阳西下时天马行空遐思无限。日复一日，岁岁年年，我学会了脚踏实地与仰望星空。我的大地，就是一方坚实的语文沃野；我的星空，就是美丽永恒的文学殿堂。于是，语文与文学成为我今生永远割舍不了的梦想。

我，一个站在讲台上的语文人。

作为一名教师，我最大的快乐就是用心构建精彩每一课，把一群群孩子摆渡到梦想的彼岸。于是，学生、语文、梦想，成为我心中最美丽的诗行。听！"我本想听到一声蝉鸣，你却给了我美丽一夏。""你黑掉了自己，却留下人类智慧的痕迹。""大地的旋律呀从来不会停息！当所有的花朵都随风凋零，飘荡在空气中的就有一股芬芳，那就是寒梅的风姿啊！"……看到如此富有诗情的文字，你会不会惊叹于孩子们的灵秀之气？我的课堂追求诗意之美。因为我懂得：语文本身就蕴含着人生哲理，每个孩子都可以成为诗人。

一堂语文课的使命就是温暖、唤醒一个个孩子。老师自己心中有阳光，才能让学生心中沐浴阳光。而学生能够被一堂课温暖，关键在于教师课堂教学的艺术。解读文本，我用心品读每一句、每一字，乃至每一个标点符号，力求从中品得真意。而要把文中"真意"传达给学生，则需要巧妙点拨、创意设计，方可曲径通幽、柳暗花明。试想：小思笔下的那只蝉仅仅是为了"活着和延续"吗？它明明是茫茫黑暗中的行者与忍者，骄阳烈日下的生命的歌者。杰克·伦敦《热爱生命》中的那只病狼仅仅象征恶劣的自然环境吗？它同样具有坚韧不拔、顽强求生的品质，怎么能只当做人的对立面来看待呢？苏轼在《记承天寺夜游》一文中仅仅是表现"我"的豁达乐观吗？在人生的低谷，在风雨之后，一个华丽转身，走过心灵的拐角，方可看到窗外那一角蓝蓝的天……语文课堂里，有一个"我"在，有生命在，有学生在，还有作者与我们同在，丰盈而美丽，诗意而厚重。没有表面的繁华与热闹，却是含蓄隽永，触及心灵，启迪人生。

世界需要踏实努力的人，同样也需要梦想家。身在乡村，远离喧嚣，我不曾在意虚名，只是默默地坚守一份梦想，脚踏一方坚实的土地，仰望着那诗意高远的星空，向那一片高空俯身致敬。一只丑小鸭拼尽全力，即使付出生命的代价，也要飞向一群白天鹅。我，一个平凡的语文教师，也愿用尽全身心的力量，去追寻心中的那朵彼岸花。

一个人的素养来不得粉饰，只有骨子里的文雅，才能芬芳四溢，散发出独特的魅力。我相信天道酬勤、厚积薄发的道理，一直博览群书，笔耕不辍，语文已经悄然浸润心灵、深入骨髓，成为我生命中不可分割的一部分。沐浴在语文世界的我，心中永远是沉静安然、阳光普照，自有一番宁静绚烂。试想：心中若有桃花源，何处不是水云间？

说到这本书的诞生，犹如花开花落、云卷云舒一样自然。曾几何时，我在名师的指引下领略语文的精彩，我在名著的天地中进入文学的殿堂，我在三尺讲台上挥洒语文的魅力，我在鲁迅的经典中沉淀厚重的底蕴，我在课改教研中形成点滴的见解，我在思维碰撞中不断反思和成长。教学案例、课堂反思、教育手记、文学随笔……二十几年坚持写下来，居然有几十本厚厚的笔记。所有的记录都承载着一个个故事、一段段记忆，有对课堂的回眸、对学生的关注，也有对生命的体验、对真善美的崇尚。无一不是真实手记，无一不是有感而发。从不刻意追求什么，只愿和更多的语文同仁们分享我的教学所得。多年的积累与沉淀，几经修改整理成册，于是便有了今天的这本小书——《点染语文课堂的亮色》。

在此，我要感谢所有教过我的老师们，感谢他们曾经的教诲和关爱。尤其是毕于阳老师，他是我高中时的语文老师，也是我心灵的导师、语文之旅的引路人。

感谢我的学生们，是他们令我回归纯真，激发了我的爱心与灵感，和我一起演绎出语文的快乐与精彩。

感谢王浩校长，我的第一部个人专著之所以能够成书，是因为王校长给我提供了一个展示自我的舞台，激发了我的创造力，使我迸发出思维创新的火花。

感谢省教研室张伟忠老师的指引，他告诉我们语文课堂应该开放一些，要有大格局，基于感受和疑问的语文教学其乐无穷。每次听他的讲座，都觉暖意融融，如坐春风，促使我迈上一个又一个新的起点。

感谢曾经给了我启迪和思考的所有名师，他们用激情点燃课堂，用儒雅涵养性情，用诗意行走人生。我用心灵与这些名师对话，虚心借鉴，不断反思，让语文世界变得如此美丽。

感谢我的女儿李原，我曾经因为工作繁忙忽视了她的成长，但她从来不曾抱怨，始终勤奋努力、坚强快乐，是一个心有阳光、勤奋进取的孩子。

感谢我的同事、我的语文同仁们，我不再列出他们的名字，但每一个名字都已铭记心中。名字的后面，都有一串温暖而动人的故事。

感谢我的朋友、我的亲人们，你们都是那个为我提灯的人，照亮了前行的路，使我的心灵不再迷茫。

感谢我生命中遇到的所有的人，无论是鼓励、指引，还是质疑、批评，所有的阳光与风雨、快乐与苦痛，都让我心怀感激，并已成为我一路奋进的助跑线。

最后，我要感谢我的每一位读者，希望这本小小的专著能够让你有一点点收获。如果能够得到你的批评和指点，那更是我求之不得的事情。

贺秀红

2019年1月18日